CONSTITUCIONES DE HONDURAS
TOMO I
(1808—1898)

ERANDIQUE
COLECCIÓN

TEGUCIGALPA, HONDURAS, ENERO DE 2024

CONTENIDO

NOTA DEL EDITOR

Este libro es el primero de dos tomos que abarcan todas las constituciones que han regido a Honduras en sus distintas etapas de la historia, ya sea como parte de la corona española; como que daba sus primeros pasos independientes; como estado de la Federación Centroamericana o en su andar definitivo como una sola nación.

Es un viaje fascinante por más de 215 años.

Cada Constitución contiene su propia identidad. Desde la de Bayona, que establece en su primer artículo que "La religión Católica, Apostólica, Romana, en España y en todas las posesiones españoles, será la religión del Rey y no se permitirá ninguna otra", a la República Federal de Centro América (reformada), que señala:

"Los habitantes de la República pueden adorar a Dios según su conciencia. El Gobierno general les protege en la libertad de culto religioso. Más los Estados cuidarán de la actual religión de sus pueblos; y mantendrán todo un culto en armonía con las leyes".

Aquí están plasmadas las ideas y sueños de grandes legisladores que buscaron el bien común. Un articulado legal que, de haber sido respetado, habría llevado a la prosperidad a lo que hoy es Centro América. Lamentablemente, nunca fue así, y seguimos estancados, convertidos en países desiguales y pobres.

De allí que publicamos las Constituciones de Honduras como un aporte para que legisladores, historiadores, académicos, estudiantes y público en general las lean, estudien y analicen, con el entendido de que solo recuperando la memoria histórica podemos evitar los errores del pasado y poner en práctica los grandes aciertos.

El equipo de Colección Erandique, encabezado por el ingeniero José Azcona, e integrado por Tesla Rodas, Jéssica Cordero, Andrea Rodríguez, Juan Pagoaga y Zona Creativa, espera que ambas publicaciones sean de gran ayudan y aporten muchas luces.

Óscar Flores López

1

CONSTITUCIÓN DE BAYONA
6 de julio 1808

En nombre de Dios Todopoderoso, don José Napoleón, por la gracia de Dios, Rey de las Españas y de las Indias.

Habiendo oído a la Junta Nacional congregada en Bayona de orden de nuestro muy caro y muy amado hermano Napoleón, Emperador de los franceses y Rey de Italia, protector de la Confederación del Rhin, etc., etc.

Hemos decretado y decretamos la presente Constitución, para que se guarde como ley fundamental de nuestros Estados y como base del pacto que une a nuestros pueblos con Nos, y a Nos, con nuestros pueblos.

TÍTULO I
DE LA RELIGION

Artículo 1—. La Religión Católica, Apostólica, Romana, en España y en todas las posesiones españolas, será la religión del Rey y no se permitirá ninguna otra.

TÍTULO II
DE LA SUCESION DE LA CORONA

Art. 2—. La Corona de las Españas y de las Indias será hereditaria en nuestra descendencia directa, natural y legítima de varón, por orden de primogenitura, y con exclusión perpetua de las hembras.

En defecto de nuestra descendencia masculina natural y legitima, la Corona de España y de las Indias volverá a nuestro muy caro y muy amado hermano Napoleón, Emperador de los franceses y Rey de Italia, y a sus herederos y descendientes varones, naturales y legítimos o adoptivos.

En defecto de la descendencia masculina, natural y legítima o de dicho nuestro muy caro y muy amado hermano Napoleón, pasará la Corona a los descendientes varones, naturales y legítimos del Príncipe Luis Napoleón, Rey de Holanda.

En defecto de descendencia masculina natural y legítima del Príncipe Luis Napoleón, a los descendientes varones naturales y legítimos del Príncipe Jerónimo Napoleón, Rey de Westfalia.

En defecto de éstos, al hijo primogénito, nacido antes de la muerte del último Rey, de la hija primogénita entre los que tengan hijos varones, y a su descendencia masculina, natural y legítima; y en caso de que el último Rey no hubiese dejado hija que tenga hijo varón, a aquel que haya sido designado por su testamento, ya sea entre sus parientes más cercanos, o ya entre aquellos que haya creído más digno de gobernar a los españoles.

Esta designación del Rey se presentará a las Cortes para su aprobación.

Art. 3—. La Corona de las Españas y de las Indias no podrá reunirse nunca con otra en una misma persona.

Art. 4—. En todos los edictos, leyes y reglamentos, los títulos del Rey de las Españas serán: D. N., por la gracia de Dios y por la Constitución del Estado, Rey de las Españas y de las Indias.

Art. 5—. El Rey, al subir al trono o al llegar a la mayor edad, prestará juramento sobre los Evangelios o en presencia del Senado, de las Cortes Consejo Real, llamado de Castilla. El Ministro secretario de Estado extenderá el acta de la prestación del juramento.

Art. 6—. La fórmula del juramento del Rey será la siguiente: "Juro sobre los Santos Evangelios respetar y hacer respetar nuestra Santa Religión, observar y hacer observar la Constitución, conservar la integridad y la independencia de España y sus posesiones, respetar y hacer respetar la libertad individual y la propiedad, y gobernar solamente con la mira del interés, de la felicidad y de la gloria de la Nación Española".

Art. 7—. Los pueblos de las Españas y de las Indias, prestarán juramento al Rey en esta forma: "Juro fidelidad y obediencia al Rey, a la Constitución y a las leyes".

TÍTULO III
DE LA REGENCIA

Art. 8—. El Rey será menor hasta la edad de diez y ocho años cumplidos. Durante su menor edad habrá un Regente del Reino.

Art. 9—. El Regente deberá tener a lo menos veinticinco años cumplidos.

Art. 10—. Será Regente el que hubiera sido designado por el Rey predecesor, entre los Infantes que tengan la edad determinada en el artículo antecedente.

Art. 11—. En defecto de esta designación del Rey y predecesor recaerá la Regencia en el Infante más distante del trono en el orden de herencia, que tenga veinticinco años cumplidos.

Art. 12—. Si a causa de la menor edad del Infante, más distante del trono en el orden de herencia, recayese la Regencia en un pariente más próximo, éste continuará en el ejercicio de sus funciones, hasta que el Rey llegue a su mayor edad.

Art. 13—. El Regente no será personalmente responsable de los actos de su administración.

Art. 14—. Todos los actos de la Regencia saldrán a nombre del Rey menor.

Art. 15—. De la renta con que está dotada la Corona, se tomará la cuarta parte para dotación del Regente.

Art. 16—. En el caso de no haber designado Regente el Rey predecesor, y no tener veinticinco años cumplidos ninguno de los

Infantes, se formará un Consejo de Regencia, compuesto de los siete senadores más antiguos.

Art. 17—. Todos los negocios del Estado se decidirán a pluralidad de votos por el Consejo de Regencia; y el Ministro secretario de Estado llevará registro de las deliberaciones.

Art. 18—. La Regencia no dará derecho alguno sobre la persona del Rey menor.

Art. 19—. La guarda del Rey menor se confiará al Príncipe designado a este efecto madre por el predecesor del Rey menor, y en defecto de esta designación a su

Art. 20—. Un consejo de tutela compuesto de cinco senadores nombrados por el último Rey, tendrá el especial encargo de cuidar de la educación del Rey menor, y será consultado en todos los negocios de importancia relativos a su persona y a su casa.

Si el último Rey no hubiere designado los senadores, compondrán este Consejo los cinco más antiguos.

En caso de que hubiere al mismo tiempo Consejo de Regencia, compondrán el Consejo de tutela los cinco senadores que sigan por orden de antigüe dad a los del Consejo de Regencia.

TÍTULO IV
DE LA DOTACIÓN DE LA CORONA

Art. 21—. El patrimonio de la Corona se compondrá de los palacios de Madrid, del Escorial, de San Ildefonso, de Aranjuez, del Pardo y de todos los demás que hasta ahora han pertenecido a la misma corona, con los parques, bosques, cercados y propiedades dependientes de ellos, de cualquier naturaleza que sean.

Las rentas de estos bienes entrarán en el Tesoro de la Corona, y si no llegan a la suma anual de un millón de pesos fuertes, se les agregarán otros bienes patrimoniales, hasta que su producto renta total complete esta suma.

Art. 22—. El Tesoro público entregará al de la Corona una suma anual de dos millones de pesos fuertes, por duodécimas partes o mesadas.

Art. 23—. Los Infantes de España, luego que lleguen a la edad de doce años, gozarán por alimentos una renta anual, a saber: El Príncipe Heredero, de doscientos mil pesos fuertes. Cada uno de los Infantes, de cien mil pesos fuertes. Cada una de las Infantas, de cincuenta mil pesos fuertes. El Tesoro público entregará estas sumas al Tesoro de la Corona.

Art. 24—. La Reina tendrá de viudedad cuatrocientos mil fuertes, que se pagarán del Tesoro de la Corona.

TÍTULO V
DE LOS OFICIOS DE LA CASA REAL

Art. 25—. Los jefes de la Casa Real serán seis, a saber:
Un capellán mayor.
Un mayordomo mayor. Un camarero mayor. Un caballerizo mayor. Un montero mayor. Un gran maestro de ceremonias.

Art. 26—. Los gentiles hombres de Cámara, mayordomos de semana, capellanes de honor, maestros de ceremonias, caballerizos y caballeros, son de la servidumbre de Casa Real.

TÍTULO VI
DEL MINISTERIO

Art 27—. Habrá nueve Ministerios, a saber:
Un Ministerio de Justicia. Otro de Negocios de eclesiásticos.
Otro de Negocios extranjeros. Otro de lo Interior. Otro de Hacienda. Otro de Guerra. Otro de Marina. Otro de Indias. Otro de Policía General.

Art. 28—. Un secretario de Estado con la calidad de Ministro refrendará todos los decretos.

Art. 29—. El Rey podrá reunir, cuando lo tenga por conveniente, el Ministerio de Negocios eclesiásticos, al de Justicia y el de Policía general al de lo interior.

Art. 30—. No habrá otra preferencia entre los Ministros que la de la antigüedad de sus nombramientos.

Art. 31—. Los Ministros, cada uno en la parte que le toca, serán responsables de la ejecución de las leyes y de las órdenes del Rey.

TÍTULO VII
DEL SENADO

Art. 32—. El Senado se compondrá:

1—. De los Infantes de España que tengan diez y ocho años cumplidos.

2—. De veinticuatro individuos nombrados por el Rey entre los Ministros, los capitanes generales del Ejército y Armada, los embajadores consejeros del Estado y los del Consejo Real.

Art. 33—. Ninguno podrá ser nombrado senador si no tiene cuarenta años cumplidos.

Art. 34—. Las plazas de senador serán de por vida. No se podrá privar a los senadores del ejercicio de sus funciones, sino en virtud de una sentencia legal dada por los Tribunales competentes.

Art. 35—. Los consejeros de Estado actuales serán individuos del Senado.

No se hará ningún nombramiento hasta que hayan quedado reducidos, a menos del número de veinticuatro, determinado por el Art. 32.

Art. 36—. El presidente del Senado será nombrado por el Rey y elegido entre los senadores. Sus funciones durarán un año.

Art. 37—. Convocará el Senado, o de orden del Rey, o a petición de las Juntas de que se hablará después de los Arts. 40 y 45, o para los negocios interiores del Cuerpo.

Art. 38—. En caso de sublevación a mano armada, o de inquietudes que amenacen la seguridad del Estado, el Senado, a propuesta del Rey, podrá suspender el imperio de la Constitución, por tiempo y en lugares determinados. Podrá, asimismo, en caso de urgencia y a propuesta del Rey, tomar las demás medidas extraordinarias que exija la conservación de la seguridad pública.

Art. 39—. Toca al Senado velar sobre la conservación de la libertad individual y de la libertad de la imprenta, luego que esta última se establezca por la ley, como se previene después, Tit. XIII, Art. 145.

Art. 145—. El Senado ejercerá estas facultades del modo que se prescribirá en los artículos siguientes.

Art. 40—. Una Junta de cinco senadores nombrados por el mismo Senado, conocerá en virtud de parte que le dé el Ministro de Policía general de las prisiones ejecutadas con arreglo al Art. 134 del Tit. XII, cuando las personas presas no han sido puestas en libertad, o entregadas a disposición de los Tribunales dentro de un mes de su prisión. Esta Junta se llamará Junta senatorial de libertad individual.

Art. 41—. Todas las personas presas y no puestas en libertad o en juicio dentro del mes de su prisión podrán recurrir directamente por sí, sus parientes o representantes, y por medio de petición a la Junta senatorial de libertad individual.

Art. 42—. Cuando la Junta senatorial entienda que el interés del Estado no justifica la detención prolongada por más de un mes, requerirá al Ministro que mandó la prisión, para que haga poner en libertad a la persona detenida, o la entregue a disposición del Tribunal competente.

Art. 43—. Si después de tres requisiciones consecutivas hechas en el espacio de un mes, la persona detenida no fuese puesta en libertad, o remitida a los Tribunales ordinarios, la Junta pedirá que se convoque al Senado, el cual si hay méritos para ello, hará la siguiente declaración: "Hay vehementes presunciones de que N. está detenido arbitrariamente".

El Presidente pondrá en manos del Rey la deliberación motivada del Senado.

Art. 44—. Esta deliberación será examinada, en virtud de orden del Rey, por una Junta compuesta de los presidentes de Sección del Consejo de Estado, y de cinco individuos del Consejo Real.

Art. 45—. Una Junta de cinco senadores nombrados por el mismo Senado tendrá el encargo de velar sobre la libertad de imprenta.

Los papeles periódicos no se comprenderán en las disposiciones de este artículo. Esta Junta se llamará Junta Senatorial de Libertad de Imprenta.

Art. 46—. Los autores, impresores y libreros que crean tener motivo para quejarse de que se les haya impedido la impresión o la venta de una obra, podrán recurrir directamente y por medio de petición a la Junta senatorial de la libertad de imprenta.

Art. 47—. Cuando la Junta entienda que la publicación de la obra no perjudica al Estado, requerirá al Ministro que ha dado la orden para que la revoque.

Art. 48—. Si después de tres requisiciones consecutivas, hechas en el espacio de un mes, no la revocase, la Junta pedirá que se convoque el Senado, el cual si hay méritos para ello, hará la declaración siguiente: "Hay vehementes presunciones de que la libertad de la imprenta ha sido quebrantada". El Presidente pondrá en manos del Rey la deliberación motivada del Senado.

Art. 49——. Esta deliberación será examinada, de orden del Rey, por una Junta compuesta como se previno arriba. (Art. 44).

Art. 50——. Los individuos de estas dos Juntas se renovarán por quintas partes cada seis meses.

Art. 51——. Sólo el Senado, a propuesta del Rey, podrá anular como inconstitucionales las operaciones de las Juntas de elección para el nombramiento de diputados de las provincias, o a las de los Ayuntamientos para el nombramiento de diputados de las ciudades.

TÍTULO VIII
DEL CONSEJO DE ESTADO

Art. 52——. Habrá un Consejo de Estado, presidido por el Rey, que se compondrá de treinta individuos a lo menos, y de sesenta cuando más, y se dividirán en seis secciones, a saber: Sección de Justicia y de Negocios Eclesiásticos. Sección de lo Interior y Policía General. Sección de Hacienda. Sección de Guerra. Sección de Marina y Sección de Indias. Cada Sección tendrá un presidente y cuatro individuos a lo menos.

Art. 53——. El Príncipe heredero podrá asistir a las sesiones del Consejo de Estado luego que llegue a la edad de quince años.

Art. 54——. Serán individuos natos del Consejo de Estado, los Ministros y el Presidente del Real; asistirán a sus sesiones cuando lo tengan por conveniente; no harán parte de ninguna Sección, ni entrará en cuenta para el número fijado en el artículo precedente.

Art. 55——. Habrá seis diputados de Indias adjuntos a la Sección de Indias, con voz consultiva, conforme a lo que se establece más adelante, Art. 95. Tít. X.

Art. 56——. El Consejo de Estado tendrá consultores, asistentes y abogados del Consejo.

Art. 57——. Los proyectos de leyes civiles y criminales, y los reglamentos generales de administración pública serán examinados y extendidos por el Consejo de Estado.

Art. 58——. Conocerá de las competencias de jurisdicción entre los Cuerpos administrativos y judiciales, y de la parte contenciosa de la Administración pública.

Art. 59——. El Consejo de Estado en los negocios de su dotación no tendrá sino voto consultivo.

Art. 60——. Los decretos del Rey sobre los objetos, correspondiente a la decisión de las Cortes, tendrán fuerza de ley hasta las primeras que se celebren, siempre que sean ventilados en el Consejo de Estado.

TÍTULO IX
DE LAS CORTES

Art. 61——. Habrá Cortes o Juntas de la Nación compuesta de 172 individuos en tres Estamentos, a saber: El Estamento del clero. El de la nobleza. El del pueblo. El Estamento del clero se colocará a la derecha del trono, el de la nobleza, a la izquierda, y enfrente el Estamento del pueblo.

Art. 62——. El Estamento del clero se compondrá de veinticinco arzobispos y obispos.

Art. 63——. El Estamento de la nobleza se compondrá de veinticinco nobles, que se titularán grandes Cortes.

Art. 64——. El Estamento del pueblo se compondrá:
1º. De sesenta y dos diputados de las provincias de España e Indias.
2º. De treinta diputados de las ciudades principales de España e islas adyacentes.
3º. De quince negociantes o comerciantes.

4°. De quince diputados de las Universidades, personas sabias o distinguidas por su mérito personal en las ciencias y en las artes.

Art. 65—. Los arzobispos y obispos que componen el Estamento del clero, serán elevados a la clase de individuos de Cortes por una cédula sellada con el gran sello del Estado, y no podrán ser privados del ejercicio de sus funciones, sino en virtud de una sentencia dada por los Tribunales competentes y en forma legal.

Art. 66—. Los nobles para ser elevados a la clase de grandes Cortes, deberán disfrutar una renta anual de veinte mil pesos fuertes a lo menos o haber hecho largos e importantes servicios en la carrera civil o militar. Serán elevados a esta clase por una cédula sellada con el gran sello del Estado, y no podrán ser privados del ejercicio de sus funciones, sino en virtud de una sentencia dada por los Tribunales competentes y en forma legal.

Art. 67—. Los diputados de las provincias de España e islas adyacentes serán nombrados por éstas a razón de un diputado por 300,000 habitantes poco más o menos. Para este efecto se dividirán las provincias en partidos de elección de un diputado.

Art. 68—. La Junta que ha de proceder a la elección del diputado del partido, recibirá su organización de una ley hecha en Cortes y hasta esta época se compondrán:

1°. Del decano de las regiones de todo pueblo que tenga a lo menos cien habitantes y si en algún partido no hay veinte pueblos que tengan este vecindario, se reunirán las poblaciones pequeñas para dar un elector a razón de cien habitantes, sacándose ésta por suerte entre los regidores decanos de cada uno de los referidos pueblos.
2°. Del decano de los curas de los pueblos principales del partido, los cuales se designarán de manera que el número de los electores eclesiásticos no exceda del tercio del número total de los individuos de la Junta de elección.

Art. 69—. Las Juntas de elección no podrán celebrarse sino en virtud de real cédula de convocación, en que se expresen el objeto y lugar de la reunión, y la época de la apertura y de la conclusión de la Junta. El presidente de ella será nombrado por el Rey.

Art. 70—. La elección de diputados de las provincias de Indias se hará conforme a lo que se previene en el Art. 93, Tít. X.

Art. 71—. Los diputados de las treinta ciudades principales del Reino serán nombrados por el Ayuntamiento de cada una de ellas.

Art. 72—. Para ser diputados por las provincias o por las ciudades se necesitará ser propietario de bienes raíces.

Art. 73—. Los quince negociantes o comerciantes serán elegidos entre los individuos de las Juntas de comercio y entre los comerciantes más ricos y acreditados del Reino; y serán nombrados por el Rey entre aquellos que se hallen comprendidos en una lista de quince individuos, formada por cada uno de los Tribunales y Juntas de Comercio. El Tribunal y la Junta de Comercio se reunirán en cada ciudad mar en común su lista de presentación.

Art. 74—. Los diputados de las Universidades, sabios y hombres distinguidos por su mérito personal en las ciencias y en las artes, serán nombrados por el Rey entre los comprendidos en una lista:
1º. De quince candidatos presentados por el Consejo Real; y
2º. De siete candidatos presentados por cada una de las Universidades del Reino.

Art. 75—. Los individuos del Estamento del pueblo se renovarán de unas Cortes para otras; pero podrán ser reelegidos para las Cortes inmediatas. Sin embargo, el que hubiese asistido a dos Juntas de Cortes consecutivas, no podrá ser nombrado de nuevo sino guardando un hueco de tres años.

Art. 76—. Las Cortes se juntarán en virtud de convocación hecha por el Rey. No podrán ser diferidas, prorrogadas ni disueltas sino de su orden. Se juntarán a lo menos una vez cada tres años.

Art. 77—. El Presidente de las Cortes será nombrado por el Rey entre tres candidatos que propondrán las Cortes mismas por escrutinio y a pluralidad absoluta de votos.

Art. 78—. A la apertura de cada sesión nombrarán las Cortes:
1°. Tres candidatos para la presidencia.
2°. Dos vicepresidentes y dos secretarios.
3°. Cuatro Comisiones compuestas de cinco individuos cada una, a saber: Comisión de Justicia. Comisión de lo Interior. Comisión de Hacienda. Comisión de Indias. El más anciano de los que asistan a la Junta la presidirá hasta la elección del Presidente.

Art. 79—. Los Vicepresidentes substituirán al Presidente en caso de ausencia o impedimento por el orden que fueron nombrados.

Art. 80—. Las sesiones de las Cortes no serán públicas, y sus votaciones se harán en voz o por escrutinio; y para que haya resolución, se necesitará la pluralidad absoluta de votos tomados individualmente.

Art. 81—. Las opiniones y las votaciones no deberán divulgarse ni imprimirse. Toda publicación por medio de impresión o carteles, hecha por la Junta de Cortes o por alguno de sus individuos, se considerará como un acto de rebelión.

Art. 82—. La ley fijará dentro de tres en tres años la cuota de las rentas y gastos anuales del Estado, y esta ley la presentarán oradores del Consejo de Estado a la deliberación y aprobación de las Cortes. Las variaciones que se hayan de hacer en el Código Civil, en el Código Penal, en el sistema de impuestos o en el sistema de monedas, serán propuestas del mismo modo a la deliberación y aprobación de las Cortes.

Art. 83—. Los proyectos de ley se comunicarán previamente por las Secciones del Consejo de Estado, a las Comisiones respectivas de las Cortes nombradas al tiempo de su apertura.

Art. 84—. Las cuentas de Hacienda dadas por cargo y data, con distinción del ejercicio de cada año y publicadas anualmente por medio de la imprenta, serán presentadas por el Ministro de Hacienda a las Cortes, y éstas podrán hacer sobre los abusos introducidos en la Administración las representaciones que juzguen convenientes.

Art. 85—. En caso que las Cortes tengan que manifestar quejas graves y motivadas sobre la conducta de un Ministro, la representación que contenga estas quejas y la exposición de sus fundamentos, votada que sea, será presentada al Trono por una diputación.

Examinará esta representación de orden del Rey, una Comisión compuesta de seis consejeros de Estado y de seis individuo del Consejo Real.

Art. 86—. Los decretos del Rey, que se expidan a consecuencia de deliberación y aprobación de las Cortes, se promulgarán con esta fórmula: "Oídas las Cortes".

TITULO X
DE LOS REINOS Y PROVINCIAS ESPAÑOLAS DE AMERICA Y ASIA

Art. 87—. Los reinos y provincias españolas de América y Asia gozarán de los mismos derechos que la metrópoli.

Art. 88—. Será libre en dichos reinos y provincias toda especie de cultivo e industria.

Art. 89—. Se permitirá el comercio recíproco en los reinos y provincias entre sí con la metrópoli.

Art. 90—. No podrá concederse privilegio alguno particular de exportación o importación en dichos reinos y provincias.

Art. 91—. Cada reino y provincia tendrá constantemente cerca del Gobierno diputados encargados de promover sus intereses, y de ser sus representantes en las Cortes.

Art. 92—. Estos diputados serán en número de veintidós, a saber: Dos de Nueva España. Dos del Perú. Dos del Nuevo Reino de Granada. Dos de Buenos Aires. Dos de Filipinas. Uno de la isla de Cuba. Uno de Puerto Rico. Uno de la provincia de Venezuela. Uno de Charcas. Uno de Quito. Uno de Chile. Uno de Cuzco. Uno de Guatemala. Uno de Yucatán. Uno de Guadalajara. Una de las provincias internas occidentales de Nueva España, y uno de las provincias orientales.

Art. 93—. Estos diputados serán nombrados por los Ayuntamientos de los pueblos que designen los virreyes o capitanes generales en sus respectivos territorios.

Para ser nombrados deberán ser propietarios de bienes raíces, y naturales de las mismas provincias. Cada ayuntamiento elegirá a pluralidad de votos un individuo, y el acta de los nombramientos se remitirá al Virrey o capitán general. Será diputado el que reúna mayor número de votos entre los individuos elegidos en los Ayuntamientos. En caso de igualdad decidirá la suerte.

Art. 94—. Los diputados ejercerán sus funciones por el término de ocho años. Si al concluirse este término no hubiesen sido reemplazados, continuarán en el ejercicio de sus funciones hasta la llegada de sus sucesores.

Art. 95—. Seis diputados nombrados por el Rey entre los individuos de la Diputación, de los reinos y provincias españolas de América y Asia, serán adjuntos en el Consejo de Estado y Sección de Indias. Tendrán voz consultiva en todos los negocios tocantes a los reinos y provincias españolas de América y Asia.

TÍTULO XI
DE ORDEN JUDICIAL

Art. 96—. Las Españas y las Indias se gobernarán por un solo Código de leyes civiles y criminales.

Art. 97—. El orden judicial será independiente en sus funciones.

Art. 98—. La justicia se administrará en nombre del Rey por Juzgados y Tribunales que él mismo establecerá. Por tanto, los Tribunales que tienen atribuciones especiales, y todas las justicias del abadengo, órdenes y señoríos, quedan suprimidos.

Art. 99—. El Rey nombrará todos los jueces.

Art. 100—. No podrá procederse a la destitución de un juez sino a consecuencia de denuncia hecha por el presidente o el procurador general del Consejo Real, deliberación motivada del mismo Consejo, sujeta a la aprobación y del Rey.

Art. 101—. Habrá jueces conciliadores que formen un Tribunal de pacificación, Juzgados de Primera Instancia, Audiencias o Tribunales de Apelación, un Tribunal de reposición para todo el Reino y una Alta Corte Real.

Art. 102—. Las sentencias dadas en última instancia deberán tener su plena y entera ejecución, y no podrán someterse a otro Tribunal, sino en caso de haber sido anuladas por el Tribunal de reposición.

Art. 103—. El número de los Juzgados de Primera Instancia se determinará según lo exijan los territorios. El número de las Audiencias o Tribunales de Apelación repartidas por toda la superficie del territorio de España e islas adyacentes será de nueve o de quince a lo más.

Art. 104—. El Consejo Real será el Tribunal de reposición. Conocerá de los recursos de fuerza en materia eclesiástica. Tendrá un presidente y dos vicepresidentes. El presidente será individuo nato del Consejo de Estado.

Art. 105—. Habrá en el Consejo Real un procurador general o fiscal y el número de sustitutos necesarios para la expedición de los negocios.

Art. 106—. El proceso criminal será público. En las primeras Cortes se tratará de si se establecerá o no el proceso por Jurados.

Art. 107—. Podrá introducirse recurso de reposición contra todas las sentencias criminales. Este recurso se introducirá en el Consejo Real para España e islas adyacentes; en las Salas de lo Civil de las Audiencias pretoriales para las Indias. La Audiencia de Filipinas se considerará para este efecto como Audiencia pretorial.

Art. 108—. Una alta Corte Real conocerá especialmente de los delitos personales cometidos por los individuos de la familia Real, los Ministros, los senadores y los consejeros de Estado.

Art. 109—. Contra sus sentencias no podrá introducirse recurso alguno pero se ejecutarán hasta que el Rey las firme.

Art. 110—. La alta Corte se compondrá de los ocho senadores más antiguos, de los seis Presidentes de Sección del Consejo de Estado, del Presidente y de los dos vicepresidentes del Consejo Real.

Art. 111—. Una ley propuesta de orden del Rey a la deliberación y aprobación de las Cortes determinará las demás facultades y modo de proceder de la alta Corte Real.

Art. 112—. El derecho de perdonar pertenecerá solamente al Rey, y le ejercerá oyendo al Ministro de Justicia en un Consejo privado compuesto de los Ministros, de dos senadores, de dos consejeros de Estado y de dos individuos del Consejo Real.

Art. 113—. Habrá un solo Código de Comercio para España e Indias.

Art. 114—. En cada plaza principal de comercio habrá un Tribunal y una Junta de Comercio.

TÍTULO XII
DE LA ADMINISTRACIÓN DE HACIENDA

Art. 115—. Los vales reales, los juros y los empréstitos de cualquiera naturaleza, que se hallen solemnemente reconocidos, se constituyen definitivamente deuda nacional.

Art. 116—. Las Aduanas interiores de partido a partido y de provincia a provincia, quedan suprimidas en España e Indias. Se trasladarán a las fronteras de tierra o mar.

Art. 117—. El sistema de contribuciones será igual en todo el Reino.

Art. 118—. Todos los privilegios que actualmente existen concedidos a cuerpos o a particulares, quedan suprimidos. La supresión de estos privilegios, si han sido adquiridos por precio, se entiende hecha bajo la indemnización; la supresión de los de jurisdicción será sin ella. Dentro del término de un año se formará un reglamento para dichas indemnizaciones.

Art. 119—. El Tesoro Público será distinto y separado del Tesoro de la Corona.

Art. 120—. Habrá un director general del Tesoro Público, que dará cada año sus cuentas, por cargo y data, y con distinción de ejercicios.

Art. 121—. El Rey nombrará al director general del Tesoro Público. Este prestará en sus manos juramento de no permitir ninguna distracción del caudal público, y de no autorizar ningún pagamento sino conforme a las consignaciones hechas a cada ramo.

Art. 122—. Un Tribunal de Contaduría General examinará y fenecerá las cuentas de todos los que deban rendirlas. Este Tribunal se compondrá de las personas que el Rey nombre.

Art. 123—. El nombramiento para todos los empleos pertenecerá al Rey o a las autoridades a quienes se confíe por las leyes y reglamentos.

TÍTULO XIII
DISPOSICIONES GENERALES

Art. 124—. Habrá una alianza ofensiva y defensiva y perpetuamente tanto por tierra como por mar, entre la Francia y la España. Un tratado especial determinará el contingente con que haya de contribuir cada una las dos Potencias en caso de guerra de tierra o de mar.

Art. 125—. Los extranjeros que hagan o hayan hecho servicios importantes al Estado; los que puedan serle útiles por sus talentos, sus invenciones o sus industrias; y los que formen grandes establecimientos o hayan adquirido una propiedad territorial por la que paguen de contribución la cantidad anual de pesos fuertes, podrán ser admitidos a gozar del derecho de vecindad. El Rey concede este derecho enterado por relación del Ministro de lo Interior, y oyendo al Consejo de Estado.

Art. 126—. La casa de todo habitante en el territorio de España y de Indias es asilo inviolable, no se podrá entrar en ella sino de día y para un objeto especial determinado por una ley, o por una orden que dimane de la autoridad pública.

Art. 127—. Ninguna persona residente en el territorio de España y de Indias podrá ser presa, como no sea en flagrante delito, sino en virtud de una orden legal y escrita.

Art. 128—. Para que el auto en que se manda la prisión pueda ejecutarse, será necesario:

1°. Que explique formalmente el motivo de la prisión y la ley en virtud de que se manda.

2°. Que dimane de un empleado a quien la ley haya dado formalmente esta facultad.

3°. Que se notifique a la persona que se va a aprehender y se la deje copia.

Art. 129—. Un alcaide o carcelero no podrá recibir o detener a ninguna persona, sino después de haber copiado en su registro el auto en que se manda la prisión. Este auto debe ser un mandamiento dado en los términos prescritos en el artículo antecedente, o mandado de asegurar la persona, o un derecho de acusación o una sentencia.

Art. 130—. Todo alcaide o carcelero estará obligado, sin que pueda ser dispensado por orden alguna, a presentar la persona que estuviere magistrado, encargado de la policía de la cárcel, siempre que por él sea requerido.

Art. 131—. No podrá negarse que vean al preso sus parientes y amigos que se presenten con una orden de dicho magistrado; y éste estará obligado a darla, a no ser que el alcalde o carcelero manifieste orden del juez para tener al preso sin comunicación.

Art. 132—. Todos aquellos que no habiendo recibido de la ley la facultad de hacer prender, manden, firmen o ejecuten la prisión de cualquiera persona; todos aquellos que aun en el caso de una prisión autorizada por la ley, reciban o detengan al preso en un lugar que no esté pública y legalmente destinado a prisión; y todos los alcaides y carceleros que contravengan a las disposiciones de los tres artículos precedentes, incurrirán en el crimen de detención arbitraria.

Art. 133—. El tormento queda abolido: todo rigor o apremio que se emplee en el acto de la prisión, o en la detención y ejecución y no esté expresamente la ley, es un delito.

Art. 134—. Si el Gobierno tuviere noticia de que se trama alguna conspiración contra el Estado, el Ministro de Policía podrá dar mandamiento de comparecencia y de prisión contra los indiciados como autores y cómplices.

Art. 135—. Todo fideicomiso, mayorazgo o substitución de los que actual mente existen y cuyos bienes, sea por sí sólo o por la reunión de otros en una misma persona, no produzcan una renta anual de cinco mil pesos fuertes, queda abolido.

El poseedor actual continuará gozando de dichos bienes restituidos a la clase de libres.

Art. 136—. Todo poseedor de bienes actualmente afectos a fideicomiso, mayorazgo o substitución, que produzcan una renta anual de más de cinco mil pesos fuertes, podrá pedir, si lo tiene por conveniente, que dichos bienes vuelvan a la clase de libres.

El permiso necesario para este efecto ha de ser el Rey quien le conceda.

Art. 137—. Todo fideicomiso, mayorazgo o substitución, de los que actualmente existen, que produzca por sí mismo o por la reunión de muchos fideicomisos, mayorazgos o substituciones en la misma cabeza, una renta anual que exceda de veinte mil pesos fuertes, se reducirá al capital que produzca líquidamente la referida suma; y los bienes que pasen de dicho capital volverán a entrar en la clase libre, continuando así en poder de los actuales poseedores.

Art. 138—. Dentro de un año se establecerá, por un reglamento del Rey, el modo en que se han de ejecutar las disposiciones contenidas en los tres artículos anteriores.

Art. 139—. En adelante no podrá fundarse ningún fideicomiso, mayorazgo o substitución sino en virtud de concesiones hechas por el Rey, por razón de servicios en favor del Estado, y con el fin de perpetuar en dignidad las familias de los sujetos que los hayan contraído. La renta anual de estos fideicomisos, mayorazgos o substituciones, no podrá en ningún caso exceder de veinte mil pesos fuertes, ni bajar de cinco mil.

Art. 140—. Los diferentes grados y clases de nobleza actualmente existentes, serán conservados con sus respectivas distinciones, aunque sin excepción alguna de las cargas y obligaciones públicas y sin que jamás pueda exigirse la calidad de nobleza, para los empleados civiles ni eclesiásticos, ni para los grados militares de mar y tierra. Los servicios y los talentos serán los únicos que proporcionen los ascensos.

Art. 141—. Ninguno podrá obtener empleos públicos, civiles y eclesiásticos, si no ha nacido en España o ha sido naturalizado.

Art. 142—. La dotación de las diversas Ordenes de Caballería no podrá emplearse según que así lo exige su primitivo destino, sino en recompensar servicios hechos al Estado. Una misma persona nunca podrá obtener más de una encomienda.

Art. 143—. La presente Constitución se ejecutará sucesiva y gradualmente por decreto o edictos, del Rey; de manera que el todo de sus disposiciones se halle puesto en ejecución antes del 19 de enero de 1813.

Art. 144—. Los fueros particulares de las provincias de Navarra, Vizcaya, Guipúzcoa y Álava, se examinarán en las primeras Cortes para determinar lo que se juzgue más conveniente al interés de las mismas provincias y de la Nación.

Art. 145—. Dos años después de haberse ejecutado enteramente esta Constitución, se establecerá la libertad de la imprenta. Para organizarla se publicará una ley hecha en Cortes.

Art. 146——. Todas las adiciones, modificaciones y mejoras que se haya creído conveniente hacer en esta Constitución, se presentarán de orden del Rey al examen y deliberación de las Cortes, en las primeras que se celebren después del año de 1820.

Comuníquese copia de la presente Constitución, autorizada por nuestro Ministro Secretario de Estado, al Consejo Real y a los demás Consejos y Tribunales, a fin de que se publique y circule en la forma acostumbrada. Bayona, 6 de julio de 1808.

CONSTITUCIÓN POLÍTICA DE LA MONARQUÍA ESPAÑOLA
19 de marzo de 1812

(Promulgada en Cádiz a 19 de marzo de 1812. Cádiz: en la Imprenta Real: MDCCCXII).

D. FERNANDO SEPTIMO

Por la gracia de Dios y la Constitución de la Monarquía española, Rey de las Españas, y en su ausencia y cautividad la Regencia del Reyno nombrada por las Cortes generales y extraordinarias, a todos los que las presentes vieren y entendieren, SABED: Que las mismas Cortes han decretado y siguiente: sancionado la CONSTITUCIÓN POLÍTICA DE LA MONARQUÍA ESPAÑOLA

"En el nombre de Dios Todopoderoso, Padre, Hijo y Espíritu Santo, autor y supremo legislador de la sociedad. Las Cortes Generales y extraordinarias de la Nación española, bien convencidas después del más detenido examen y madura deliberación, de que las antiguas leyes fundamentales de esta Monarquía, acompañadas de las oportunas providencias y precauciones, que aseguren de un modo estable y permanente su entero cumplimiento, podrá llenar debidamente el grande objeto de promover la gloria, la prosperidad y el bien de toda la Nación, decretan la siguiente Constitución política, para el buen gobierno y recta administración del Estado".

TÍTULO I
DE LA NACION ESPAÑOLA Y DE LOS ESPAÑOLES

CAPÍTULO I
DE LA NACIÓN ESPAÑOLA

Artículo 1. La Nación española es la reunión de todos los españoles de ambos hemisferios.

Art. 2. La Nación española es libre e independiente, y no es ni puede patrimonio ser de ninguna familia ni persona.

Art. 3. La soberanía reside esencialmente en la Nación, y por lo mismo pertenece a ésta exclusivamente el derecho de establecer sus leyes fundamentales.

Art. 4. La Nación está obligada a conservar y proteger por leyes sabias y justas la libertad civil, la propiedad y los demás derechos legítimos de todos los individuos que la componen.

CAPITULO II
DE LOS ESPAÑOLES

Art. 5. Son españoles:
1°—. Todos los hombres libres nacidos y avecindados en los dominios de las Españas, y los hijos de éstos.
2°—. Los extranjeros que hayan obtenido de las Cortes cartas de naturaleza.
3°—. Los que sin ella lleven diez años de vecindad, ganada según la ley, en cualquier pueblo de la Monarquía.
4°—. Los libertos desde que adquieran la libertad en las Españas.

Art. 6. El amor de la patria es una de las principales obligaciones de todos los españoles, y asimismo el ser justos y benéficos.

Art. 7. Todo español está obligado a ser fiel a la Constitución, obedecer las leyes y respetar las autoridades establecidas.

Art. 8. También está obligado todo español, sin distinción alguna, a con- tribuir en proporción de sus haberes para los gastos del Estado.

Art. 9. Está asimismo obligado todo español a defender la patria con las armas cuando sea llamado por la ley.

TÍTULO II
DEI. TERRITORIO DE LAS ESPAÑAS, SU RELIGION Y GOBIERNO, PANOS ESPAÑOLES Y DE LOS CIUDADANOS ESPAÑOLES

CAPÍTULO I
DEL TERRITORIO DE LAS ESPAÑAS

Art. 10. El Territorio español comprende en la Península, con sus posesiones e islas adyacentes, Aragón, Asturias, Castilla la Vieja, Castilla la Nueva con sus posesiones en Cataluña, Córdoba, Extremadura, Galicia, Granada, Jaén, León, Molina, Murcia, Navarra, Provincias Vascongadas, Sevilla y Valencia, las islas Baleares y las Canarias con las demás posesiones de África. En la América Septentrional, Nueva España con la Nueva Galicia y Península de Yucatán, Guatemala, provincias internas de Oriente, provincias internas de Occidente, Isla de Cuba con las dos Floridas, la parte española de la isla de Santo Domingo, y la Isla de Puerto Rico con las demás adyacentes a éstas y al Continente en uno y otro mar. En la América Meridional, la Nueva Granada, Venezuela, el Perú, Chile, provincias del Río de la Plata, y todas las islas adyacentes en el mar Pacífico y en el Atlántico. En el Asia, las islas Filipinas y las que dependen de su Gobierno.

Art. 11. Se hará una división más conveniente del territorio español por una ley constitucional, luego que las circunstancias políticas de la Nación lo permitan.

CAPÍTULO II
DE LA RELIGION

Art. 12. La religión de la Nación española es y será perpetuamente la Católica, Apostólica, Romana, única verdadera. La Nación la protege por leyes sabias y justas, y prohíbe el ejercicio de cualquiera otra.

CAPÍTULO III
DEL GOBIERNO

Art. 13. El objeto del Gobierno es la felicidad de la Nación, puesto que el fin de toda sociedad política no es otro que el bienestar de los individuos que la componen.

Art. 14. El Gobierno de la Nación española es una Monarquía moderada hereditaria.

Art. 15. La potestad de hacer las leyes reside en las Cortes con el Rey.

Art. 16. La potestad de hacer ejecutar las leyes reside en el Rey.

Art. 17.-La potestad de aplicar las leyes en las causas civiles y criminales reside en los tribunales establecidos por la ley.

CAPÍTULO IV
DE LOS CIUDADANOS ESPAÑOLES

Art. 18. Son ciudadanos aquellos españoles que por ambas líneas traen su origen de los dominios españoles de ambos hemisferios, y están avecinda. dos en cualquier pueblo de los mismos dominios.

Art. 19. Es también ciudadano el extranjero que gozando ya de los de hechos del español, obtuviere de las Cortes carta especial de ciudadano.

Art. 20. Para que el extranjero pueda obtener de las Cortes esta carta deberá estar casado con española, y haber traído o fijado en las Españas alguna invención o industria apreciable, o adquirido bienes raíces por los que pague una contribución directa, o establecidos en el comercio con un capital propio y considerable a juicio de las mismas Cortes, o hecho servicios señalados en bien y defensa de la Nación,

Art. 21. Son asimismo ciudadanos los hijos legítimos de los extranjeros domiciliados en las Españas, que habiendo nacido en los dominios españoles no hayan salido nunca fuera sin licencia del Gobierno, y teniendo veintiún años cumplidos se hayan avecindado en un pueblo de los mismos dominios, ejerciendo en él alguna profesión, oficio o industria útil.

Art. 22. A los españoles que por cualquiera líneas son habidos y reputados por originarios del África, les queda abierta la puerta de la virtud y del merecimiento para ser ciudadanos, en su consecuencia, las Cortes concederán carta de ciudadano a los que hicieren servicios calificados a la patria, o a los que se distingan por su talento, aplicación y conducta, con la condición de que sean hijos de legítimo matrimonio de padres ingenuos, de que estén casados con mujer ingenua, y avecindados en los dominios de las Españas, y de que ejerzan alguna profesión, oficio o industria útil con un capital propio.

Art. 23. Sólo los que sean ciudadanos podrán obtener empleos municipales y elegir para ellos en los casos señalados por la ley.

Art. 24. La calidad de ciudadano español se pierde:
1°. Por adquirir naturaleza en país extranjero.
2°. Por admitir empleo de otro Gobierno.

3º. Por sentencia en que se impongan penas aflictivas o infamantes, si no se obtiene rehabilitación.

4º. Por haber residido cinco años consecutivos fuera del territorio español, sin comisión o licencia del Gobierno.

Art. 25. El ejercicio de los mismos derechos se suspende:

1º. En virtud de interdicción judicial, por incapacidad física o moral.

2º. Por el estado de deudor quebrado, o de deudor a los caudales públicos.

3º Por estado de sirviente doméstico.

4º. Por no tener empleo, oficio o modo de vivir conocido.

5º. Por hallarse procesado criminalmente.

6º. Desde el año 1830 deberán saber leer y escribir los que de nuevo entren en el ejercicio de los derechos de ciudadano.

Art. 26. Sólo por las causas señaladas en los dos artículos precedentes se pueden perder o suspender los derechos de ciudadanos y no por otras.

TÍTULO III
DE LAS CORTES

CAPÍTULO I
DEL MODO DE FORMARSE LAS CORTES

Art. 27. Las Cortes son la reunión de todos los diputados que representan la Nación, nombrados por los ciudadanos en la forma que se dirá.

Art. 28.-La base para la representación nacional es la misma en ambos hemisferios.

Art. 29. Esta base es la población compuesta de los naturales que por ambas líneas sean originarios de los dominios españoles, y de aquellos que hayan obtenido de las Cortes carta de ciudadano, como también de los comprendidos en el artículo 21.

Art. 30. Para el cómputo de la población de los dominios europeos servirá el último censo del año de mil setecientos noventa y siete, hasta que pueda hacerse otro nuevo; y se formará el correspondiente para el cómputo de la población de los de ultramar, sirviendo entre tanto los censos más auténticos entre los últimamente formados.

Art. 31.-Por cada setenta mil almas de la población, compuesta como queda dicho en el Artículo 29, habrá un diputado de Cortes.

Art. 32-Distribuída la población por las diferentes provincias si resultase en alguna el exceso de más de treinta y cinco mil almas se elegirá un diputado más, como si el número llegase a sesenta mil; y si el sobrante no excediese de treinta y cinco mil, no se contara con él.

Artículo 33. Si hubiese alguna provincia cuya población tenta mil almas, pero no baje de setenta mil, elegirá por sí un no llegue a ser diputado y si bajase de este número, se unirá a la inmediata, para completar el de setenta mil requerido. Exceptuase de esta regla la isla de Santo Domingo, que nombrará diputado cualquiera que sea su población.

CAPÍTULO II
DEL NOMBRAMIENTO DE LOS DIPUTADOS DE CORTES

Art. 34. Para la elección de los diputados de Cortes se celebrarán juntas electorales de parroquia, de partido y de provincia.

CAPÍTULO III
DE LAS JUNTAS ELECTORALES DE PARROQUIA

Art. 35. Las Juntas electorales de parroquia se compondrán de todos los ciudadanos avecindados y residentes en el territorio de la parroquia respectiva, entre los que se comprenden los eclesiásticos seculares.

Art. 36. Estas Juntas se celebrarán siempre en la Península e islas y posesiones adyacentes, el primer domingo de Octubre del año anterior al de la celebración de las Cortes.

Art. 37. En las provincias de ultramar se celebrarán el primer Domingo del mes de Diciembre, quince meses antes de la celebración de las Cortes, con aviso que para unas y otras hayan de dar anticipadamente las justicias.

Art. 38. En las Juntas de parroquia se nombrará por cada doscientos vecinos un elector parroquial.

Art. 39. Si el número de vecinos de la parroquia excediese de trescientos, aunque no llegue a cuatrocientos, se nombrarán dos electores; si excediese de quinientos, aunque no llegue a seiscientos, se nombrarán tres, y así progresivamente.

Art. 40. En las parroquias cuyo número de vecinos no llegue a doscientos, con tal que tengan ciento cincuenta, se nombrará ya un elector; y en aquéllas en que no haya este número, se reunirán los vecinos a los de otra inmediata para nombrar el elector o electores que les correspondan.

Art. 41. La junta parroquial elegirá a pluralidad de votos once compro- misarios, para que éstos nombren el elector parroquial.

Art. 42. Si en la Junta parroquial hubieren de nombrarse dos electores parroquiales, se elegirán veinte y un compromisarios, y si tres, treinta y uno; sin que en ningún caso se pueda exceder de este número de compromisarios, a fin de evitar confusión.

Para consultar la mayor comodidad de las poblaciones pequeñas, se observará que aquella parroquia que llegare a tener veinte vecinos elegirá un compromisario; la que llegare a tener de treinta a cuarenta, elegirá dos; la que tuviere de cincuenta a sesenta, tres; y así progresivamente. Las parroquias que tuvieren menos de veinte vecinos se unirán con las más inmediatas para elegir compromisario.

Art. 44. Los compromisarios de las parroquias de las poblaciones pequeñas, así elegidas, se juntarán en el pueblo más a propósito, y en componiendo el número de once o a lo menos de nueve, nombrarán un elector parroquial; si compusieren el número de veinte y uno, o a lo menos de diez y siete, nombrarán dos electores parroquiales; y si fueren treinta y uno, y se reunieren a lo menos veinte y cinco, nombrarán tres electores o los que correspondan.

Art. 45. Para ser nombrado elector parroquial se requiere ser ciudadano mayor de veinte y cinco años, vecino y residente en la parroquia.

Art. 46. Las Juntas de parroquia serán presididas por el jefe Político o el alcalde de la ciudad, villa o aldea en que se congregaren, con asistencia del cura párroco para mayor solemnidad del acto; y si en un mismo pueblo por razón del número de sus parroquias, se tuvieren dos o más Juntas presidirá una el Jefe Político o el alcalde, otra el otro alcalde, y los regidores por suerte presi- dirán las demás.

Art. 47. Llegada la hora de la reunión, que se hará en las casas consistoriales o en el lugar donde lo tengan de costumbre, hallándose juntos los ciudadanos que hayan concurrido, pasarán a la parroquia con su presidente, y en ella se celebrará una misa solemne de Espíritu Santo por el cura párroco quien hará un discurso correspondiente a las circunstancias.

Art. 48. Concluida la misa, volverán al lugar de donde salieron y en él se dará principio a la Junta nombrando dos escrutadores y un secretario de entre los ciudadanos presentes, todo a puerta abierta,

Art. 49. En seguida preguntará el presidente si algún ciudadano tiene que exponer alguna queja relativa a cohecho o soborno para que la elección recaiga en determinada persona; y si la hubiera, deberá hacerse justificación pública y verbal en el mismo acto. Siendo cierta la acusación, sean privados de voz activa y pasiva los que hubieren cometido el delito. Los calumniadores sufrirán la misma pena; y de este juicio no se admitirá recurso alguno.

Art. 50. Si se suscitasen dudas sobre si en algunos de los presentes concurren las calidades requeridas para poder votar, la misma Junta decidirá en el acto lo que le parezca; y lo que decidiere se ejecutará sin recurso alguno, por esta vez y para este solo efecto.

Art. 51. Se procederá inmediatamente al nombramiento de los compro- misarios lo que se hará designado cada ciudadano un número de personas igual al de los compromisarios, para lo que se acercará a la mesa donde se hallen el presidente, los escrutadores y el secretario y en éste y en los demás actos de elección nadie podrá votarse a sí mismo, bajo la pena de perder el derecho de votar.

Art. 52. Concluido este acto, el presidente, escrutadores y secretario reconocerán las listas, y aquél publicará en alta voz los nombres de los ciudadanos que hayan sido elegidos compromisarios, por haber reunido mayor número de votos.

Art. 53. Los compromisarios nombrados se retirarán a un lugar separado antes de disolverse la junta y conferenciando entre sí, procederán a nombrar el elector o electores de aquella parroquia, y quedarán elegidas la persona o personas que reúnan más de la mitad de votos. En seguida se publicará en la Junta el nombramiento.

Art. 54. El secretario extenderá el acta, que con él firmarán el presidente y los compromisarios, y se entregará copia de ella, firmada por los mismos, a la persona o personas elegidas, para hacer constar su nombramiento.

Art. 55. Ningún ciudadano podrá excusarse de estos encargos por motivo ni pretexto alguno.

Art. 56. En la junta parroquial ningún ciudadano se presentará con armas.

Art. 57. Verificado el nombramiento de electores, se disolverá inmediatamente la junta, cualquier otro acto en que intente mezclarse, será nulo.

Art. 58. Los ciudadanos que han compuesto la Junta, se trasladarán a la parroquia donde se cantará un solemne, llevando al elector o electores entre el presidente; los escrutadores y el secretario.

CAPÍTULO IV
DE LAS JUNTAS ELECTORALES DE PARTIDO

Art. 59. Las Juntas electorales de partido se compondrán de los electores parroquiales, que se congregarán en la cabeza de cada partido a fin de nombrar el elector o electores que han de concurrir a la capital de provincia para elegir los diputados de Cortes.

Art. 60. Estas Juntas se celebrarán siempre en la Península e islas y posesiones adyacentes, el primer domingo del mes de noviembre del año anterior al en que se han de celebrarse las Cortes.

Art. 61. En las provincias se celebrarán el primer domingo del mes de Enero próximo siguiente al de Diciembre en que se hubieren celebrado las Juntas de parroquia.

Art. 62. Para venir en conocimiento del número de electores que haya de nombrar cada partido, se tendrán presentes las siguientes reglas.

Art. 63.-El número de electores de partido será triple al de los diputados que se han de elegir.

Art. 64. Si el número de partidos de la provincia fuere mayor que el de los electores que se requieren por el artículo precedente para el nombramiento de los diputados que le corresponda, se nombrará sin embargo un elector cada partido.

Art. 65. Si el número de partidos fuere menor que el de los electores que deban nombrarse, cada partido elegirá uno, dos o más, hasta completar el número que se requiera; pero si faltase aún un elector, le nombrará el partido de mayor población; si todavía faltase otro, le nombrará el que le siga en mayor población y así sucesivamente.

Art. 66. Por lo que queda establecido en los artículos 31, 32 y 33, y en los tres artículos precedentes, el censo determina cuántos diputados corresponden a cada y cuantos electores a cada uno de sus partidos.

Art. 67. Las Juntas electorales de partido serán presididas por el jefe político o el alcalde primero del pueblo, cabeza de partido, a quien se presentarán los electores parroquiales con el documento que acredite su elección, para que sean anotados sus nombres en el libro en que han de extenderse las actas de la junta.

Art. 68. En el día señalado se juntarán los electores de parroquia con

Art. 68. En el día el presidente en las salas consistoriales a puerta abierta, y comenzarán por nombrar un secretario y dos escrutadores de entre los mismos electores.

Art. 69. Enseguida pre su nombramiento para ser los electores las certificaciones de presentarán los electores examinados por el secretario y escrutadores, quienes deberán al día siguiente informar si están o no arregladas. Las certificaciones de el secretario y escrutadores serán examinadas por una comisión de tres individuos de la Junta, que se nombrará al efecto para que informe también en el siguiente día sobre ellas.

Art. 70. En este día congregados los electores parroquiales, se leerán los informes sobre las certificaciones y si se hubiere hallado reparo que oponer a alguna de ellas, o a los electores por defecto de algunas de las calidades requeridas, la junta resolverá definitivamente y acto continuo lo y lo O que resolviere, se ejecutará sin recurso. que le parezca;

Art. 71. Concluido este acto, pasarán los electores parroquiales con su presidente a la iglesia mayor, en donde se cantará una misa solemne de Espíritu Santo por el eclesiástico de mayor dignidad el que hará un discurso propio de las circunstancias.

Art. 72. Después de este acto religioso se restituirán a las casas consistoriales, y ocupando los electores sus asientos sin preferencia leerá el secretario este capítulo de la constitución, y en seguida hará el presidente la misma pregunta que se contiene en el artículo 49, y se observará todo cuanto en él se previene.

Art. 73. Inmediatamente después, se procederá al nombramiento del elector o electores de partido, eligiéndolos de uno en uno y por un escrutinio secreto, mediante cédulas en que esté escrito el nombre de la persona que cada uno elige.

Art. 74. Concluida la votación, el presidente, secretario y escrutadores harán la regulación de los votos y quedará elegido el que haya reunido a lo menos la mitad de los votos y uno más, publicando el presidente cada elección. Si ninguno hubiere tenido la popularidad absoluta de votos, los dos hayan tenido el mayor número entrarán en segundo escrutinio, y quedará elegido el que reúna el mayor número de votos. En caso de empate decidirá la suerte.

Art. 75. Para ser elector de partido, se requiere ser ciudadano que se halle en el ejercicio de sus derechos, mayor de veinte y cinco años y vecino y residente en el partido, ya sea del estado seglar o del eclesiástico secular, pudiendo recaer la elección en los ciudadanos que componen la Junta, o en los de fuera de ella.

Art. 76.-El secretario extenderá el acta, que con él firmarán el presidente y escrutadores; y se entregará copia de ella firmada por los mismos a la persona o personas elegidas para hacer constar su nombramiento. El presidente de esta Junta remitirá otra copia, firmada por él y por el secretario, al presidente de la junta de provincia, donde se hará notoria la elección en papeles públicos.

Art. 77.-En las Juntas electorales de partido se observará todo lo que se previene para las juntas electorales de parroquia los artículos, 5, 56, 57 y 58.

CAPÍTULO V
DE LAS JUNTAS ELECTORALES DE PROVINCIA

Art. 78.-Las juntas electorales de provincia se compondrán de los electores de todos los partidos de ella, que se congregarán en la capital a fin de nombrar los diputados que le correspondan para asistir a las Cortes, como representantes de la Nación.

Art. 79. Estas Juntas se celebrarán siempre, en la Península e islas adyacentes, el primer domingo del mes de Diciembre del año anterior a las Cortes.

Art. 80.-En las provincias de Ultramar, se celebrarán en el domingo según do del mes de Marzo del mismo año en que se celebraren las Juntas de partido.

Art. 81. Serán presididas estas Juntas por el jefe político de la capital de la provincia, a quien se presentarán los electores de partido con el documento de su elección, para que sus nombres se anoten en el libro en que han de extenderse las actas de la Junta.

Art. 82. En el día señalado se juntarán los electores de partido, con el presidente en las casas consistoriales o en el edificio que se tenga por más a propósito para un acto tan solemne, a puerta abierta, y comenzarán por nombrar, a pluralidad de votos, un secretario y dos escrutadores de entre los mismos electores.

Art. 83. Si a una provincia no le cupiere más que un diputado, concurrirán a lo menos cinco electores para su nombramiento; distribuyendo este número entre los partidos en que estuviere dividida, o formando partidos para este solo efecto.

Art. 84. Se leerán los cuatro capítulos de esta Constitución que tratan de las elecciones. Después se leerán las certificaciones de las actas de las elecciones hechas en las cabezas de partido, remitidas por los respectivos presidentes; y asimismo presentarán los electores las certificaciones de su nombramiento, para ser examinadas por el secretario y escrutadores, quienes deberán al día siguiente informar si están o no arregladas. Las certificaciones del secretario y escrutador serán examinadas por una comisión de tres individuos de la Junta, que se nombrarán al efecto, para que informe también sobre ellas en el siguiente día.

Art. 85. Juntos en él los electores de partido, se leerán los informes sobre las certificaciones, y si se hubiere hallado reparo que oponer a alguna de ellas, o a los electores por defecto de alguna de ellas, o a los electores por defecto de alguna de las calidades requeridas, la Junta resolverá definitivamente continuo lo que le parezca; y lo que resolviere, se ejecutará sin recurso.

Art. 86. Enseguida se dirigirán los electores de partido, con su presidente, a la catedral o iglesia mayor, en donde se cantará una misa solemne de Espíritu Santo, y el Obispo o en su defecto el eclesiástico de mayor dignidad hará un discurso propio de las circunstancias.

Art. 87. Concluido este acto religioso, volverán al lugar de donde salieron, y a puerta abierta, ocupando los electores sus asientos sin preferencia alguna, hará el presidente la misma pregunta que se contiene en el artículo 49, y se observará todo cuanto en él se previene.

Art. 88. Se procederá en seguida por los electores que se hallen presentes, a la elección del diputado o diputados, y se elegirán de uno en uno, acercándose a la mesa donde se hallen el presidente, los escrutadores y secretario; y éste escribirá en una lista a su presencia el nombre de la persona que cada uno elige. El secretario y los escrutadores serán los primeros que voten.

Art. 89. Concluida la votación, el presidente, secretario y escrutadores harán la regulación de los votos, y quedará elegido aquél que haya reunido a lo menos la mitad de los votos y uno más. Si ninguno hubiere reunido la pluralidad absoluta de votos, los dos que hayan tenido el mayor número entrarán en segundo escrutinio, y quedará elegido el que reúna la pluralidad. En caso de empate decidirá la suerte, y hecha la elección de cada uno, la publicará el presidente.

Art. 90. Después de la elección de diputados se procederá a la de suplentes por el mismo método y forma, y su número será en cada provincia la tercera parte de los diputados que le corresponda. Si a alguna provincia no le tocare elegir más que uno o dos diputados elegirá sin embargo un diputado suplente. Estos concurrirán a las Cortes, siempre que se verifique la muerte del propietario, o su imposibilidad a juicio de las mismas, en cualquier tiempo que uno u otro accidente se verifique después de la elección.

Art. 91. Para ser diputado de Cortes, se requiere ser ciudadano que esté en el ejercicio de sus derechos, mayor de veinte y cinco años y que haya nacido en la provincia, o esté avecindado en ella con residencia a lo menos de siete años, bien sea del estado seglar o del eclesiástico secular, pudiendo recaer la elección en los ciudadanos que componen la Junta, o en los de fuera de ella.

Art. 92. Se requiere además para ser elegidos diputados de Cortes, tener una renta anual proporcionada, procedente de bienes propios.

Art. 93. Suspéndese la disposición del artículo precedente hasta que la Cortes que en adelante han de celebrarse, declaren haber llegado ya el tiempo de que pueda tener efecto, señalando la cuota de la renta y la calidad de los bienes de que haya de provenir; y lo que entonces resolvieren, se tendrá por constitucional, como si aquí se hallara expresado.

Art. 94. Si sucediere que una misma persona sea elegida por la provincia de su naturaleza y por la en que está avecindada, subsistirá la elección por razones de la vecindad, y por la provincia de su naturaleza vendrá a las Cortes el suplente a quien corresponda.

Art. 95. Los secretarios del despacho, los consejeros de estado y los que sirven empleos de la casa real, no podrán ser elegidos diputados de Cortes.

Art. 96. Tampoco podrá ser elegido diputado de Cortes ningún extranjero, aunque haya obtenido de las Cortes carta de ciudadano. ser

Art. 97. Ningún empleado público nombrado por el gobierno, podrá elegido diputado de Cortes por la provincia en que ejerce su cargo.

Art. 98. El secretario extenderá el acta de las elecciones que con él firmarán el presidente y todos los electores.

Art. 99. En seguida otorgarán todos los electores sin excusa alguna a todos y a cada uno de los diputados poderes amplios según la fórmula siguiente, entregándose a cada diputado su correspondiente poder para presentarse en las Cortes.

Art. 100. Los poderes estarán concebidos en estos términos:
"En la ciudad o villa de...a...días del mes de de....... en las salas de...del año hallándose congregados los señores (aquí se pondrán los nombres del presidente y de los electores de partido que forman la Junta electoral de la provincia), dijeron ante mí el infrascrito escribano y testigos al efecto convocados, que habiéndose procedido, con arreglo á la Constitución Política de la Monarquía española, al nombramiento de los electores parroquiales y de partido con todas las solemnidades prescritas por la misma Constitución, como constaba de las certificaciones que originales obraban en el expediente, reunidos los expresados electores de los partidos de la provincia de en el día de del mes de del presente año, habían hecho el nombramiento de los diputados, que en nombre y representación de esta provincia han de concurrir á las Cortes, y que fueron electos por diputados para ellas por esta provincia de los señores N.N.N. como resulta del acta extendida y firmada por N.N.: que en su consecuencia les otorgan poderes amplios á todos juntos, y á cada uno de por sí, para cumplir y desempeñar las augustas funciones de su encargo, y para que con los demás diputados de Cortes, como representantes de la Nación española puedan acordar y resolver cuanto entendieren conducente al bien general de ella, en uso de las facultades que la Constitución determina, y dentro de los límites que la misma prescribe, sin poder derogar, alterar ó variar en manera alguna ninguno de sus artículos bajo ningún pretexto; y que los otorgantes se obligan por sí mismos y á nombre de todos los vecinos de esta provincia, en virtud de las facultades que le son concedidas como electores nombrados para este acto, á tener por válido y obedecer y cumplir cuanto como tales diputados de Cortes hicieren y se resolviere por

estas con arreglo á la Constitución política de la Monarquía española. Así lo expresaron y otorgaron, hallándose presentes como testigos N.N., que con los señores otorgantes lo firmaron; de que doy fe".

Art. 101. El Presidente, escrutadores y secretario, remitirán inmediata copia, firmada por los mismos, del acta de las elecciones a la diputación permanente de las Cortes, y harán que se publiquen las elecciones por medio de la imprenta, remitiendo un ejemplar a cada pueblo, de la provincia.

Art. 102. Para la indemnización de los diputados, se le asistirá por sus respectivas provincias con las dietas que las Cortes en el segundo año de cada diputación general señalaren para la diputación que le ha de suceder; y a los diputados de ultramar se les abonará además lo que parezca necesario, a juicio de sus respectivas provincias, para los gastos de viaje de ida vuelta.

Art. 103. Se observará en las Juntas electorales de provincia todo lo que se prescribe en los artículos 55, 56, 57 y 58, a excepción de lo que previene el artículo 328.

CAPÍTULO VI
DE LA CELEBRACIÓN DE LAS CORTES

Art. 104. Se juntarán las Cortes todos los años en la capital del reino en edificio destinado a este sólo este sólo objeto.

Art. 105. Cuando tuvieren por conveniente trasladarse a otro lugar podrán hacerlo, con tal que sea a pueblo que no diste de la capital más creyeran necesario que O por una resolución de las dos terceras partes de los diputados. Doce presentes.

Art. 106. Las sesiones de las Cortes en cada año durarán tres meses consecutivos, dando principio el día 1º del mes de marzo.

Art. 107. Las Cortes podrán prorrogar sus sesiones, cuando más por otro mes, en sólo dos casos; primero a petición del Rey; segundo, si las Cortes lo creyeran necesario por una resolución de las dos terceras partes de los diputados.

Art. 108. Los diputados se renovarán en su totalidad cada dos años.

Art. 109. Si la guerra o la ocupación de alguna parte de el territorio de la Monarquía por el enemigo impidieren se presenten a tiempo todos o algunos de los diputados de una o más provincias, serán suplidos los que falten por los anteriores diputados de las respectivas provincias, sorteados entre sí hasta completar el número que le corresponda.

Art. 110. Los diputados no podrán volver a ser elegidos, sino mediando otra diputación.

Art. 111. Al llegar los diputados a la capital, se presentarán a la diputación permanente de las Cortes, la que hará sentar sus nombres y el de la provincia que los ha elegido en un registro en la Secretaría de las mismas Cortes.

Art. 112. En el año de la renovación de los diputados, día 15 de febrero, a puerta abierta la primera Junta preparatoria, haciendo de Presidente el que lo sea de la Diputación permanente, y de secretarios y escrutadores los que nombren la misma Diputación de entre los restantes individuos que la componen.

Art. 113. En esta primera Junta presentarán todos los diputados sus poderes y se nombrarán a pluralidad de votos dos comisiones, una de cinco individuos para que examine los poderes de todos los diputados, y tres para que examine los de estos cinco individuos de la comisión.

Art. 114. El día 20 del mismo febrero se celebrará también a puerta abierta la segunda Junta Preparatoria, en la que las dos comisiones informarán sobre la legitimidad de los poderes, de las elecciones provinciales siendo tenido presentes las copias de las actas.

Art. 115. En esta Junta y en las demás que sean necesarias hasta el día 25 se resolverán definitivamente, y a pluralidad de votos, las dudas que se susciten sobre la legitimidad de los poderes y calidades de los diputados.

Art. 116. En el año siguiente al de la renovación de los diputados se tendrá la primera Junta preparatoria el día 20 de febrero, y hasta el 25 las que se crean necesarias para resolver, en el modo y forma que se ha expresado en los tres artículos precedentes, sobre la legitimidad de los poderes de los diputados que de nuevo se presente.

Art. 117. En todos los años el día 25 de febrero se celebrará la última Junta preparatoria, en la que se hará por todos los diputados, poniendo la mano sobre los Santos Evangelios, el juramento siguiente: "Juráis defender y conservar la Religión Católica, Apostólica, Romana sin admitir otra alguna en el Reino? R. —Sí. Juro—. ¿Juráis guardar y hacer guardar religiosamente la Constitución política de la Monarquía española, sancionada por las Cortes generales y extraordinarias de la nación en el año de mil ochocientos y doce? R. —Sí, juro—. ¿Juráis haberos bien y fielmente en el encargo que la nación os ha encomendado, mirando en todo por el bien y prosperidad de la misma Nación? R. —Sí. Juro—. Si así lo hiciereis, Dios os lo premie; y si no os lo demande".

Art. 118. Enseguida se procederá a elegir de entre los mismos diputados, por escrutinio y a pluralidad absoluta de votos un presidente, un vicepresidente y cuatro secretarios, con lo que se tendrán por constituidas y formadas las Cortes, y la diputación permanente cesará en todas sus funciones.

Art. 119. Se nombrará en el mismo día una diputación de veintidós individuos y dos de los secretarios, para que pase a dar parte al Rey de hallarse constituidas las Cortes y del presidente que han elegido, a fin de que manifieste si asistirá a la apertura de las Cortes, que se celebrará el día 1° de marzo.

Art. 120. Si el Rey se hallare fuera de la capital, se le hará esta participación por escrito, y el Rey contestará del mismo modo.

Art. 121. El Rey asistirá por sí mismo a la apertura de las Cortes y si tuviere impedimento, la hará el presidente el día señalado sin que por ningún motivo pueda diferirse para otro. Las mismas formalidades se observarán para el acto de cerrarse las Cortes.

Art. 122. En la Sala de las Cortes entrará el Rey sin guardia, y sólo le acompañarán las personas que determine el ceremonial para el recibimiento y despedida del Rey, que se prescriba en el reglamento del gobierno interior de las Cortes.

Art. 123. El Rey hará un discurso, en el que propondrá a las Cortes lo que crea conveniente, y al que el presidente contestará en términos generales; si no asistiere el Rey remitirá su discurso al presidente para que por éste se lea en las Cortes.

Art. 124. Las Cortes no podrán deliberar en la presencia del Rey.

Art. 125. En los casos en que los secretarios de despacho hagan a las Cortes algunas propuestas a nombre de el Rey, asistirán a las discusiones cuando y del modo las Cortes determinen, y hablarán en ellas; pero no podrán que estar presentes a la votación.

Art. 126. Las sesiones de las Cortes serán públicas, y sólo en los casos que exijan reserva podrá celebrarse sesión secreta.

Art. 127. En las discusiones de las Cortes y en todo lo demás que pertenezcan a su gobierno y orden interior se observará el reglamento que se forme por estas Cortes generales y extraordinarias, sin perjuicios de las reformas que las sucesivas tuvieren por conveniente hacer en él.

Art. 128. Los diputados serán inviolables por sus opiniones, y en ningún tiempo ni caso, ni por ninguna autoridad podrán ser reconvenidos por ella. En las causas criminales que contra ellos se intentaren no podrán ser juzgados si no por el tribunal de Cortes en el modo y forma que se prescriba en el reglamento del gobierno interior de las mismas. Durante las sesiones de las Cortes, y un mes después, los diputados no podrán ser demandados civilmente ni ejecutados por deudas.

Art. 129. Durante el tiempo de su diputación, contado para este efecto desde que el nombramiento conste en la permanente de Cortes, no podrán los diputados admitir para sí, ni solicitar para otro, empleo alguno de provisión del Rey, ni aun ascenso, como no sea de escala en su respectiva carrera.

Art. 130. Del mismo modo no podrán, durante el tiempo de su diputación, y un año después del último acto de sus funciones obtener para sí, ni solicitar para otros pensión ni condecoración alguna que sea también de pro- visión del Rey.

CAPÍTULO VII
DE LAS FACULTADES DE LAS CORTES

Art. 131. Las facultades de las Cortes son: Primera. Proponer y decretar las leyes, e interpretarlas y derogarlas caso necesario. Segunda. Recibir el juramento al Rey, al Príncipe de Asturias y a la Regencia, como se previene en sus lugares. Tercera. Resolver cualquier duda, de hecho o de derecho, que ocurra en orden a la sucesión a la corona. Cuarta. Elegir Regencia o Regente del Reino cuando lo previene la constitución, y señalar las limitaciones con que la Regencia o el Regente han de ejercer la autoridad Real.

Quinta. Hacer el reconocimiento público del Príncipe de Asturias. Sexta. Nombrar tutor al Rey menor cuando lo previene la constitución. Séptima. Aprobar antes de su ratificación los tratados de alianza ofensiva, los subsidios y los especiales de comercio. Octava. Conceder o negar la admisión de tropas extranjeras en el reino. Novena. Decretar la creación y supresión de plazas en los Tribunales que establece la Constitución, e igualmente la creación y supresión de los oficios públicos. Décima. Fijar todos los años a propuesta del Rey las fuerzas de tierra y de mar, determinando las que se hayan de tener en pie en tiempo de paz y su aumento en tiempo de guerra. Undécima. Dar ordenanzas al Ejército, Armada y Milicia nacional en todos los ramos que los constituyen. Duodécima. Fijar los gastos de la administración pública. Decimotercera. Establecer anualmente las contribuciones e impuestos. Decimacuarta. Tomar caudales a préstamo en caso de necesidad sobre el crédito de la Nación. Decimaquinta. Aprobar el repartimiento de las contribuciones entre las provincias. Decimosexta. Examinar y aprobar las cuentas de la inversión de los caudales públicos. Decimoséptima. Establecer las aduanas y aranceles de derechos. Decimoctava. Disponer lo conveniente para la administración, conservación y enajenación de los bienes nacionales. Decimonovena. Determinar el valor, peso, ley, tipo y denominación de las monedas. Vigésima. Adoptar el sistema que se juzgue más cómodo y justo de pesas y medidas. Vigesimoprimer. Promover y fomentar toda especie de industria y remover los obstáculos que la entorpezcan. Vigesimosegunda. Establecer el plan general de enseñanza pública en toda la Monarquía y aprobar el que se forme para la educación del Príncipe de Asturias. Vigesimotercera. Aprobar los reglamentos generales para la policía y sanidad del Reino. Vigesimocuarta. Proteger la libertad política de la imprenta. Vigesimoquinta. Hacer efectiva la responsabilidad de los secretarios del despacho y demás empleados públicos. Vigesimosexta. Por último, pertenece a las Cortes dar o negar su con- sentimiento en todos casos y actos, para los que se previene en la constitución, ser necesario.

CAPÍTULO VIII
DE LA FORMACION DE LAS LEYES,
Y DE LA SANCIÓN REAL

Art. 132. Todo diputado tiene la facultad de proponer a las Cortes los proyectos de ley, haciéndolo por escrito, y exponiendo las razones en que se funde.

Art. 133. Dos días, a lo menos, después de presentado y leído el proyecto de ley, se leerá por segunda vez y las Cortes deliberarán si se admite o no a discusión.

Art. 134. Admitido a discusión, si la gravedad del asunto requiriese a juicio de las Cortes que pase previamente a una comisión se ejecutará así.

Art. 135. Cuatro días a lo menos, después de admitido a discusión el proyecto se leerá por tercera vez, y se podrá señalar día para abrir la discusión.

Art. 136.Llegado el día señalado para la discusión abrazará ésta el proyecto en su totalidad, y cada uno de sus artículos.

Art. 137. Las Cortes decidirán cuando la materia esté suficientemente discutida, y decidido que lo esté, se resolverá si ha lugar o no a la votación.

Art. 138. Decidido que ha lugar a la votación, se diadamente, admitiendo o desechando en todo o en parte el proyecto, o variándolo y modificándolo según las observaciones que se hayan hecho en la discusión.

Art. 139. La votación se hará a pluralidad absoluta de votos y para proceder a ella será necesario que se hallen presentes a lo menos la mitad más de la totalidad de los diputados que las Cortes.

Art. 140. Si las Cortes desecharen un proyecto de ley en cualquier estado de su examen, o resolvieren que no debe procederse a la votación, no podrá volver a proponerse en el mismo año.

Art. 141. Si hubiere sido adoptado, se extenderá por duplicado en forma de ley, y se leerá en las Cortes; hecho lo cual, y firmados ambos originales por el presidente y dos secretarios, serán presentados inmediatamente al Rey por una diputación.

Art. 142. El Rey tiene la sanción de las leyes.

Art. 143. Da el Rey la sanción por esta fórmula, firmada de su mano. "Publíquese como Ley".

Art. 144. Niega el Rey la sanción por esta fórmula igualmente firmada de su mano "Vuelva a las Cortes" acompañando al mismo tiempo una exposición de las razones que ha tenido para negarla.

Art. 145. Tendrá el Rey treinta días para usar de esta prerrogativa; si dentro de ellos no hubiere dado o negado la sanción, por el mismo hecho se entenderá que la ha dado, y la dará en efecto.

146. Dada o negada la sanción por el Rey devolverá a las Cortes uno de los dos originales con la fórmula respectiva, para darse cuenta en ellas. Este original se conservará en el Archivo de las Cortes, y el duplicado quedará en poder del Rey.

Art. 147. Si el Rey negare la sanción no se volverá a tratar del mismo asunto en las Cortes de aquel año; pero podrá hacerse en las del siguiente.

Art. 148. Si en las Cortes del siguiente año fuere de nuevo propuesto, admitido y aprobado el mismo proyecto, presentado que sea el Rey, podrá dar la sanción, o negarla por segunda vez en los términos de los Arts. 143 144; y en el último caso no se tratará del mismo asunto en aquel año.

Art. 149. Si de nuevo fuere por tercera vez propuesto, admitido y aprobado el mismo proyecto en las Cortes del siguiente año por el mismo hecho y se entiende que el Rey da la sanción; y presentándosele, la dará en efecto medio de la fórmula expresada en el Art. 143.

Art. 150. Si antes de que expire el término de treinta días en que el Rey ha de dar o negar la sanción, llegare el día en que las Cortes han de terminar sus sesiones el Rey la dará en los ocho primeros de las sesiones de las siguientes Cortes dada, y si este término pasare sin haberla dado, por esto mismo se entenderá la dará en efecto en la forma prescrita; pero si el Rey negare la sanción, podrán estas Cortes tratar del mismo proyecto.

Art. 151. Aunque después de haber negado el Rey la sanción a un proyecto de ley se pasen alguno o algunos años sin que se proponga proyecto, como vuelva a suscitarse en el tiempo de la misma diputación que le adoptó por primera vez, o en el de las dos diputaciones que inmediatamente le subsigan, se entenderá siempre el mismo proyecto para los efectos de la sanción del Rey, de que tratan los tres artículos precedentes; pero si en la duración de las tres diputaciones expresadas no volviere a proponerse, aunque después se reproduzca en los propios términos se tendrá los efectos indicados. por proyecto nuevo para el mismo

Art. 152. Si la segunda o tercera vez que se propone el proyecto dentro del término que prefija el artículo precedente, fuere desechado por las Cortes en cualquier tiempo que se reproduzca después se tendrá por nuevo proyecto.

Art. 153. Las leyes se derogan con las mismas formalidades y por los mismos trámites que se establecen.

CAPÍTULO IX
DE LA PROMULGACIÓN DE LAS LEYES

Art. 154. Publicada la ley en las Cortes, se dará de ello aviso al Rey, para que se proceda inmediatamente a su promulgación solemne.

Art. 155. El Rey para promulgar las leyes usará de la fórmula siguiente: (el nombre del rey), por la gracia de Dios y por la Constitución que las presentes N... de la Monarquía española, Rey de las Españas, a todos los vieren y entendieren, sabed; que las Cortes han decretado y nos sancionado lo siguiente (aquí el texto literal de la ley); por tanto; mandamos a todos los tribunales, justicias, jefes, gobernadores y demás autoridades, así civiles como militares y eclesiásticas, de cualquiera clase y dignidad, que guarden y hagan guardar, cumplir y ejecutar la presente ley y en todas sus partes. Tendréis lo entendido para su cumplimiento, y dispondréis se imprima, publique y circule. (Va dirigida al secretario del despacho respectivo.)

Art. 156. Todas las leyes se circularán de mandato del Rey por los respectivos secretarios del despacho directamente a todos y cada uno de los Tribunales Supremos y de las provincias, y demás jefes que las circularán a las subalternas. A la y autoridades superiores

CAPÍTULO X
DE LA DIPUTACIÓN PERMANENTE DE CORTES

Art. 157. Antes de separarse las Cortes, nombrarán una que se llamará Diputación Permanente de Cortes compuesta de siete individuos que en su seno tres de las provincias de Europa y tres de las de Ultramar, y el séptimo saldrá por suerte entre un diputado de Europa y otro de Ultramar.

Art. 158. Al mismo tiempo nombrarán las Cortes dos suplentes para esta diputación, uno de Europa y otro de Ultramar.

Art. 159. La Diputación permanente durará de unas Cortes Ordinarias a otras.

Art. 160. Las facultades de esta Diputación son: 1. Velar sobre la observancia de la Constitución y de las leyes para dar cuenta a las próximas Cortes de las infracciones que haya notado. 2. Convocar a Cortes extraordinarias en los casos prescritos por la constitución. 3. Desempeñar las funciones que se señalen en los Arts. 111 y 112. 4. Pasar aviso a los Diputados suplentes para que concurran en lugar de los propietarios, y si ocurriere el fallecimiento o imposibilidad absoluta de propietarios y suplentes de una provincia, comunicar las correspondientes órdenes a la misma, para que proceda a nueva elección.

CAPÍTULO XI
DE LAS CORTES EXTRAORDINARIAS

Art. 161. Las Cortes extraordinarias se compondrán de los mismos diputados que forman las ordinarias durante los dos años de su diputación.

Art. 162. La Diputación permanente de Cortes las convocará con señalamiento de días entre los tres casos siguientes: 1. Cuando vacare la Corona. 2. Cuando el Rey se imposibilitare de cualquier modo para el gobierno o quisiera abdicar la Corona en el sucesor; estando autorizada en el primer caso la Diputación para tomar las medidas que estime convenientes, a fin de asegurarse de la inhabilidad del Rey. 3. Cuando en circunstancias críticas y por negocios arduos tuviere el Rey por conveniente que se congreguen, y lo participare así a la Diputación permanente de Cortes.

Art. 163. Las Cortes Extraordinarias no entenderán sino en el objeto para que han sido convocadas.

Art. 164. Las sesiones de las Cortes extraordinarias comenzarán y se terminarán con las mismas formalidades que las ordinarias.

Art. 165. La celebración de las Cortes extraordinarias no estorbará la elección de nuevos diputados en el tiempo prescrito.

Art. 166. Si las Cortes extraordinarias no hubieren concluido sus sesiones en el día señalado para la reunión de las ordinarias, cesarán las primeras sus funciones, y las ordinarias continuarán el negocio para que aquéllas fueron en convocadas.

Art. 167. La Diputación permanente de Cortés continuará en las funciones que les están señaladas en los Artículos, 111 y 112, en el caso en el artículo precedente.

TÍTULO IV
EL REY

CAPÍTULO DE LA INVIOLABILIDAD
DEL REY Y DE SU AUTORIDAD

Art. 168. La persona del Rey es sagrada e inviolable, y no está sujeta a responsabilidad.

Art. 169. El Rey tendrá el tratamiento de Majestad Católica.

Art. 170. La potestad de hacer ejecutar las leyes, reside exclusivamente en el Rey, y su autoridad se extiende a todo cuanto conduce a la conservación del orden público en lo interior y a la seguridad del Estado en lo exterior, conforme a la Constitución y a las leyes.

Art. 171. Además de la prerrogativa que compete al Rey de sancionar las leyes y promulgarlas, le corresponden como principales las facultades siguientes: 1. Expedir los decretos, reglamentos e instrucciones que crea conducentes para la ejecución de las leyes. 2. Cuidar de que en todo el Reino se administre pronto y cumplidamente la justicia. 3. Declarar la guerra y hacer documentada a las Cortes. 4. Nombrar los Magistrados de todos los Tribunales civiles y criminales, y ratificar la paz, a propuesta del

Consejo de Estado. 5. Proveer todos los empleos civiles y militares. 6. Presentar para todos los obispados, y para todas las dignidades y beneficios eclesiásticos del Real patronato, a propuesta del Consejo de Estado. 7. Conceder honores y distinciones de toda clase, con arreglo a las leyes. 8. Mandar los Ejércitos y Armadas, y nombrar los generales. 9. Disponer de la fuerza armada, distribuyéndola como más convenga. 10. Dirigir las relaciones diplomáticas y comerciales con las demás potencias y nombrar los embajadores, ministros y cónsules. 11. Cuidar de la fabricación de la moneda, en la que se pondrá su busto y su nombre. 12. Decretar la inversión de los fondos destinados a cada uno de los ramos de la Administración Pública. 13. Indultar a los delincuentes con arreglo a las leyes. 14. Hacer a las Cortes las propuestas de leyes o de reformas que crea conducentes al bien de la Nación, para que deliberen en la forma prescrita. 15. Conceder el pase, o retener los decretos conciliares y bulas pontificias con el consentimiento de las Cortes, si contienen disposiciones generales oyendo al Consejo de Estado, si versan sobre negocios particulares o gubernativos; y si contienen puntos contenciosos, pasando su conocimiento y decisión al Supremo Tribunal de Justicia para que resuelva con arreglo a las leyes. 16. Nombrar y separar libremente los secretarios de Estado del despacho.

Art. 172. Las restricciones de las autoridades del Rey son las siguientes: Primera. No puede el Rey impedir bajo ningún pretexto la celebración de las Cortes en las épocas y casos señalados por la Constitución; ni suspenderlas ni disolverlas ni en manera alguna embarazar sus sesiones y deliberaciones. Los que le aconsejasen o auxiliasen en cualquiera tentativa para estos actos son declarados traidores y serán perseguidos como tales. Segunda. No puede el Rey ausentarse del Reino sin consentimiento de las Cortes; y si lo hiciere, se entiende que ha abdicado la Corona. Tercera. No puede el Rey enajenar, ceder, renunciar o en cualquiera manera traspasar a otro la autoridad Real, ni alguna de sus prerrogativas. Si por cualquier causa quisiera abdicar el Trono en el inmediato sucesor, no lo podrá hacer sin el consentimiento de las Cortes. Cuarta. No puede el Rey enajenar, ceder o permutarle provincia, ciudad, villa o lugar, ni parte alguna, por pequeña que sea, del territorio español. Quinta. No puede el Rey hacer alianza ofensiva, ni tratado especial de comercio con ninguna potencia extranjera sin el consentimiento de las Cortes. Sexta. No puede tampoco obligarse por ningún tratado a dar subsidios a ninguna potencia extranjera sin el consentimiento de las Cortes. Séptima. No puede el Rey ceder ni enajenar los bienes nacionales sin consentimiento de las Cortes. Octava. No puede el Rey imponer por sí directa ni indirectamente contribuciones ni hacer pedidos bajo cualquier nombre o para cualquier objeto que sea, sino que siempre lo han de decretar las Cortes. Novena. No puede el Rey conceder privilegios exclusivos, a persona ni corporación alguna. Décima. No puede el Rey tomar la propiedad de ningún particular ni corporación, ni turbarle en la posesión, uso y aprovechamiento de ella; y si en algún caso fuere necesario para un objeto de conocida utilidad tomar la pro. piedad de un particular, no lo podrá hacer, sin que al mismo tiempo sea indemnizado y se le dé el buen cambio a bien vista de hombres buenos. Undécima. No puede el Rey privar a ningún individuo de su libertad ni imponerle por sí pena alguna. El secretario del despacho que firme la orden, y el juez que la ejecute, serán responsables a la Nación, y castigados como reos de atentados contra la libertad individual. Sólo en caso de que el bien y seguridad del Estado exijan el arresto de alguna persona, podrá el Rey expedir ordenes al efecto; pero con la condición de que dentro de cuarenta y ocho horas deberá hacerla entregar a disposición del tribunal o juez competente. Duodécima. El Rey antes de contraer matrimonio dará parte a las Cortes para obtener su consentimiento y si no lo hiciere entiéndese que abdica a la Corona.

Art. 173. El Rey en su advenimiento al Trono, y si fuese menor, cuando entre a gobernar el Reino, prestará juramento ante las Cortes bajo la fórmula siguiente:

"N........ (aquí su nombre), por la gracia de Dios y la Constitución de la Monarquía española, Rey de las Españas; juro por Dios Evangelios que defenderé y conservaré la Religión Católica, Apostólica, Romana y por los Santos, sin permitir otra

58

alguna en el Reino; que guardaré y haré guardar la Constitución política y leyes de la Monarquía española, no mirando en cuanto hiciese si no al bien y provecho de ella, que no enajenaré, cederé ni desmembraré parte alguna del Reino: que no exigiré jamás cantidad alguna de frutos, dinero ni otra cosa, sino las que hubieren decretado las Cortes: que no tomaré jamás a nadie su propiedad, y que respetaré sobre todo la libertad política de la Nación, y la personal de cada individuo; y si en lo que he jurado, o parte de ello, lo contrario hiciere no debe ser obedecido, antes aquello en que contraviniere, sea nulo y de ningún valor. Así Dios me ayude, y sea en mi defensa; y si no me lo demande".

CAPÍTULO II
DE LA SUCESION A LA CORONA

Art. 174. El Reino de las Españas es indivisible, y sólo se sucederá en el Trono perpetuamente desde la promulgación de la Constitución por el orden regular de la primogenitura y representación entre los descendientes legítimos varones y hembras, de las líneas que se expresarán.

Art. 175. No pueden ser Reyes de las Españas sino los que sean hijos legítimos habidos de constante y legítimo matrimonio.

Art. 176. En el mismo grado y línea los varones prefieren a las hembras, y siempre el mayor al menor; pero las hembras de mejor línea o mejor grado en la misma línea prefieren a los varones de línea o grado posterior.

Art. 177. El hijo o hija del primogénito del Rey, en el caso de morir su padre sin haber entrado en la sucesión del Reino prefiere a los tíos, y sucede inmediatamente al abuelo por derecho de representación.

Art. 178. Mientras no se extingue la línea en que está radicada la sucesión no entra la inmediata.

Art. 179. El Rey de las Españas es el señor Don Fernando VII de Borbón, que actualmente reina.

Art. 180. A falta del señor Don Fernando VII de Borbón sucederán sus descendientes legítimos, así varones como hembras: a falta de éstos sucederán sus hermanos y tíos, hermanos de su padre, así varones como hembras, y los descendientes legítimos de éstos por el orden que queda prevenido guardando en todos el derecho de representación y la preferencia de las líneas anteriores a las posteriores.

Art. 181. Las Cortes deberán excluir de la sucesión aquella persona o personas que sean incapaces para gobernar, o hayan hecho cosas porque merezcan perder la Corona,

Art. 182. Si llegaren a extinguirse todas las líneas que aquí se señalan, las Cortes harán nuevos llamamientos, como vean que más importa a la Nación, siguiendo siempre el orden y reglas de suceder aquí establecidas.

Art. 183. Cuando la Corona haya de recaer inmediatamente o haya recaído en hembra, no podrá ésta elegir marido sin consentimiento de las Cortes; Si lo contrario hiciere se entiende que abdica la Corona.

Art. 184. En el caso de que llegue a reinar una hembra, su marido no tendrá autoridad ninguna respecto del reino ni parte alguna en el Gobierno.

CAPÍTULO III
DE LA MENOR EDAD DEL REY, Y DE LA REGENCIA

Art. 185. El Rey es menor de edad hasta los diez y ocho años cumplidos.

Art. 186. Durante la menor edad del Rey, será gobernado el Reino una Regencia.

Art. 187. Lo será igualmente, cuando el Rey se halle imposibilitado de ejercer su autoridad por cualquiera causa física o moral.

Art. 188. Si el impedimento del Rey pasare de dos años, y el sucesor inmediato fuere mayor de diez y ocho, las Cortes podrán nombrarle Regente del Reino en lugar de la Regencia.

Art. 189. En los casos en que vacare la Corona siendo el Príncipe de Asturias menor de edad, hasta que se junten las Cortes extraordinarias, si no se hallaren reunidas las ordinarias, la Regencia provisional se compondrá de la Reina madre, si la hubiere; de dos diputados de la diputación permanente de las Cortes, los más antiguos por orden de elección en la Diputación, y de dos consejeros del Consejo de Estado los más antiguos, a saber: el decano y el que le siga; si no hubiere Reina madre, entrará en la Regencia el consejero de Estado tercero en antigüedad.

Art. 190. La Regencia provisional será presidida por la Reina madre si la hubiere, y en su defecto, por el individuo de la Diputación permanente de Cortes que sea primer nombrado en ella.

Art. 191. La Regencia provisional no despachará otros negocios que los que no admitan dilación, y no removerá ni nombrará empleados sino interinamente.

Art. 192. Reunidas las Cortes extraordinarias, nombrarán una Regencia compuesta de tres o cinco personas.

Art. 193. Para poder ser individuo de la Regencia, se requiere ser ciudadano en el ejercicio de sus derechos; quedando excluidos los extranjeros, aunque tengan carta de ciudadanos.

Art. 194. La Regencia será presidida por aquel de sus individuos que las Cortes designaren; tocando a éstas establecer en caso necesario, si ha de haber o no turno en la presidencia, y en qué términos.

Art. 195. La Regencia ejercerá la autoridad del Rey en los términos que estimen las Cortes.

Art. 196. Una y otra Regencia presentará juramento según fórmula prescrita en el artículo 173, añadiendo la cláusula de que serán fieles al Rey, y la Regencia permanente añadirá además, que observará las condiciones que le hubieren impuesto las Cortes para el ejercicio de su autoridad, y que cuando llegue el Rey a ser mayor, o cese la imposibilidad, le entregará el gobierno del reino bajo la pena, si un momento lo dilata, de ser sus individuos habidos castigados como traidores. y

Art. 197. Todos los actos de la Regencia se publicarán en nombre del Rey.

Art. 198. Será tutor del Rey menor la persona que el Rey difunto hubiere nombrado en su testamento, si no le hubiere nombrado, será tutora la Reina Madre, mientras permanezca viuda. En su defecto, será nombrado el tutor por las Cortes. En el primero y tercer caso, el tutor deberá ser natural del Reino.

Art. 199. La Regencia cuidará de que la educación del Rey menor sea la más conveniente al grande objeto de su alta dignidad, y que se desempeñe conforme al plan que aprobaren las Cortes.

Art. 200. Estas señalarán el sueldo que hayan de gozar los individuos de la Regencia.

CAPITULO IV
DE LA FAMILIA REAL Y DEL RECONOCIMIENTO DEL PRINCIPE DE ASTURIAS

Art. 201. El hijo primogénito del Rey se titulará Príncipe de Asturias.

Art. 202. Los demás hijos e hijas del Rey serán y se llamarán Infantes de las Españas.

Art. 203. Asimismo serán y se llamarán Infantes de las Españas los hijos e hijas del Príncipe de Asturias.

Art. 204. A estas personas precisamente estará limitada la calidad de Infante de las Españas, sin que pueda extenderse a otras.

Art. 205. Los Infantes de las Españas gozarán de las distinciones y honores que han tenido hasta aquí, y podrán ser nombrados para toda clase de destinos, exceptuados los de judicatura y la diputación de Cortes.

Art. 206. El Príncipe de Asturias no podrá salir del Reino sin consentimiento de las Cortes; y si saliere sin él, quedará por el mismo hecho excluido del llamamiento a la Corona.

Art. 207. Lo mismo se entenderá, permaneciendo fuera del reino por más tiempo que el prefijado en el permiso, si requerido para que vuelva, no lo verificare dentro del término que las Cortes señalen.

Art. 208. El Príncipe de Asturias, los Infantes e Infantas, y sus hijos y descendientes que sean súbditos del Rey, no podrán contraer matrimonio sin su consentimiento y el de las Cortes, bajo la pena de ser excluidos de la llamamiento a la Corona.

Art. 209. De las partidas del nacimiento, matrimonio y muerte de todas las personas de la familia real, se remitirá una copia auténtica a las Cortes, y en su defecto a la diputación permanente, para que custodie en su archivo.

Art. 210. El Príncipe de Asturias será reconocido por las Cortes con las formalidades que prevendrá el reglamento del gobierno interior de ellas.

Art. 211. Este reconocimiento se hará en las primeras Cortes que se celebren después de su nacimiento.

Art. 212. El Príncipe de Asturias, llegando a la edad de catorce años prestará juramento ante las Cortes bajo la fórmula siguiente: "N.... (aquí el nombre), Príncipe de Asturias, juro por Dios y por los Santos Evangelios, que defenderé conservaré la Religión Católica, Apostólica, Romana, y sin permitir otra alguna en el Reino; que guardaré la Constitución política de la Monarquía Española, y que seré fiel y obediente al Rey. Así Dios me ayude".

CAPÍTULO V
DE LA DOTACIÓN DE LA FAMILIA REAL

Art. 213. Las Cortes señalarán al Rey la dotación anual de su casa que sea correspondiente a la alta dignidad de su persona.

Art. 214. Pertenecen al Rey todos los palacios reales que han disfrutado sus predecesores, y las Cortes señalarán los terrenos que tengan por conveniente reservar para el recreo de su persona.

Art. 215. Al Príncipe de Asturias desde el día de su nacimiento y a los Infantes e Infantas desde que cumplan siete años, se asignará por las Cortes para sus alimentos la cantidad anual correspondiente a su respectiva dignidad,

Art. 216. A las Infantas para cuando casaren, señalarán las Cortes la cantidad que estimen en calidad de dote, y entregada ésta, cesarán los alimentos anuales.

Art. 217. A los Infantes si casaren mientras residan en las Españas se les continuarán los alimentos que les estén asignados; y fuera, cesarán los alimentos y se les entregará por una vez la cantidad que las Cortes señalen.

Art. 218. Las Cortes señalarán los alimentos anuales que hayan de darse a la Reina Viuda.

Art. 219. Los sueldos de los individuos de la Regencia se tomarán de la dotación señalada a la casa del Rey.

Art. 220. La dotación de la casa del Rey y los alimentos de su familia, que hablan los artículos precedentes, se señalarán por las Cortes al principio de cada reinado, y no se podrán alterar durante él.

Art. 221. Todas estas asignaciones son de cuenta de la tesorería nacional, la que serán satisfechas al administrador que el Rey nombrare, con el por cual se atenderán las acciones activas y pasivas, que por razón de intereses puedan promoverse.

CAPÍTULO VI
DE LOS SECRETARIOS DE ESTADO Y DEL DESPACHO

Art. 222. Los secretarios del despacho serán siete, a saber: El Secretario del despacho de Estado; el Secretario del Despacho de la Gobernación del Reino para la península e islas adyacentes; el Secretario del Despacho de la Gobernación del Reino para Ultramar; el Secretario del despacho de Gracia y Justicia; el secretario del despacho de Hacienda; el Secretario del despacho de Guerra; el secretario del despacho de Marina. Las Cortes sucesivas harán en este sistema de secretarías del despacho la variación que la experiencia o las circunstancias exijan.

Art. 223. Para ser secretario del despacho, se requiere ser ciudadano en el ejercicio de sus derechos, quedando excluidos los extranjeros, aunque tengan carta de ciudadanos.

Art. 224. Por un reglamento particular aprobado por las Cortes, se señalarán a cada secretaría los negocios que deban pertenecerle.

Art. 225. Todas las órdenes del Rey deberán ir firmadas por el secretario del despacho del ramo a que el asunto corresponda. Ningún tribunal ni persona pública dará cumplimiento a la orden que carezca de este requisito.

Art. 226. Los secretarios del despacho serán responsables a las Cortes de las ordenes que autoricen contra la Constitución o las leyes, sin que les sirva de excusa haberlo mandado el Rey.

Art. 227. Los secretarios del despacho formarán los presupuestos anuales de los gastos de la administración pública, que se estimen deban hacerse por su respectivo ramo, y rendirán cuentas de lo que se hubieren hecho, en el modo que se expresará.

Art. 228. Para hacer efectiva la responsabilidad de los secretarios del despacho, decretarán ante todas las cosas las Cortes que ha lugar a la formación de causa.

Art. 229. Dado este decreto, quedará suspenso el Secretario del despacho; las cortes remitirán al Tribunal Supremo de Justicia todos los documentos concernientes a la causa que haya de formarse por el mismo Tribunal, quien la substanciará y decidirá con arreglo a las leyes.

Art. 230.-Las Cortes señalarán el sueldo que deban gozar los secretarios del despacho durante su encargo.

CAPÍTULO VII
DEL CONSEJO DE ESTADO

Art. 231. Habrá un Consejo de Estado compuesto de cuarenta individuos, que sean ciudadanos en el ejercicio de sus derechos, quedando excluidos los extranjeros, aunque tengan carta de ciudadanos.

Art. 232. Estos serán precisamente en la forma siguiente: a saber: cuatro eclesiásticos y no más, de conocida y probada ilustración y merecimiento, de los cuales dos serán obispos: cuatro Grandes de España, y no más, adornados de las virtudes, talento y conocimientos necesarios; y los restantes serán elegidos de entre los sujetos que más se hayan distinguido por su ilustración, o por sus señalados servicios en alguno de los principales ramos de conocimiento la administración y gobierno del Estado. Las Cortes no podrán proponer para estas plazas a ningún individuo que sea diputado de Cortes al tiempo de hacerse la elección. De los individuos del Consejo de Estado, doce o menos serán nacidos en las provincias de ultramar.

Art. 233. Todos los consejeros de Estado serán nombrados por el Rey a propuesta de las Cortes.

Art. 234. Para la formación de este Consejo, se dispondrá en las Cortes una lista triple de todas las clases referidas en la proporción indicada, de la cual el Rey elegirá los cuarenta individuos que han de componer el consejo de Esta. do, tomando los eclesiásticos de la lista de su clase, los Grandes de la suya, y así los demás.

Art. 235. Cuando ocurriere alguna vacante en el Consejo de Estado, las Cortes primeras que celebren, presentarán al rey tres personas de la clase en que se hubiere verificado, para que elija la que le pareciere.

Art. 236. El Consejo de Estado es el único Consejo del Rey que oirá su dictamen en los asuntos graves gubernativos, y señaladamente para dar o negar la sanción a las leyes, declarar la guerra y hacer los tratados.

Art. 237. Pertenecerá a este Consejo hacer al Rey la propuesta por ternas para la presentación de todos los beneficios eclesiásticos, y para la provisión de las plazas de judicatura.

Art. 238. El Rey formará un reglamento para el gobierno del Consejo de Estado, oyendo previamente al mismo; y se presentará a las Cortes para su aprobación.

Art. 239. Los consejeros de Estado no podrán ser removidos sin causa justificada ante el Tribunal Supremo de Justicia.

Art. 240. Las Cortes señalarán el sueldo que deban gozar los consejeros de Estado.

Art. 241. Los Consejeros de Estado, al tomar posesión de sus plazas harán en manos del Rey juramento de guardar la Constitución, ser fieles al Rey, y aconsejarle lo que entendieren ser conducente al bien de la Nación sin mira particular ni interés privado.

TÍTULO V
DE LOS TRIBUNALES Y DE LA ADMINISTRACIÓN DE JUSTICIA EN LO CIVIL Y CRIMINAL

CAPÍTULO I
DE LOS TRIBUNALES

Art. 242. La potestad de aplicar las leyes en las causas civiles y criminales pertenece exclusivamente a los tribunales.

Art. 243. Ni las Cortes ni el Rey podrán ejercer en ningún caso las funciones judiciales, avocar causas pendientes, ni mandar abrir los juicios fenecidos.

Art. 244. Las leyes señalarán el orden y las formalidades del proceso, que serán uniformes en todos los Tribunales; y ni las Cortes ni el Rey podrán dispensarlas.

Art. 245. Los Tribunales no podrán ejercer otras funciones que las de juzgar y hacer que se ejecute lo juzgado.

Art. 246. Tampoco podrán suspender la ejecución de las leyes, ni hacer reglamento alguno para la administración de justicia.

Art. 247. Ningún español podrá ser juzgado en causas civiles ni criminales por ninguna comisión, sino por el tribunal competente, determinado con anterioridad por la ley.

Art. 248. En los negocios comunes, civiles y criminales, no habrá más que un solo fuero para toda clase de personas.

Art. 249. Los eclesiásticos continuarán gozando del fuero de su estado, en los términos que prescriben las leyes o que en adelante prescribieren.

Art. 250. Los militares gozarán también de fuero particular, en los términos que previene la ordenanza o en adelante previniere.

Art. 251. Para ser nombrado magistrado o juez se requiere haber nacido en el territorio español, y ser mayor de veinte y cinco años. Las demás calidades que respectivamente deban éstos tener, serán determinadas por las leyes.

Art. 252. Los Magistrados y jueces no podrán ser depuestos de sus destinos, sean temporales o perpetuos, sino por causa legalmente probada y sentenciada, ni suspendido, sino por acusación legalmente intentada.

Art. 253. Si al Rey llegaren quejas contra algún Magistrado, y formado expedientes parecieren fundadas, podrá, oído el consejo de Estado, suspenderle, haciendo pasar inmediatamente el expediente al Supremo Tribunal de Justicia, para que juzgue con arreglo a las leyes.

Art. 254. Toda falta de observancia de las leyes que arreglan el proceso en lo civil y en lo criminal, hacen responsables personalmente a los jueces que la cometieren.

Art. 255. El soborno, el cohecho y la prevaricación de los Magistrados y jueces producen acción popular contra los que los cometan.

Art. 256. Las Cortes señalarán a los magistrados y jueces de letras una dotación competente.

Art. 257. La justicia se administrará en nombre del Rey, y las ejecutorias y provisiones de los Tribunales superiores se encabezarán también en su nombre.

Art. 258. El Código Civil y Criminal, y el de Comercio serán unos mismos para toda la monarquía, sin perjuicio de las variaciones que por particular circunstancia podrán hacer las Cortes.

Art. 259. Habrá en la Corte un Tribunal que se llamará Supremo Tribunal de Justicia.

Art. 260. Las Cortes determinarán el número de Magistrados que han de componerle, y las salas en que se ha de distribuirse.

Art. 261. Toca a este Supremo Tribunal: Primero. Dirimir todas las competencias de las audiencias entre sí en todo territorio español, y las de las audiencias con los Tribunales especiales que existan en la Península e islas adyacentes. En ultramar se dirimirán estas últimas, según lo determinaren las leyes. Segundo. Juzgar a los secretarios de Estado y del Despacho, cuando las Cortes decretaren haber lugar a la formación de causa. Tercero. Conocer de todas las causas de separación y suspensión de los consejeros de Estado y de los Magistrados de las audiencias. Cuarto. Conocer de las causas criminales de los secretarios de Estado y del despacho, de los consejeros de Estado y del despacho, de los consejeros de Estado y de los Magistrados de las audiencias, perteneciendo al Jefe Político más autorizado la instrucción del proceso para remitirlo a este Tribunal. Quinto. Conocer de todas las causas criminales que se promovieren contra los individuos de este Supremo Tribunal. Si llegare el caso en que sea necesario hacer efectiva la responsabilidad de este Supremo Tribunal, las Cortes, previa la formalidad establecida en el Art. 228, procederán a nombrar para este fin un tribunal compuesto de nueve jueces, que serán elegidos por suerte de un número doble. Sexto. Conocer de la residencia de todo empleado público que esté sujeto a ella por disposición de las leyes. Séptimo. Conocer de todos los asuntos contenciosos, pertenecientes al real patronato. Octavo. Conocer de los recursos de fuerza de todos los Tribunales Eclesiásticos superiores de la Corte. Noveno. Conocer de los recursos de nulidad que se interpongan contra las sentencias dadas en última instancia para el preciso efecto de reponer el proceso, devolviéndolo, y hacer efectiva la responsabilidad de que trata el artículo 254. Por lo relativo a ultramar, de estos recursos se conocerá en las audiencias en la forma en que se dirá en su lugar. Décimo. Oír las dudas de los demás Tribunales sobre la inteligencia de alguna ley, y consultar sobre ellas al Rey con los fundamentos que hubiere, para que promueva la conveniente declaración en las Cortes. Undécimo. Examinar las listas de las causas civiles y criminales, deben remitirles las audiencias, para promover la pronta administración de que justicia, pasar copia de ellas para el mismo efecto al Gobierno, y disponer su publicación por medio de la imprenta.

Art. 262. Todas las causas civiles y criminales se fenecerán dentro del territorio de cada audiencia.

Art. 263. Pertenecerá a las audiencias conocer de todas las causas civiles de los juzgados inferiores de demarcación en segunda y tercera instancia, y lo mismo de las criminales según lo determinen las leyes; y también de las causas de suspensión y separación de los jueces inferiores de su territorio, en el modo que prevengan las leyes dando cuenta al Rey.

Art. 264. Los Magistrados que hubieren fallado en la segunda instancia, no podrán asistir a la vista del mismo pleito en la tercera.

Art. 265. Pertenecerá también a las audiencias conocer de las competencias entre todos los jueces subalternos de su territorio.

Art. 266. Les pertenecerá asimismo conocer de los recursos de fuerza que se introduzcan, de los tribunales y autoridades eclesiásticas de su territorio.

Art. 267. Les corresponderá también recibir de todos los jueces subalternos de su territorio, avisos puntuales de las causas que se formen por delitos, y listas de las causas civiles y criminales pendientes en su juzgado, con expresión del estado de unas y otras, a fin de promover la más pronta administración de justicia.

Art. 268. A las audiencias de ultramar, les corresponderá además el conocer de los recursos de nulidad, habiendo éstos interponerse, en aquellas audiencias que tengan suficiente número para la formación de tres salas, en la que no haya conocido de la causa en ninguna instancia. En las audiencias que no consten de este número de Ministros, se interpondrán estos recursos de una a otra de las comprendidas en el distrito de una misma gobernación superior, y en el caso de que en éste no hubiere más que una audiencia, irán a la más inmediata de otro distrito.

Art. 269. Declarada la nulidad, la audiencia que ha conocido de ella dará cuenta con testimonio que contenga los insertos convenientes, al Supremo Tribunal de Justicia, para hacer efectiva la responsabilidad que trata el artículo 254.

Art. 270. Las audiencias remitirán cada año al Supremo Tribunal de Justicia listas, exactas de las causas civiles, y cada seis meses de las criminales, así fenecidas como pendientes, con expresión del estado que incluyendo las que hayan recibido de los juzgados inferiores.

Art. 271. Se determinará por leyes y reglamentos especiales el número de los Magistrados de las audiencias, que no podrán ser menos de siete, la forma de estos Tribunales y el lugar de su residencia.

Art. 272. Cuando llegue el caso de hacerse la conveniente división del territorio español, indicado en el artículo 11, se determinará con respecto a ella el número de audiencias que han de establecerse, y se les señalará territorio.

Art. 273. Se establecerán partidos proporcionalmente iguales y en cada cabeza de partido habrá un juez de letras con un juzgado correspondiente.

Art. 274. Las facultades de estos jueces se limitarán precisamente lo contencioso, y las leyes determinarán las que han de pertenecerles en la capital y pueblos de su partido, como también hasta de qué cantidad podrán conocer en los negocios civiles sin apelación.

Art. 275. En todos los pueblos se establecerán alcaldes, y las leyes determinarán la extensión de sus facultades, así en lo contencioso como en el económico.

Art. 276. Todos los jueces de los Tribunales inferiores deberán dar cuenta, a más tardar, dentro del tercero día, a su respectiva audiencia de las causas que se formen por delitos cometidos en su territorio, y después continuara dando cuenta de su estado en las épocas que la audiencia les prescriba.

Art. 277. Deberán asimismo remitir a la audiencia respectiva, listas generales cada seis meses de las causas civiles, y cada tres de las criminales que aprendieren en sus juzgados, con expresión de su estado.

Art. 278. Las leyes decidirán si ha de haber Tribunales especiales para conocer de determinados negocios.

Art. 279.-Los Magistrados y Jueces, al tomar posesión de sus plazas, jurarán guardar la Constitución, ser fieles al Rey, observar las leyes y administrar imparcialmente la justicia.

CAPÍTULO II
DE LA ADMINISTRACIÓN DE JUSTICIA EN LO CIVIL

Art. 280. No se podrá privar a ningún español del derecho de determinar sus diferencias por medio de jueces árbitros, elegidos por ambas partes.

Art. 281. La sentencia que dieren los árbitros, se ejecutará si las partes al hacer el compromiso no se hubieren reservado el derecho de apelar.

Art 282. El Alcalde de cada pueblo ejercerá en el oficio de conciliador, y el que tenga que demandar por negocios civiles o por injurias deberá presentarse a él con este objeto.

Art. 283. El alcalde con dos hombres buenos, nombrados uno por cada parte, oirá al demandante y al demandado, se entenderá de las razones en que respectivamente apoyen su intención, y tomará oído el dictamen de los dos asociados, la providencia que le parezca propia para el fin de terminar el litigio sin más progreso, como se terminará en efecto, si las partes se aquietan con esta decisión extrajudicial.

Art. 284. Sin hacer constar que se ha intentado el medio de la conciliación, no se entablará pleito ninguno.

Art. 285. En todo negocio, cualquiera que sea su cuantía, habrá a lo más tres instancias y tres sentencias definitivas pronunciadas en ellas. Cuando la tercera instancia se interponga de dos sentencias conformes, el número de jueces que haya de decidirla, deberá ser mayor que el que asistió a la vista de la segunda, en la minar, atendida la entidad de los negocios. A ésta toca también determinar que lo disponga la y la naturaleza y calidad de los diferentes juicios, qué sentencia ha de ser la que en cada uno deba causar ejecutoria.

CAPÍTULO III
DE LA ADMINISTRACIÓN DE JUSTICIA
EN LO CRIMINAL

Art. 286. Las leyes arreglarán la administración de justicia en lo criminal, de manera que el proceso sea formado con brevedad y sin vicios, a fin de que los delitos sean prontamente castigados.

Art. 287. Ningún español podrá ser preso, sin que preceda información sumaria del hecho, por el que merezca según la ley ser castigado con pena corporal, y asimismo un mandamiento del juez por escrito, que se le notificará en el acto mismo de la prisión.

Art. 288. Toda persona deberá obedecer estos mandamientos cualquiera resistencia será reputada delito grave.

Art. 289. Cuando hubiere resistencia o se temiere la fuga se podrá usar de la fuerza para asegurar la persona.

Art. 290. El arrestado, antes de ser puesto en prisión, será presentado al juez siempre que no haya cosa que le estorbe, para que le reciba declaración; mas si esto no pudiere verificarse, se le conducirá a la cárcel en calidad de detenido y el juez le recibirá la declaración dentro de las veinte y cuatro horas.

Art. 291. La declaración del arrestado será sin juramento que a nadie ha de tomarse en materias criminales sobre hecho propio.

Art. 292. Infraganti todo delincuente puede ser arrestado den arrestarle y conducirle a la presencia del juez presentado o puesto a custodia, se procederá en todo, como se previene en los dos artículos precedentes.

Art. 293. Si se resolviere que al arrestado se le ponga en la cárcel que permanezca en ella en calidad de preso, se proveerá auto motivado, y de él se entregará copia al alcaide, para que la inserte en el libro de presos, sin cuyo requisito no admitirá el alcaide a ningún preso en calidad de tal bajo la más estrecha responsabilidad.

Art. 294. Sólo se hará embargo de bienes, cuando se proceda por delitos que lleven consigo responsabilidad pecuniaria, y en proporción a la cantidad a que ésta puede extenderse.

Art. 295. No será llevado a la cárcel el que dé fiador en los casos en que la ley no prohíba expresamente que se admita la fianza.

Art. 296. En cualquier estado de la causa que aparezca que no puede imponerse al preso pena corporal, se lo pondrá en libertad, dando fianza.

Art. 297. Se dispondrán las cárceles de manera que sirvan para asegurar y no para molestar a los presos: así el alcaide tendrá a éstos en buena custodia, y separados los que el juez mande tener sin comunicación, pero nunca en calabozos subterráneos ni malsanos.

Art. 298. La ley determinará la frecuencia con que ha de hacerse la visita de cárceles, y no habrá preso alguno que deje de presentarse a ella bajo ningún pretexto.

Art. 299. El juez y el alcaide que faltaren a lo dispuesto en los artículos precedentes, serán castigados como reos de detención arbitraria, la que será comprendida como delito en el Código Criminal.

Art. 300. Dentro de las veinte y cuatro horas se manifestará al tratado como reo la causa de su prisión y el nombre de su acusador, si lo hubiere.

Art. 301. Al tomar la confesión al tratado como reo, se le leerán íntegramente todos los documentos y las declaraciones de los testigos, con los nombres de éstos; y si por ello no los conociere, se le dará cuantas noticias pida para venir en conocimientos de quiénes son.

Art. 302. El proceso de allí en adelante será público en el modo y forma que determinen las leyes.

Art. 303. No se usará nunca del tormento ni de los apremios.

Art. 304. Tampoco se impondrá la pena de confiscación de bienes.

Art. 305. Ninguna pena que se imponga, por cualquier delito que sea, ha de ser trascendental por término ninguno a la familia del que la sufre, sino que tendrá todo su efecto precisamente sobre el que la mereció.

Art. 306. No podrá ser allanada la casa de ningún español, sino en los casos que determine la ley para el buen orden y seguridad del Estado.

Art. 307. Si con el tiempo creyeren las Cortes que conviene haya distinción, entre los jueces de hecho y del derecho, la establecerán en la forma juzguen conducente.

Art. 308. Si en circunstancias extraordinarias la seguridad del Estado exigiese, en toda la Monarquía o en parte de ella, la suspensión de algunas de las formalidades prescritas en este capítulo para el arresto de los delincuentes, podrán las Cortes decretarla por un tiempo determinado.

TÍTULO VI
DEL GOBIERNO INTERIOR DE LAS PROVINCIAS Y DE LOS PUEBLOS

CAPÍTULO I
DE LOS AYUNTAMIENTOS

Art. 309. Para el gobierno interior de los pueblos habrá Ayuntamientos, compuestos del Alcalde o Alcaldes, los Regidores y el Procurador Síndico y presidido por el Jefe Político donde lo hubiere, y en su defecto por el Alcalde o el primer nombrado entre éstos, si hubiere dos.

Art. 310. Se pondrá Ayuntamiento en los pueblos que no le tengan y en que convengan le haya, no pudiendo dejar de haberle en los que por sí o con su comarca lleguen a mil almas, y también se le señalará término correspondiente.

Art. 311. Las leyes determinarán el número de individuos de cada clase de que han componerse los Ayuntamientos de los pueblos con respecto de su vecindario.

Art. 312. Los Alcaldes, Regidores y Procuradores Síndicos se nombrarán por elección de los pueblos, cesando los Regidores y demás que sirvan oficios perpetuos en los Ayuntamientos, cualquiera que sea su título y denominación.

Art. 313. Todos los años en el mes de diciembre se reunirán los ciudadanos de cada pueblo para elegir a pluralidad de votos, con proporción a su vecindario, determinado número de electores, que residan en el mismo pueblo y estén en el ejercicio de los derechos de ciudadano.

Art. 314. Los electores nombrarán en el mismo mes a pluralidad absoluta de votos el Alcalde o Alcaldes, Regidores y Procurador o Procuradores Síndicos, para que entren a ejercer sus cargos el primero de enero del siguiente año.

Art. 315. Los Alcaldes se mudarán todos los años, los regidores por una mitad cada año y lo mismo los procuradores síndicos donde hayan dos: si hubiere sólo uno, se mudará todos los años.

Art. 316. El que hubiere ejercido cualquiera de estos cargos no podrá volver a ser elegido para ninguno de ellos sin que pasen por lo menos dos años, donde el vecindario lo permita.

Art. 317. Para ser Alcalde, Regidor, o Procurador Síndico además de ser ciudadano en el ejercicio de sus derechos, se requiere ser mayor de veinte y cinco años, con cinco a lo menos de vecindad y residencia en el pueblo. Las leyes determinarán las demás calidades que han de tener estos empleados.

Art. 318. No podrá ser Alcalde, Regidor ni Procurador síndico ningún empleado público de nombramiento del Rey que esté en ejercicio, no entendiéndose comprendidos en esta regla los que sirven en las milicias nacionales.

Art. 319. Todos los empleos municipales referidos serán carga concejil. Nadie podrá excusarse sin causa legal.

Art. 320. Habrá un secretario en todo Ayuntamiento, elegido por éste a pluralidad absoluta de votos, y dotado de los fondos del común.

Art. 321. Estará a cargo de los Ayuntamientos: Primero. La Policía de salubridad y comodidad. Segundo. Auxiliar al Alcalde en todo lo que pertenezca a la seguridad vecinos a la conservación del orden público. Tercero. La administración e inversión de los caudales de propios y arbitrios conforme a las leyes y reglamentos, con el cargo bajo responsabilidad de los que le nombrar depositario bajo responsabilidad de los que le nombran. Cuarto. Hacer el repartimiento y recaudación de las contribuciones y remitirlas a la tesorería respectiva. Quinto. Cuidar de todas las escuelas de primeras letras, y de los demás establecimientos de educación que paguen de los del común. Sexto. Cuidar de los hospitales, hospicios, casas de expósitos y demás establecimientos de beneficencia, bajo las reglas que se prescriban. Séptimo. Cuidar de la construcción y reparación de los caminos, calzadas, puentes y cárceles, de los montes y plantíos del común, y de todas las obras públicas de necesidad, utilidad y ornato. Octavo. Formar las ordenanzas municipales del pueblo, presentarlas a las Cortes para su aprobación por medio de la diputación provincial que las acompañará con su informe. Noveno. Promover la agricultura, la industria y el comercio según la localidad y circunstancias de los pueblos, y cuánto les sea útil y beneficioso.

Art. 322. Si se ofrecieren obras u otros objetos de utilidad común, y por no ser suficientes los caudales de propios fuere necesario recurrir a no podrán imponerse éstos, sino obteniendo por medio de la diputación provincial la aprobación de las Cortes. En el caso de ser urgente la obra u objeto a que se destinen podrán los Ayuntamientos usar interinamente de ellos con el consentimiento de la misma diputación, mientras recae la resolución de las Cortes. Estos arbitrios se administrarán en todo como en los caudales propios.

Art. 323. Los Ayuntamientos desempeñarán todos estos encargos bajo inspección de la diputación provincial, a quien rendirán cuenta justificada cada año de los caudales públicos que hayan recaudado e invertido.

CAPÍTULO II
DEL GOBIERNO POLITICO DE LAS PROVINCIAS
Y DE LAS DIPUTACIONES PROVINCIALES

Art. 324. El gobierno político de las provincias residirá en el jefe superior nombrado por el Rey en cada una de ellas.

Art. 325. En cada provincia habrá una diputación llamada provincial para promover su prosperidad, presidida por el jefe superior.

Art. 326. Se compondrá esta diputación del Presidente, del Intendente y de siete individuos elegidos en la forma que se dirá sin perjuicio de las Cortes en lo sucesivo varíen este número como lo crean conveniente, o lo exijan las circunstancias hecha sea la nueva división de provincias de Artículo 11.

Art. 327.-La diputación provincial se renovará cada dos años saliendo la primera vez el mayor número por mitad, y la segunda el menor, y así sucesivamente.

Art. 328.-La elección de estos individuos se hará por los electores de partido al otro día de haber nombrado los diputados de Cortes, por el mismo orden con que éstos se nombran.

Art. 329. Al mismo tiempo y en la misma forma se elegirán tres suplentes para cada diputación.

Art. 330. Para ser individuos de la diputación provincial ciudadano en el ejercicio de sus derechos, mayor de veinte y cinco años, natural o vecino de la provincia, con residencia a lo menos de siete años, y que se requiere ser tenga lo suficiente para mantenerse con decencia y no podrá serlo ninguno de los empleados de nombramiento del Rey, de que trata el artículo 318.

Art. 331. Para que una misma persona pueda ser elegida segunda vez deberá haber pasado, a lo menos, el tiempo cuatro años después de haber cesado en sus funciones.

Art. 332. Cuando el jefe superior de la provincia no pudiere presidir la diputación, la presidirá el intendente, y en su defecto el vocal que fuere primer nombrado.

Art. 333. La diputación nombrará un secretario, dotado de los fondos públicos de la provincia.

Art. 334. Tendrá la diputación en cada año, a lo más noventa días de sesiones, distribuidas en las épocas que más convenga. En la Península deberán hallarse reunidas las diputaciones para el primero de marzo y en ultramar para el primero de junio.

Art. 335. Tocará a estas diputaciones: Primero. Intervenir y aprobar el repartimiento hecho a los pueblos de las contribuciones que hubieren cabido a la provincia. Segundo. Velar sobre la buena inversión de los fondos públicos de los pueblos y examinar sus cuentas, para que con su "Visto Bueno" recaiga la aprobación superior, cuidando de que en todo se observen las leyes y reglamentos. Tercero. Cuidar de que se establezcan Ayuntamientos donde corresponda los haya, conforme a lo prevenido en el artículo 310. Cuarto. Si se ofrecieren obras nuevas de utilidad común de la provincia o la reparación de las antiguas, proponer al Gobierno los arbitrios que crean más convenientes para su ejecución, a fin de obtener el correspondiente permiso de las Cortes. En Ultramar, si la urgencia de las obras públicas no permitiese esperar la resolución de las Cortes podrá la diputación, con expreso ascenso del Jefe de provincia, usar desde luego de los arbitrios, donde inmediatamente cuenta al Gobierno para la aprobación de las Cortes. Para la recaudación de los arbitrios, la diputación, bajo su responsabilidad, nombrará depositario, y las cuentas de la inversión, examinadas por la diputación, se remitirán al Gobierno para que las haga reconocer y glosar, y finalmente las pase a las Cortes para su aprobación. Quinto. Promover la educación de la juventud conforme a los planes aprobados y fomentar la agricultura, la industria y el comercio protegiendo a los inventores de nuevos descubrimientos en cualquiera de estos ramos. Sexto. Dar parte al gobierno de los abusos que noten en la administración de las rentas públicas.

Art. 331. Para que una misma persona pueda ser elegida segunda vez deberá haber pasado, a lo menos, el tiempo cuatro años después de haber cesado en sus funciones.

Art. 332. Cuando el jefe superior de la provincia no pudiere presidir la diputación, la presidirá el intendente, y en su defecto el vocal que fuere primer nombrado.

Art. 333. La diputación nombrará un secretario, dotado de los fondos públicos de la provincia.

Art. 334. Tendrá la diputación en cada año, a lo más noventa días de sesiones, distribuidas en las épocas que más convenga. En la Península deberán hallarse reunidas las diputaciones para el primero de marzo y en ultramar para el primero de junio.

Art. 335. Tocará a estas diputaciones: Primero. Intervenir y aprobar el repartimiento hecho a los pueblos de las contribuciones que hubieren cabido a la provincia. Segundo. Velar sobre la buena inversión de los fondos públicos de los pueblos y examinar sus cuentas, para que con su "Visto Bueno" recaiga la aprobación superior, cuidando de que en todo se observen las leyes y reglamentos. Tercero. Cuidar de que se establezcan Ayuntamientos donde corresponda los haya, conforme a lo prevenido en el artículo 310. Cuarto. Si se ofrecieren obras nuevas de utilidad común de la provincia o la reparación de las antiguas, proponer al Gobierno los arbitrios que crean más convenientes para su ejecución, a fin de obtener el correspondiente permiso de las Cortes. En Ultramar, si la urgencia de las obras públicas no permitiese esperar la resolución de las Cortes podrá la diputación, con expreso ascenso del Jefe de provincia, usar desde luego de los arbitrios, donde inmediatamente cuenta al Gobierno para la aprobación de las Cortes. Para la recaudación de los arbitrios, la diputación, bajo su responsabilidad, nombrará depositario, y las cuentas de la inversión, examinadas por la diputación, se remitirán al Gobierno para que las haga reconocer y glosar, y finalmente las pase a las Cortes para su aprobación. Quinto. Promover la educación de la juventud conforme a los planes aprobados y fomentar la agricultura, la industria y el comercio protegiendo a los inventores de nuevos descubrimientos en cualquiera de estos ramos. Sexto. Dar parte al gobierno de los abusos que noten en la administración de las rentas públicas. Séptimo. Formar el censo y la estadística de las provincias. Octavo. Cuidar de que los establecimientos piadosos y de beneficencia llenen su respectivo objeto, proponiendo al Gobierno las reglas que estimen conducentes para la reforma de los abusos que observaren. Noveno. Dar parte a las Cortes de las infracciones de la Constitución que se noten en la provincia. Décimo. Las Diputaciones de las provincias de ultramar velarán sobre la economía, orden y progreso de las misiones para la conversión de los indios infieles, cuyos encargados les darán razón de sus operaciones en este ramo, para que se eviten los abusos: todo lo que las diputaciones pondrán en noticia de Gobierno.

Art. 336. Si alguna diputación abusara de sus facultades podrá el Rey suspender a los vocales que la componen, dando parte a las Cortes de esta disposición y de los motivos de ella para la determinación que corresponda; durante la suspensión entrarán en funciones los suplentes.

Art. 337. Todos los individuos de los Ayuntamientos y de las diputaciones de provincia, al entrar en el ejercicio de sus funciones, prestarán juramento, aquéllas en manos del Jefe Político donde le hubiere, o en su defecto del Alcalde que fuere primer nombrado, y éstos en las del Jefe Superior de la provincia, de guardar la Constitución Política de la Monarquía española, observar las leyes, ser fieles al Rey, y cumplir religiosamente las obligaciones de su cargo.

TÍTULO VII DE LAS CONTRIBUCIONES
CAPÍTULO ÚNICO

Art. 338. Las Cortes establecerán o confirmarán anualmente las contribuciones, sean directas o indirectas, generales, provinciales, o municipales subsistiendo las antiguas, hasta que se publique su derogación o la imposición de otras.

Art. 339. Las contribuciones se repartirán entre todos los españoles con proporción a sus facultades, sin excepción ni privilegio alguno.

Art. 340. Las contribuciones serán proporcionadas a los gastos que se decreten por las Cortes para el servicio en todos los ramos.

Art. 341. Para que las Cortes puedan fijar los gastos en todos los ramos del servicio público, y las contribuciones que deben cubrirlos, el secretario del Despacho de Hacienda les presentará, luego que estén reunidas, el presupuesto general de los que se estimen precisos, recogiendo de cada uno de los demás secretarios del Despacho el respectivo a su ramo.

Art. 342. El mismo secretario del Despacho de Hacienda presentará con el Presupuesto de Gastos el plan de las contribuciones que deban imponerse para llenarlos.

Art. 343. Si al Rey pareciere gravosa o perjudicial alguna contribución lo manifestará a las Cortes por el Secretario del Despacho de Hacienda pre- sentando al mismo tiempo la que crea más conveniente a substituir.

Art. 344. Fijada la cuota de la contribución directa, las Cortes aprobarán el repartimiento de ella entre las provincias, a cada una de las cuales se asignará el cupo correspondiente a su riqueza, para lo que el secretario del Despacho de Hacienda presentará también los presupuestos necesarios.

Art. 345. Habrá una Tesorería General para toda la Nación a la que tocará disponer de todos los productos de cualquier renta destinada al servicio del Estado.

Art. 346. Habrá en cada provincia una Tesorería, en la que entrarán todos los caudales que en ella se recauden para el erario público. Estas tesorerías estarán en correspondencia con la general a cuya disposición tendrán todos sus fondos.

Art. 347. Ningún pago se admitirá en cuenta al tesorero general si no se hiciere en virtud del decreto del Rey refrendado por el secretario del Despacho de Hacienda, en el que expresen el gasto a que se destina su importe, el decreto de las Cortes con que éste se autoriza;

Art. 348. Para que la Tesorería General lleve su cuenta con la pureza que corresponde, el cargo y la data deberán ser intervenidos respectivamente por las contadurías de valores y de distribución de la renta pública.

Art. 349. Una instrucción particular arreglará estas oficinas, de manera sirvan para los fines de su instituto.

Art. 350. Para el examen de todas las cuentas de caudales públicos que habrá una contaduría mayor de cuentas, que se organizará por una ley especial.

Art. 351. La cuenta de la Tesorería General, que comprenderá el rendimiento anual de todas las contribuciones y rentas y su inversión, luego que reciba la aprobación final de las Cortes se imprimirá, publicará y circulará a las diputaciones de provincia y a los Ayuntamientos.

Art. 352. Del mismo modo se imprimirán, publicarán y circularán las cuentas que rindan los secretarios del Despacho de los gastos hechos en sus respectivos ramos.

Art. 353. El manejo de la Hacienda pública estará siempre independiente de toda otra autoridad que aquélla a la que está encomendado.

Art. 354. No habrá aduanas sino en los puertos de mar y en las fronteras; bien que esta disposición no tendrá efecto hasta que las Cortes lo determinen.

Art. 355. La deuda pública reconocida será una de las primeras atenciones de las Cortes, y éstas pondrán el mayor cuidado en que se vaya verificando su progresiva extinción, y siempre el pago de los réditos en la parte que los devengue, arreglando todo lo concerniente a la dirección de este importante ramo, tanto respecto a los arbitrios que se establecieren, los cuales se manejarán con absoluta separación de la Tesorería General, como respecto a las oficinas de cuenta y razón.

TÍTULO VIII
DE LA FUERZA MILITAR NACIONAL

CAPÍTULO I
DE LAS TROPAS DE CONTINUO SERVICIO

Art. 356. Habrá una fuerza militar nacional permanente, de tierra y de mar, para la defensa exterior del estado y la conservación del orden interior.

Art. 357. Las Cortes fijarán anualmente el número de tropas que fuere más conveniente.

Art. 358. Las Cortes fijarán asimismo anualmente el número de buques de la marina militar que han de armarse o conservarse armados.

Art. 359. Establecerán las Cortes por medio de las respectivas ordenanzas todo lo relativo a la disciplina, orden de ascensos, sueldos, administración y cuanto corresponda a la buena constitución del ejército y armada.

Art. 361. Ningún Español podrá excusarse del servicio militar cuando y en la forma que fuere llamado por la ley.

CAPÍTULO II
DE LAS MILICIAS NACIONALES

Art. 362. Habrá en cada provincia cuerpos de milicias nacionales compuestos de habitantes de cada una de ellas, con proporción a su población y circunstancias,

Art. 363. Se arreglará por una ordenanza particular el modo de formación, su número y especial Constitución en todos sus ramos.

Art. 364. El servicio de estas milicias no será continuo y sólo tendrá lugar cuando las circunstancias lo requieran.

Art. 365. En caso necesario podrá el Rey disponer de esta fuerza dentro de la respectiva provincia: pero no podrá emplearla fuera de ella sin otorgamiento de las Cortes.

TÍTULO IX
DE LA INSTRUCCIÓN PÚBLICA

CAPÍTULO ÚNICO

Art. 366. En todos los pueblos de la Monarquía se establecerán escuelas de primeras letras, en las que enseñará a los niños a leer, escribir y breve exposición de las obligaciones civiles.

Art. 367. Asimismo se arreglará y creará el número competente de Universidades y de otros establecimientos de instrucción que se juzguen convenientes para la enseñanza de todas las ciencias, literatura y bellas artes.

Art. 368. El plan general de enseñanza será uniforme en todo el reino, debiendo explicarse la Constitución política de la Monarquía en todas las Universidades y establecimientos literarios, donde se enseñen las ciencias eclesiásticas y políticas.

Art. 369. Habrá una dirección general de estudios, compuesta de personas de conocida instrucción, a cuyo cargo estará, bajo la autoridad del Gobierno, la inspección de la enseñanza pública.

Art. 370. Las Cortes por medio de planes y estatutos especiales arreglarán cuanto pertenezca al importante objeto de la instrucción pública.

Art. 371. Todos los españoles tienen libertad de escribir, imprimir y publicar sus ideas políticas, sin necesidad de licencia, revisión o aprobación alguna anterior a la publicación, bajo las restricciones y responsabilidad que establezcan las leyes.

TÍTULO X
DE LA OBSERVANCIA DE LA CONSTITUCIÓN, Y MODO DE PROCEDER PARA HACER VARIACIONES EN ELLA

CAPÍTULO ÚNICO

Art. 372. Las Cortes en sus primeras sesiones tomarán en consideración las infracciones de la Constitución que se les hubieren hecho presentes, para poner el conveniente remedio, y hacer efectiva la responsabilidad de los que hubieren contravenido a ella.

Art. 373. Todo español tiene derecho de representar a las Cortes o al Rey para reclamar la observancia de la Constitución.

Art. 374. Toda persona que ejerza cargo público, civil, militar o eclesiástico, prestará juramento, al tomar posesión de su destino, de guardar la Constitución, ser fiel al Rey y desempeñar debidamente su encargo.

Art. 375. Hasta pasados ocho años después de hallarse puesta en práctica la Constitución en todas sus partes no se podrá proponer alteración, adición ni reforma en algunos de sus artículos.

Art. 376. Para hacer cualquiera alteración, adición o reforma en la Constitución será necesario que la diputación que haya de decretarla definitiva- mente, venga autorizada con poderes especiales para este objeto.

Art. 377. Cualquiera proposición de reforma de algún Artículo de la Constitución deberá hacerse por escrito, y ser apoyada y firmada a los menos por veinte diputados.

Art. 378. La proposición de reforma se leerá por tres veces, con el intervalo de seis días de una a otra lectura; y después de la tercera se deliberará si ha lugar a admitirla a discusión.

Art. 379. Admitida a discusión, se procederá en ella bajo las mismas formalidades y trámites que se prescriben para la formación de las leyes, desde los cuales se pondrán a la votación si ha lugar a tratarse de nuevo en la siguiente diputación general; y para que así quede declarado, deberán convenir las dos terceras partes de los votos.

Art. 380. La diputación general siguiente, previas las mismas formalidades en todas sus partes, podrá declarar en cualquiera de los dos años de sus sesiones, conviniendo en ella las dos terceras partes de votos, que ha lugar al otorgamiento de poderes especiales para hacer la reforma.

Art. 381. Hecha esta declaración, se publicará y comunicará a todas las provincias; y según el tiempo en que se hubiere hecho, determinarán las Cortes ha de ser la diputación próximamente inmediata a la siguiente a ésta la que ha de traer los poderes especiales.

Art. 382. Estos serán otorgados por las juntas electorales de provincia añadiendo a los poderes ordinarios la cláusula siguiente:
"Asimismo les otorgan poder especial para hacer en la Constitución la reforma de que trata el decreto de las Cortes cuyo tenor es el siguiente:
(Aquí el decreto literal).
Todo con arreglo a lo prevenido por la misma Constitución y se obligan a reconocer y tener por constitucional lo que en su virtud establecieren".

Art. 383. La reforma propuesta se discutirá de nuevo: y si fuere aprobada por las dos terceras partes de diputados, pasará a ser ley constitucional, y como tal se publicará en las Cortes.

Art. 384. Una diputación presentará el decreto de reforma al Rey, para que le haga publicar y circular a todas las autoridades y pueblos de la Monarquía. Cádiz diez y ocho de Marzo del año de mil ochocientos y doce. -Vicente Pascual, diputado por la ciudad de Teruel, presidente. -Antonio Joaquín Pérez, diputado por Valencia. -José Simeón de Uría, diputado por Guadalajara, capital del Nuevo Reino de la Galicia. -Francisco Garcés y Varea, diputado por la serranía de Ronda. -Pedro González de Llamas, diputado por el reino de Murcia. -Carlos Andrés, diputado por Valencia. -Juan Bernardo Gaván, diputado por Galicia. -José Joaquín Ortiz, diputado por Panamá. -Joaquín Lorenzo Villanueva, diputado por Valencia. Francisco de Sales Rodríguez de la Bárcena, diputado por Sevilla. -Luis Rodríguez del Monte, diputado por Galicia. -Santiago Key Muñoz, diputado por Canarias. -Diego Muñoz Torrero, diputado por Extremadura. -Andrés Morales de los Ríos, diputado por la ciudad de Cádiz. -Antonio José Ruiz de Padrón, diputado por Canarias. -José Miguel Guridi Alcocer, diputado por Tlaxcala. -Pedro Ribera, diputado por Galicia. José Mexia Lequerique, diputado por el nuevo reino de Granada. -José Miguel Gordó y Barrio, diputado por Álava. -Antonio Alcayna, diputado por Granada. -Juan de Lera Murcia Florencio Castillo, diputado por Costa Rica. -Felipe Vásquez, diputado por el principado de Asturias. -Bernardo, Obispo de Mallorca, diputado por la ciudad de Palma. -Juan de Salas, diputado por la serranía de Ronda. -Alonso Cañedo, diputado por la Junta de Asturias. -Gerónimo Ruiz, diputado por Segovia. -Manuel de Roxas, diputado por Cuenca. -Alfonso Rovira, diputado por Murcia. -José María Rocafull, diputado por Murcia. -Manuel García Herreros, diputado por la provincia de Soria. -Manuel de Aróstegui, diputado por Álava. Juan de Lera y Cano, diputado por La Mancha. -Francisco Obispo de Calahorra y la Calzada, diputado por la Junta Superior de Burgos. -Antonio de Parga, diputado por Galicia. -Antonio Payán, diputado por Galicia. -José Antonio López de la Plata, diputado por Nicaragua. -Juan Bernardo Quiroga y Uría, diputado por Galicia. -Manuel Ros, diputado por Galicia. -Francisco Pardo, diputado por Galicia. -Agustín Rodríguez Bahamonde, diputado por Galicia. -Manuel de Luxán, diputado por Extremadura. -Antonio Oliveros, diputado por Extremadura. -Manuel Goyanes, diputado por León Domingo Dueñas y Castro, diputado por el reino de Granada. -Vicente Terrero, diputado por la provincia de Cádiz. -Francisco González Peinado, diputado por el reino de Jaén. -José Cerero, diputado por la provincia de Cádiz. -Luis González Colombres, diputado por León. -Fernando Llanera y Franchy, diputado por Canarias. -Agustín de Argüelles, diputado por el principado de Asturias. -José Ignacio Beye Cisneros, diputado por Antonio Valcarce Moragues, diputado por la Junta de Mallorca. Peña, diputado por León. -Francisco de Mosquera y Cabrera, diputado por Santo-Domingo. -Evaristo Pérez de Castro, diputado por la provincia de Valladolid.-Octaviano Obregón, diputado por Guanajuato.-Francisco Fernández Munilla, diputado por Nueva España.-Juan José Guerreña, diputado por Durango, capital del reino de Nueva-Vizcaya. -Alonso Núñez de Haro, dipu tado por Cuenca.-José Aznarez, diputado por Aragón.-Miguel Alonso Villagomez, diputado por León. -Simón López, diputado por Murcia.-Vicente Tomás Traber, diputado por Valencia, Baltazar Esteller, diputado por Valencia.-Antonio Lloret y Martí, diputado por Valencia.-José de Torres y Machy, diputado por Valencia.-José Martínez, diputado por Valencia, Ramón Giraldo de Arquella, diputado por la Mancha.-El Barón de Casa Blanca, diputado por la ciudad de Peñiscola.-José Antonio Sombeola, diputado por Valencia. Francisco Santalla y Quindós, diputado por la Junta Superior de León. Pedro García Coronel, diputado por Truxillo del Perú, diputado por la Junta Superior de León. Francisco Gutiérrez de la Huerta, diputado por Burgos. José Eduardo de Cárdenas, diputado por Tabasco. -Rafael de Zuriategui, diputado por Montevideo. -José Morales Gallego, diputado por la Junta de Sevilla. -Antonio de Compmany, diputado por Cataluña.-Andrés Jáuregui, diputado por la Habana.-Antonio Larrazábal, diputado por Guatemala.-José de Vega y Sentmanat, diputado por la ciudad de Cervera.-El Conde de Toreno, diputado por Asturias, Juan Nicasio Gallego, diputado por Zamora, José Becerra, diputado por Galicia.-Diego de Parada, diputado por la provincia de Cuenca.-Pedro Antonio de Aguirre, diputado por la Junta de Cádiz.-Mariano Mendiola, diputado por

Querétaro.-Ramón Power, diputado por Puerto Rico.-José Ignacio Ávila, diputado por la provincia de San Salvador, José María Cuoto, diputado por Nueva-España. José Alonso y López, diputado por la Junta de Galicia.-Fernando Navarro, diputado por la ciudad de Tortosa. --Manuel de Villafañe, diputado por Valencia.-Andrés Ángel de la Vega Infazón, diputado por Asturias.-Máximo Maldonado, diputado por Nueva España. -Joaquín Maniau, diputado por Vera-Cruz.-Andrés Savariego, diputado por Nueva España.-José de Castelló, diputado por Valencia.-Juan Quintano, diputado por Valencia.-Juan Polo y Catalina, diputado por Aragón.-Juan María Herrera, diputado por Extremadura.-José María Calatrava, diputado por Extremadura. Mariano Blas Garoz y Peñalver, diputado por la Mancha. Francisco Papiol, diputado por Cataluña.-Ventura de los Reyes, diputado por Filipinas.-Miguel Antonio de Zumalacáregui, diputado por Guipúzcoa. Francisco Serrá, diputado por Valencia. Francisco Gómez Fernández, diputado por Sevilla. Nicolás Martínez Fortún, diputado por Murcia. Francisco López Lispeguer, diputado por Buenos Aires.- Salvador Samartín, diputado por Nueva España. Fernando Melgarejo, diputado por la Mancha. -José Domingo Rus, diputado por Maracaibo.-Francisco Calvet y Rubalcaba, diputado por la ciudad de Gerona.-Dionísio Luca Yupangui, diputado por el Perú.- -Francisco Ciscar, diputado por Valencia.-Antonio Suazo, diputado del Perú.-José Lorenzo Bermúdez, diputado por la provincia de Tarma del Perú. Francisco de Paula Escudero, diputado por Navarra.-José de Salas y Boxadors, diputado por Mallorca. Francisco Fernández Golfín, diputado por Extremadura.-Pedro María Ric, diputado por la Junta Superior de Aragón.-Juan Bautista Serrés, diputado por Cataluña.-José Obispo Prior de León, diputado por Extremadura.-Ramón Lázaro de Dou, diputado por Cataluña.-Fran- cisco de la Serna, diputado por la provincia de Ávila.-José Valcárcel Dato, diputado por la provincia de Salamanca.-José de la Cea, diputado por Córdoba. -José Roa y Fabián, diputado por Molina.-José Rivas, diputado por Mallorca. José Salvador López del Pan, diputado por Galicia.-Alonso María de la Vera y Pantoja, por la ciudad de Mérida, diputado.-Antonio Llaneras, diputado por Mallorca.-José de Espiga y Gadea, diputado por la Junta de Cataluña. Miguel González y Lastiri, diputado por Yucatán. Manuel Rodrigo, diputado por Buenos Aires.-Ramón Feliu, diputado por el Perú. Vicente Morales Duarez, diputado por el Perú.-José Joaquín de Olmedo, diputado por Guayaquil.-José Francisco Morejón, diputado por Honduras.-José Miguel Ramos de Arizpe, diputado por la provincia de Cohahuila. -Gregorio Laguna, diputado por la Ciudad Badajoz.-Francisco de Eguia, diputado Vizcaya.-Joaquín Fernández de Leyva, diputado por Chile.-Blaz Ostolaza, diputado por el reino del Perú.-Rafael Manglano, diputado por Toledo.-Francisco Salazar, diputado por el Perú.-Alonso de Torres y Guerra, diputado por Cádiz M.-El Marqués de Villafranca y los Vélez, diputado por la Junta de Murcia.-Benito María Mosquera y Lera, diputado por las siete ciudades del reino de Galicia.-Bernardo Martínez, diputado por la provincia de Orense de Galicia.-Felipe Anérde Esteve, diputado por Cataluña.-Pedro Inguanzo, diputado por Asturias.-Juan de Balle, diputado por Cataluña.-Ramón Utgés, diputado por Cataluña.-José María Veladiez y Herrera, diputado por Guadalajara.-Pedro Gordillo, diputado por Gran Canaria.-Félix Aytés, diputado por Cataluña.-Ramón de Lladós, diputado por Cataluña.--Francisco María Riesco, diputado por la Junta de Extremadura. Francisco Morros, diputado por Cataluña.-Antonio Vásquez de Parga y Bahamonde, diputado por Galicia.-El Marqués de Tamarit, diputado por Cataluña.-Pedro Aparicio y Ortiz, diputado por Valencia.-Joaquín Martínez, diputado por la Ciudad de Valencia. Francisco José Sierra y Llanes, diputado por el principado de Asturas.-El Conde de Buena-Vista-Cerro, diputado por Cuenca.-Antonio Vásquez de Aldana, diputado por Toro.-Esteba de Palacios, diputado por Venezuela.-El conde de Puñorostro, diputado por el Nuevo reino de Granada. Miguel Riesco y Puente, diputado por Chile.-Fermín de Clemente, diputado por Venezuela.-Luis de Velasco, diputado por Buenos Aires.-Manuel de Llano, diputado de Chiapa.-José Cayetano de Foncerrada, diputado de la provincia de Valladolid de Mechoacán.-José María Gutiérrez de Terán, diputado por Nueva-España, secretario.-José Antonio Navarrete, diputado por el Perú. Secretario José de Zorraquín, diputado por Madrid, secretario.-Joaquín Díaz Caneja, diputado por León, Secretario".

Por tanto mandamos a todos los Españoles nuestros súbditos, de cualquier clase y condición que sean, que hayan y guarden la Constitución inserta, como ley fundamental de la Monarquía; y mandamos asimismo a todos los Tribunales, Justicia, Jefes, Gobernadores y demás autoridades, así civiles como militares y eclesiásticas, de cualquiera clase y dignidad que guarden y hagan guardar, cumplir y ejecutar la misma Constitución en todas sus partes. Tendréislo entendido, y dispondréis lo necesario a su cumplimiento, haciéndolo imprimir, publicar y circular.

Joaquín de Mosquera y Figueroa, Presidente.-Juan Villavicencio.-Ignacio Rodríguez de Rivas.-El Conde de Abisbal.-En Cádiz a diez y nueve de marzo de mil ochocientos doce.-A. D.-Ignacio de Pezuela.

Lo comunica a V. de orden de la Regencia del reino para su cumplimiento. Dios guarde a V. muchos años.-Cádiz, 2 de Mayo de 1812. (F) Ignacio de la Pezuela. (Rúbrica autógrafa).

CONSTITUCIÓN POLÍTICA DE LA REPÚBLICA DE CENTRO AMÉRICA
De 22 de Noviembre de 1824

En el nombre del Ser Supremo, autor de las sociedades y legislador del Universo.

Congregados en Asamblea Nacional Constituyente, nosotros los Representantes del Pueblo de Centro América, cumpliendo con sus deseos, y en uso de sus soberanos derechos, decretamos la siguiente Constitución para promover su felicidad: Sostenerla en el mayor goce posible de sus facultades: Afianzar los derechos del hombre y del ciudadano sobre los principios inalterables de Igualdad, Seguridad y Propiedad: Establecer el orden público y formar una perfecta Federación.

TÍTULO I
DE LA NACIÓN Y DE SU TERRITORIO

SECCIÓN PRIMERA
DE LA NACIÓN

Art. 1. El pueblo de la República Federal de Centro América es soberano e independiente.

Art. 2. Es esencial al soberano y su primer objeto la conservación de la libertad, seguridad y propiedad.

Art. 3. Forman el pueblo de la República todos sus habitantes.

Art. 4. Están obligados a obedecer y respetar la ley, a servir y defender la patria con las armas y a contribuir proporcionalmente para los gastos públicos sin exención ni privilegio.

SECCIÓN SEGUNDA
DEL TERRITORIO

Art. 5. El territorio de la República es el mismo que antes comprendía el antiguo reino de Guatemala, a excepción, por ahora, de la provincia de Chiapas.

Art. 6. La federación se compone actualmente de cinco Estados, que son: Costa Rica, Nicaragua, Honduras, El Salvador y Guatemala. La provincia de Chiapas se tendrá por Estado en la federación cuando libremente se una.

Art. 7. La demarcación del territorio de los Estados se hará por ley constitucional, con presencia de los datos necesarios.

TÍTULO II
DEL GOBIERNO, DE LA RELIGION Y DE LOS CIUDADANOS

SECCION PRIMERA
DEL GOBIERNO Y DE LA RELIGIÓN

Art. 8. El Gobierno de la República es popular, representativo, federal.

Art. 9. La República se denomina: "Federación de Centro América".

Art. 10. Cada uno de los Estados que la componen es libre e independiente en su gobierno y administración interior; y les corresponde todo el poder que por la Constitución no estuviere conferido a las autoridades federales.

Art. 11. Su religión es la católica, apostólica, romana, con exclusión del ejercicio público de cualquiera otra.

Art. 12. La República es un asilo sagrado para todo extranjero, y patria de todo el que quiera residir en su territorio.

SECCIÓN SEGUNDA
DE LOS CIUDADANOS

Art. 13. Todo hombre es libre en la República. No puede ser esclavo el que se acoja a sus leyes, ni ciudadano el que trafique con esclavos.

Art. 14. Son ciudadanos todos los habitantes de la República, naturales del país o naturalizados en él, que fueren casados, o mayores de diez y ocho años, siempre que ejerzan alguna profesión útil o tengan medios conocidos de subsistencia.

Art. 15. El Congreso concederá cartas de naturaleza a los extranjeros que manifiesten a la autoridad local designio de radicarse en la República: 1°. Por servicios relevantes hechos a la nación y designación por la ley. 2°. Por cualquiera invención útil, y por el ejercicio de alguna ciencia, arte u oficio no establecidos aun en el país, ó mejora notable de una industria conocida. 3°. Por vecindad de cinco años; y 4°. Por la de tres, á los que vinieren á radicarse con sus familias, a los que contrajeren matrimonio en la República, y á los que adquieren bienes raíces del valor y clase que determina la ley.

Art. 16. También son naturales los nacidos en país extranjero de ciudadanos de Centro América, siempre que sus padres estén al servicio de la República, ó cuando su ausencia no pasare de cinco años del gobierno. y fuere con noticia

Art. 17. Son naturalizados los españoles y cualesquiera extranjeros que, hallándose radicados en algún punto del territorio de la República, al proclamar su independencia, la hubieren jurado.

Art. 18. Todo el que fuere nacido en las Repúblicas de América viniese y a radicarse á la Federación, se tendrá por naturalizado en ella desde el momento en que manifieste su designio ante la autoridad local.

Art. 19. Los ciudadanos de un Estado tienen expedito el ejercicio de la ciudadanía en cualquier otro de la federación.

Art. 20. Pierden la calidad de ciudadanos: 1°. Los que admitieren empleo, ó aceptaren pensiones, distintivos, ó títulos hereditarios de otro Gobierno, ó personales sin licencia del Congreso. 2°. Los sentenciados por delitos que, según la ley, merezcan pena más q que correccional, si no obtuvieren rehabilitación.

Art. 21. Se suspende los derechos de ciudadano: 1°. Por proceso criminal en que se haya proveído auto de prisión por que, según la ley, merezca pena más que correccional. Delito. 2°. Por ser deudor fraudulento declarado, ó deudor a las rentas públicas y judicialmente requerido de pago. 3°. Por conducta notoriamente viciada. 4°. Por incapacidad física o moral, judicialmente calificada. 5°. Por el estado de sirviente doméstico cerca de la persona.

Art. 22. Solo los ciudadanos en ejercicio pueden obtener oficios en la República.

TÍTULO III
DE LA ELECCION DE LAS SUPREMAS AUTORIDADES FEDERALES

SECCION PRIMERA
DE LAS ELECCIONES EN GENERAL

Art. 23. Las Asambleas de los Estados dividirán su población con la posible exactitud y comodidad, en juntas populares en distritos y en departamentos.

Art. 24. Las juntas populares se componen de ciudadanos en el ejercicio de sus derechos: las juntas de distrito, de los electores nombrados por las juntas populares; y las juntas de departamento, de los electores nombrados por las juntas de distrito.

Art. 25. Toda junta será organizada por un directorio compuesto de un presidente, dos secretarios y dos escrutadores electos por ella misma.

Art. 26. Las acusaciones sobre fuerza, cohecho o soborno en los sufra- gantes, hecha en el acto de la elección, serán determinadas por el directorio con cuatro hombres buenos nombrados, entre los ciudadanos presentes, por el acusador y acusado, para el sólo efecto de desechar por aquella vez los votos tachados ó el del calumniador en su caso. En lo demás, estos juicios serán seguidos y te terminados en los tribunales comunes.

Art. 27. Los recursos sobre nulidad de elecciones de las juntas populares, serán definitivamente resueltos en las juntas de distrito, y los que se entablen contra éstas, en las de departamento. Los cuerpos legislativos que verifican las elecciones deciden de las calidades de los s últimos electos, cuando sean tachados, y de los reclamos sobre nulidad en los actos de las juntas de departamento.

Art. 28. Los electores de distrito y de departamento no son responsables por su ejercicio electoral. Las leyes acordarán las garantías necesarias para que libre y puntualmente verifiquen su encargo.

Art. 29. En las épocas de elección constitucional, se celebrarán el último domingo de octubre las juntas populares: el segundo domingo de noviembre las de distrito: y el primer domingo de diciembre las de departamento.

Art. 30. Ningún ciudadano podrá excusarse del cargo de elector por motivo ni pretexto alguno.

Art. 31. Nadie puede presentarse con armas á los actos de elección ni votarse á sí mismo.

Art. 32. Las juntas no podrán deliberar sino sobre objetos designados por la ley. Es nulo todo acto que esté fuera de su legal intervención.

SECCIÓN SEGUNDA
DE LAS JUNTAS POPULARES

Art. 33. La base menor de una junta popular será de doscientos cincuenta habitantes; la mayor de dos mil y quinientos.

Art. 34. Se formarán registros de los ciudadanos que resulten de la base de cada junta; y los inscriptos en ellos únicamente tendrán voto activo pasivo. y

Art. 35. Las juntas nombrarán un elector primario por cada doscientos habitantes. La que tuviere un residuo de ciento veinte y seis nombrará un elector más.

SECCIÓN TERCERA
DE LAS JUNTAS DE DISTRITO

Art. 36. Los electores primarios se reunirán en las cabeceras de los distritos que las Asambleas designen.

Art. 37. Reunidas por lo menos las dos terceras partes de los electores primarios, se forma la junta y nombra por mayoría absoluta un elector de distrito por cada diez electores de los les corresponden.

SECCIÓN CUARTA
DE LAS JUNTAS DE DEPARTAMENTO

Art. 38. Un departamento constará fijamente de doce electores de distrito por cada representante que haya de nombrar.

Art. 39. Los electores de distrito se reunirán en las cabeceras de departamento que las Asambleas designen.

Art. 40. Reunidas por lo menos las dos terceras partes de los electores de distrito, se forma la junta de departamento y elije por mayoría absoluta los representantes y suplentes que le corresponden para el Congreso.

Art. 41. Nombrados los representantes y suplentes, se despachará a cada uno, por credenciales, copia autorizada del acta en que consta su nombramiento.

Art. 42. En la renovación del presidente y Vicepresidente de la Re. pública, individuos de la Suprema Corte de Justicia y Senadores del Estado, los electores sufragarán para estos funcionarios en actos diversos, y cada voto será registrado con separación.

Art. 43. Las juntas de departamento formarán de cada acto de elección lista de los electores con expresión de sus votos.

Art. 44. Las listas relativas a la elección del presidente y Vicepresidente de la República e individuos de la Suprema Corte de Justicia, deberán firmarse por los electores y remitirse cerradas y selladas al Congreso. También se dirigirá, en la propia forma, una copia de ellas, con la de votación para Senadores, a la Asamblea del Estado respectivo.

SECCIÓN QUINTA
DE LA REGULACIÓN DE LOS VOTOS Y MODOS DE VERIFICAR LA ELECCIÓN DE LAS SUPREMAS AUTORIDADES FEDERALES

Art. 45. Reunidas las listas de las juntas departamentales de cada Estado, su Asamblea hará un escrutinio de ellas, y en la forma prescrita en el artículo anterior, lo remitirá con las mismas listas al

Congreso, reservándose las que contienen la elección de Senadores.

Art. 46. Reunidos los pliegos que contienen las listas de todas las juntas de departamento y su escrutinio formado por las Asambleas, el Congreso los abrirá y regulará la votación por el número de los electores de distrito; y no por el de las juntas de departamento.

Art. 47. Siempre que resulte mayoría absoluta de sufragios, la elección está hecha. Si no la hubiere, y algunos ciudadanos reunieren cuarenta o votos, el Congreso, por mayoría absoluta, elegirá sólo entre ellos. Si esto no se verificare nombrará entre los que tuvieren de quince votos arriba; y no más resultando los suficientes para ninguno de estos dos casos, elegirá entre los que obtengan cualquier número.

Art. 48. Las Asambleas de los Estados, sobre las mismas reglas y en proporción semejante, verificarán la elección de Senadores, sino resultare hecha por los votos de los electores del distrito.

Art. 49. En un mismo sujeto la elección de propietario, con cualquier número, de votos prefiere a la de suplente.

Art. 50. En caso de que un mismo ciudadano obtenga dos o más elecciones, preferirá a la que se haya efectuado con mayor número de votos populares; y siendo estos iguales, se determinará por la voluntad del electo.

Art. 51. Los ciudadanos que hayan servido por el término constitucional cualquier destino electivo de la federación, no serán obligados a admitir otro diverso sin que haya trascurrido el intervalo de un año.

Art. 52. Las elecciones de las Supremas Autoridades federales, se publicarán por un decreto del Cuerpo Legislativo que las haya verificado.

Art. 53. Todos los actos de elección, desde las juntas populares hasta los escrutinios del Congreso, y de las Asambleas, deben ser públicos para ser válidos.

Art. 54. La ley reglamentará estas elecciones sobre las bases establecidas.

TÍTULO IV
DEL PODER LEGISLATIVO Y DE SUS ATRIBUCIONES

SECCIÓN PRIMERA
DE LA ORGANIZACIÓN DEL PODER LEGISLATIVO

Art. 55. El poder legislativo de la federación reside en un Congreso compuesto de representantes popularmente electos, en razón de uno por cada treinta mil habitantes.

Art. 56. Por cada tres representantes se elegirá un suplente. Pero si á alguna junta no le correspondiere elegir más que uno o dos propietarios, nombrará sin embargo un suplente.

Art. 57. Los suplentes concurrirán por falta de los propietarios en caso de muerte ó imposibilidad, á juicio del Congreso.

Art. 58. El Congreso se renovará por mitad cada año, y los mismos representantes podrán ser reelectos una vez sin intervalo alguno.

Art. 59. La primera Legislatura decidirá por suerte los representantes que deben renovarse en el año siguiente: en adelante, la renovación se veri. ficará saliendo los de nombramiento más antiguo.

Art. 60. La primera vez calificará las elecciones y credenciales de los representantes, una junta preparatoria compuesta de ellos mismos: en lo sucesivo, mientras no se hubiere abierto las sesiones, toca esta calificación á los representantes que continúan, en unión de los nuevamente electos.

Art. 61. Para ser representante se necesita tener la edad de veintitrés años haber sido cinco ciudadano, bien sea del estado seglar ó eclesiástico secular y hallarse en actual ejercicio de sus derechos. En los naturalizados se requiere además un año de residencia no interrumpida inmediata á la elección, sino es que hayan estado ausentes en servicio de la República.

Art. 62. Los empleados del gobierno de la federación ó de los Estados, no podrán ser representantes en el Congreso, ni en las Asambleas por el territorio en que ejercen su cargo, ni los representantes serán empleados p estos gobiernos durante sus funciones, ni obtendrán ascenso que no sea de rigurosa escala.

Art. 63. En ningún tiempo, ni por motivo alguno, los representantes pueden ser responsables por proposición, discurso ó debate en el Congreso ó fuera de él sobre asuntos relativos á su encargo. Y durante las sesiones y un mes después no podrán ser demandados civilmente, ni ejecutados por deudas.

Art. 64. El Congreso resolverá en cada Legislatura el lugar de su residencia; pero tanto el Congreso como las demás autoridades federales, no ejercerán otras facultades sobre la población donde residen, que las concernientes á mantener el orden y tranquilidad pública, para asegurarse en el libre y decoroso ejercicio de sus funciones.

Art. 65. Cuando las circunstancias de la nación lo permitan, se construirá una Ciudad para residencia de las autoridades federales, las que ejercerán en ella una jurisdicción exclusiva.

Art. 66. El Congreso se reunirá todos los años el día primero de Marzo, y sus sesiones durarán tres meses.

Art. 67. La primera legislatura podrá prorrogarse por el tiempo que juzgue necesario las siguientes no podrán hacerlo por más de un mes.

Art. 68. Para toda resolución se necesita la concurrencia de la mayoría absoluta de los representantes y el acuerdo de la mitad y uno más de los que se hallaren presentes; pero un número menor puede obligar a concurrir a los ausentes del modo y bajo las penas que se designen en el reglamento interno del Congreso.

SECCIÓN SEGUNDA
DE LAS ATRIBUCIONES DEL CONGRESO

Art. 69. Corresponde al Congreso: 1°. Hacer las leyes que mantienen la federación y aquellas en cuya general uniformidad tienen un interés directo y conocido cada uno de los Estados. 2°. Levantar y sostener el ejército y armada nacional. 3°. Formar la ordenanza general de una y otra fuerza. 4°. Autorizar al poder ejecutivo para emplear la milicia de los Estados, cuando lo exija la ejecución de la ley o sea necesario contener insurrecciones o repeler invasiones. 5°. Conceder al poder ejecutivo facultades extraordinarias expresamente detalladas y por un tiempo limitado, en caso de guerra contra la independencia nacional. 6°. Fijar los gastos de la administración general. 7°. Decretar y designar rentas generales para cubrirlos; y no siendo bastantes, señalar el cupo correspondiente a cada Estado, según su población y riqueza. 8°. Arreglar la administración de las rentas generales; velar su inversión y tomar cuentas de ella al poder ejecutivo. 9°. Decretar en caso extraordinario pedidos, préstamos e impuestos extraordinarios. 10°. Calificar y reconocer la deuda nacional. 11° Destinar los fondos necesarios para su amortización y réditos. 12°. Contraer deudas sobre el crédito nacional. 13°. Suministrar empréstitos a otras naciones. 14°. Dirigir la educación, estableciendo los principios generales más conformes al sistema popular y al progreso de las artes útiles y de las ciencias; y asegurar a los inventores, por el tiempo que se considere justo, el derecho exclusivo en sus descubrimientos. 15°. Arreglar y proteger el derecho de petición. 16°. Declarar la guerra y hacer la paz con presencia de los informes y preliminares que le comunique el poder ejecutivo. 17°. Ratificar los tratados y negociaciones que haya ajustado el poder ejecutivo. 18°. Conceder o negar la introducción de tropas extranjeras en la República. 19°. Arreglar el comercio con las naciones extranjeras y entre los Estados de la Federación; y hacer leyes uniformes sobre las bancarrotas. 20°. Habilitar puertos y establecer aduanas marítimas. 21°. Determinar el valor, ley, tipo y peso de la moneda nacional de la extranjera; fijar uniformemente los contra los falsificadores. pesos y medidas, y el pre. decretar penas. 22°. Abrir los grandes caminos y canales de comunicación; y establecer dirigir postas y correos generales de la República. 23°. Formar la ordenanza del corso; dar leyes sobre el modo de juzgar las piraterías; y decretar las penas contra este y otros atentados cometidos en alta mar con infracción del derecho de gentes. 24°. Conceder amnistías o indultos generales en el caso que designa el artículo 118. 25°. Crear tribunales inferiores que conozcan en asuntos propios de la federación. 26°. Calificar las elecciones populares de las autoridades federales, a excepción de la del Senado. 27°. Admitir por dos terceras partes de votos las renuncias que con causas graves hagan de sus oficios los representantes en el Congreso, el Presidente y Vicepresidente de la República, los Senadores, después que hayan tomado posesión y los individuos de la Suprema Corte de Justicia. 28°. Señalar los sueldos: de los representantes en el Congreso-del Presidente y Vicepresidente de los individuos de la Suprema Corte y de los demás agentes de la federación. 29°. Velar especialmente sobre la observancia de los artículos contenidos en los títulos 10 y 11, y anular, sin las formalidades prevenidas en el artículo 194, toda disposición legislativa que los contraríe. 30°. Conceder permiso para obtener de otra nación pensiones, distintivos o títulos personales, siendo compatibles con el sistema de gobierno de la República. 31°. Resolver sobre la formación y admisión de nuevos Estados.

Art. 70. Cuando el Congreso fuere convocado extraordinariamente, sólo tratará de aquellos asuntos que hubieren dado motivo a la convocatoria.

TÍTULO
DE LA FORMACIÓN, SANCIÓN Y PROMULGACIÓN DE LA LEY

SECCIÓN PRIMERA
DE LA FORMACIÓN DE LA LEY

Art. 71. Todo proyecto de ley debe presentarse por escrito, y solo tienen facultad de proponerle al Congreso los representantes y secretarios del despacho; pero estos últimos no podrán hacer proposiciones sobre ninguna clase de impuestos.

Art. 72. El proyecto de ley debe leerse por dos veces en días diferentes antes de resolver si se admite o no a discusión.

Art. 73. Admitido, deberá pasar a una comisión que lo examinará detenidamente, y no podrá prestarlo, sino después de tres días. El informe que diere tendrá también dos lecturas en días diversos, y señalando el de su discusión con el intervalo á lo menos de otros tres, no podrá diferirse más tiempo sin acuerdo del Congreso.

Art. 74. La ley sobre formación de nuevos Estados se hará según lo prevenido en el título 14.

Art. 75. No admitido a discusión, o desechado un podrá volver a proponerse, sino hasta el año siguiente.

Art. 76. Si se adoptare el proyecto, se extenderá por triplicado en forma de ley; se leerá en el Congreso; y firmados los tres originales, por el Presidente y dos se remitirán al Senado.

SECCIÓN SEGUNDA
DE LA SANCIÓN DE LA LEY

Art. 77. Todas las resoluciones del Congreso, dictadas en uso de las atribuciones que le designa la constitución, necesitan, para ser válidas, tener la sanción del Senado, exceptuándose únicamente las que fueron: 1º.Sobre su régimen interior, lugar y prórroga de sus sesiones. 2º. Sobre calificación de elecciones y v renuncia de los electos. 3º. Sobre concesión de cartas de naturaleza. 4º. Sobre declaratoria de haber lugar a la formación de causa contra cualquier funcionario.

Art. 78. El Senado dará la sanción por mayoría absoluta de votos, con esta fórmula: "Al poder ejecutivo"; y la negará con esta otra: "Vuelva al Congreso".

Art. 79. Para dar o negar la sanción tomará desde luego informes del poder ejecutivo, que deberá darlos en el término de ocho días.

Art. 80. El Senado dará o negará la sanción entre los diez días inmediatos. Si pasado este término no la hubiere dado o negado, la resolución la obtiene el mismo hecho.

Art. 81. El Senado deberá negarla cuando la resolución sea en cualquier manera contraria a la Constitución, o cuando juzgare que su observancia no es conveniente a la República. En estos dos casos devolverá al Congreso uno de los originales con la fórmula correspondiente, puntualizando por separado las razones en que funde su opinión. El Congreso las eximirá y discutirá de nuevo la resolución devuelta. Si fuere ratificada por dos ter- ceras partes de votos, la sanción se tendrá por dada, y en efecto, la dará el Senado. En caso contrario, no podrá proponerse de nuevo sino hasta el año siguiente.

Art. 82. Cuando la resolución fuere sobre contribuciones, de cualquiera clase que sean, y el Senado rehusare sancionarla, se necesita el acuerdo de las tres cuartas partes del Congreso para su ratificación. Ratificada que sea se observará en lo demás lo prevenido en el artículo anterior.

Art. 83. Cuando el Senado rehusare sancionar una resolución del Congreso, por ser contraria a los títulos 10 y 11, se requiere también para ratificarla, el acuerdo de las tres cuartas partes del Congreso y debe pasar segunda vez al Senado para que dé o niegue la sanción.

Art. 84. Si aun así no la obtuviere, o si la resolución no hubiere sido rectificada, no puede volver a proponerse sino hasta el año siguiente, debiendo entonces sancionarse o rectificarse según las reglas comunes a toda resolución.

Art. 85. Cuando la mayoría de los Estados reclamare las resoluciones del Congreso en el caso del artículo 83, deberán ser inmediatamente revisa- das, sin perjuicio de su observancia, y recibir nueva sanción por los trámites prevenidos en el mismo artículo, procediéndose en lo demás conforme al 84.

Art. 86. Dada la sanción constitucionalmente, el Senado devuelve con ella al Congreso un original, y pasa otro al Poder Ejecutivo para su ejecución.

SECCIÓN TERCERA
DE LA PROMULGACIÓN DE LA LEY

Art. 87. El Poder Ejecutivo, luego que reciba una resolución sancionada o de las que trata el artículo 77, debe, bajo la más estrecha responsabilidad, ordenar su cumplimiento: disponer entre quince días lo necesario para su ejecución; y publicarla y circularla, pidiendo al Congreso prórroga del término, si en algún caso fuese necesaria.

Art. 88. La promulgación se hará en esta forma: "Por cuanto; el Congreso decreta y el Senado sanciona lo siguiente (el texto literal), por tanto, ejecútese".

DEL SENADO Y SUS ATRIBUCIONES

Art. 90. Para ser Senador se requiere naturaleza en la República, tener treinta años cumplidos, haber sido siete ciudadano, bien sea del estado seglar o del eclesiástico secular-y estar en actual ejercicio de sus derechos.

Art. 91. Nombrará cada Estado un suplente, que tenga las mismas condiciones, para los casos de muerte o imposibilidad declarada por el mismo Senado.

Art. 94. El Vicepresidente de la República presidirá el Senado y sólo prevenga el reglamento.

TÍTULO VI
SECCIÓN PRIMERA DEL SENADO

Art. 89. Habrá un Senado compuesto de miembros electos popularmente en razón de dos cada Estado; se renovarán anualmente tercios, pudiendo sus individuos ser reelectos una vez sin intervalo alguno.

Art. 92. Uno solo de los senadores que nombre cada Estado podrá ser eclesiástico.

Art. 93. El Senado en su primera sesión se dividirá por suerte con la igualdad posible en tres partes, las que sucesivamente se renovarán cada año.

Art. 94. El Vicepresidente de la República presidirá el senado y solo sufragará en caso de empate.

Art. 95. En su falta, nombrará el Senado, entre sus individuos, un Presidente, que deberá tener las calidades que se requieren para ser Presidente de la República.

Art. 96. El Vicepresidente se apartará del Senado cuando éste nombre los individuos del tribunal que establece el artículo 147.

Art. 97. Las sesiones del Senado durarán todo el año en la forma que prevenga el reglamento.

SECCIÓN SEGUNDA
DE LAS ATRIBUCIONES DEL SENADO

Art. 98. El Senado tiene la sanción de todas las resoluciones del Congreso en la forma que se establece en la sección 2°, título V.

Art. 99. Cuidará de sostener la Constitución; velará sobre el cumplimiento de las leyes generales y sobre la conducta de los funcionarios del gobierno federal.

Art. 100. Dará consejo al Poder Ejecutivo: 1°. Acerca de las dudas que ofrezca la ejecución de las resoluciones del Congreso. 2°. En los asuntos que provengan de relaciones y tratados con potencias extranjeras. 3°. En los del gobierno interior de la República. 4°. En los de guerra o insurrección.

Art. 101. Convocará al Congreso en casos extraordinarios, citando á los suplentes de los representantes que hubieren fallecido durante el receso.

Art. 102. Propondrá ternas al poder ejecutivo para el nombramiento de los Ministros diplomáticos del Comandante de Armas de la federación de todos los oficiales del ejército de Coronel inclusive arriba de los Comandantes de puertos y fronteras de los ministros de la Tesorería general de los jefes de las rentas generales.

Art. 103. Declarará cuando ha lugar á la formación de causa contra los secretarios del despacho el Comandante de armas de la federación-los Comandantes de los puertos y fronteras-los ministros de la Tesorería Gene ral y los jefes de las rentas generales por delitos cometidos en el ejercicio de sus funciones, quedando sujetos en todos los demás á los tribunales comunes.

Art. 104. Intervendrá en las controversias que designa el artículo 194; y nombrará en sus primeras sesiones el tribunal que establece el 147.

Art. 105. Reverá las sentencias de que habla el artículo 137.

TÍTULO VII
DEL PODER EJECUTIVO, DE SUS ATRIBUCIONES Y DE LOS SECRETARIOS DEL DESPACHO

SECCIÓN PRIMERA
DEL PODER EJECUTIVO

Art. 106. El Poder Ejecutivo se ejercerá por un Presidente nombrado el pueblo de todos los Estados de la federación.

Art. 107. En su falta, hará sus veces un Vicepresidente nombrado igualmente por el pueblo.

Art. 108. En su falta de uno y otro, el Congreso nombrará un Senador de las calidades que designa el artículo 110. Si el impedimento no fuere temporal y faltare más de un año para la renovación periódica, dispondrá se proceda a nueva elección, lo que deberá hacerse desde las juntas populares hasta su complemento. El que así fuere electo, durará en sus funciones el tiempo designado en el artículo 111.

Art. 109. Cuando la falta de que habla el artículo anterior ocurra, no hallándose reunido el Congreso, se convocará extraordinariamente; y entre tanto, ejercerá el Poder Ejecutivo el que presida el Senado.

Art. 110. Para ser Presidente y Vicepresidente se requiere naturaleza en la República, tener treinta años cumplidos, haber sido siete ciudadano ser del estado seglar y hallarse en actual ejercicio de sus derechos.

Art. 111. La duración del Presidente y Vicepresidente será y podrán ser reelectos una vez sin intervalo alguno.

Art. 112. El Presidente no podrá recibir de ningún Estado, autoridad ó persona particular emolumentos ó dádivas de ninguna especie; ni sus sueldos serán alterados durante su encargo.

SECCIÓN SEGUNDA
DE LAS ATRIBUCIONES DEL PODER EJECUTIVO

Art. 113. El Poder Ejecutivo publicará la ley, cuidará de su observancia y del orden público.

Art. 114. Consultará al Congreso sobre la inteligencia de la ley; y al Senado sobre las dudas y dificultades que ofrezca su ejecución. Debe en este caso conformarse con su dictamen y cesa su responsabilidad.

Art. 115. Entablará, consultando al Senado, las negociaciones y tratados con las potencias extranjeras; le consultará así mismo sobre los negocios que provengan de estas relaciones; pero en ninguno de los dos casos está obligado á conformarse con su dictámen.

Art. 116. Podrá consultar al Senado en los negocios graves interior de la República, y en los de guerra ó insurrección. del gobierno

Art. 117. Nombrará los funcionarios de la República que designa el artículo 102, á propuesta del Senado; los que designa el artículo 139, á propuesta de la Suprema Corte de justicia; y los subalternos de unos y otros, y oficiales de la fuerza permanente, que no lleguen á la graduación de Coronel, por igual propuesta de sus jefes ó superiores respectivos.

Art. 118. Cuando por algún grave acontecimiento peligre la salud de la patria y convenga usar de amnistía ó indulto, el Presidente lo propondrá al Congreso.

Art. 119. Dirigirá toda la fuerza armada de la federación; podrá reunir la cívica y disponer de ella cuando se halle en servicio activo de la República, y mandar en persona el ejército con aprobación del Senado, en cuyo caso recaerá el gobierno en el Vicepresidente.

Art. 120. Podrá usar de la fuerza para repeler invasiones ó contener insurrecciones, dando cuenta inmediatamente al Congreso, ó en su receso al Senado.

Art. 121. Concederá, con aprobación del Senado, los premios honoríficos compatibles con el sistema de gobierno de la nación.

Art. 122. Podrá separar libremente, y sin necesidad de instrucciones de causa, a los Secretarios del despacho trasladar con arreglo a las leyes a todos los funcionarios del poder ejecutivo federal suspenderlos por seis meses, y deponerlos con pruebas justificadas de ineptitud o desobediencia, y con acuerdo, en vista de ella, de las dos terceras partes del Senado.

Art. 123. Presentará, por medio de los Secretarios del despacho, al abrir el Congreso sus sesiones, un detalle circunstanciado del estado de todos los ramos de administración pública, y del ejército y marina, con los proyectos que juzgue más oportunos para su conservación ó mejora, y una cuenta exacta de los gastos hechos, con el presupuesto de los venideros, y medios cubrirlos. para

Art. 124. Dará al Congreso y al Senado los informes que le pidieren; y cuando sean sobre asuntos de reserva lo expondrá así para que el Congreso o el Senado le dispensen de su manifestación, o se la exijan si el caso lo requiere. Más no estará obligado a manifestar los planes de guerra ni las negociaciones de alta política pendiente con las potencias extranjeras.

Art. 125. En caso de que los informes sean necesarios para exigir la responsabilidad al Presidente, no podrán rebuscarse por ningún motivo, reservarse los documentos después que se haya declarado haber lugar a la información de causa.

Art. 126. No podrá el Presidente, sin licencia del Congreso, separar del lugar en que este resida; ni salir del territorio de la República hasta seis meses después de concluido su encargo.

Art. 127. Cuando el Presidente sea informado de alguna conspiración o traición a la república y de que la amenaza un próximo riesgo, podrá dar órdenes de arresto, é interrogar a los que se presuman reos; pero en el término de tres días los pondrá precisamente a disposición del juez respectivo.

Art. 128. Comunicará a los jefes de los Estados las leyes y disposiciones generales, y les prevendrá lo conveniente en todo cuanto concierna al servicio de la federación y no estuviere encargado á sus agentes particulares.

SECCIÓN TERCERA
DE LOS SECRETARIOS DEL DESPACHO

Art. 129. El Congreso, á propuesta del Poder Ejecutivo, designará el número de los Secretarios del despacho, organizará las Secretarías y fijará los negocios que á cada uno corresponden.

Art. 130. Para ser Secretario del despacho se necesita ser Americano de origen en el ejercicio de sus derechos y mayor de veinticinco años.

Art. 131. Las órdenes del Poder Ejecutivo se expedirán por medio del Secretario del ramo a que correspondan; y las que de otra suerte se expidieren no deben ser obedecidas.

TÍTULO VIII
DE LA SUPREMA CORTE DE JUSTICIA
Y DE SUS ATRIBUCIONES

SECCIÓN PRIMERA
DE LA SUPREMA CORTE DE JUSTICIA

Art. 132. Habrá una Suprema Corte de justicia que, según disponga la ley, se compondrá de cinco ó siete individuos; serán electos por el pueblo; se renovarán por tercios cada dos años; y no podrán siempre ser reelectos.

Art. 133. Para ser individuo de la Suprema Corte se requiere ser Americano de origen, con siete años de residencia no interrumpida é inmediata á la elección ciudadano en el ejercicio de sus derechos del estado seglar y mayor de treinta años.

Art. 134. En falta de algún individuo de la Suprema Corte, hará sus veces uno de tres suplentes, que tendrán las mismas calidades y serán electos por el pueblo después del nombramiento de los propietarios.

Art. 135. La Suprema Corte designará en su caso el suplente que deba concurrir.

SECCIÓN SEGUNDA
DE LAS ATRIBUCIONES DE LA SUPREMA CORTE DE JUSTICIA

Art. 136. Conocerá en última instancia, con las limitaciones y arreglo que hiciere el Congreso, en los casos emanados de la constitución de las leyes generales de los tratados hechos por la República de jurisdicción marítima y de competencia sobre jurisdicción en controversias de ciudadanos o habitantes de diferentes Estados.

Art. 137. En los casos de contienda en que sea parte toda la República, uno ó más Estados, con alguno ó algunos otros, ó con extranjeros ó habitantes de la República, la Corte Suprema de Justicia: conocerá en la segunda; y la sentencia que diera será llevada en revista al Senado, caso de no conformarse las partes con el primero y segundo juicio, y de haber lugar á ella según la ley.

Art. 138. Conocerá originariamente, con arreglos á las leyes, civiles de los Ministros diplomáticos y Consulares; y en las criminales, de todos los funcionarios en que declara el Senado, según artículo 103, haber lugar á la formación de causa.

Art. 139. Propondrá ternas al poder ejecutivo para que nombre los jue ces que deben componer los tribunales inferiores de que habla el artículo 69, número 25.

Art. 140. Velará sobre la conducta de los jueces inferiores de la federación, y cuidará de que administren pronta y cumplidamente la justicia.

TÍTULO IX
DE LAS RESPONSABILIDADES Y MODO
DE PROCEDER EN LAS CAUSAS DE LAS SUPREMAS
AUTORIDADES FEDERALES

SECCIÓN ÚNICA

Art. 141. Los funcionarios de la federación, antes de posesionarse de sus destinos, presentarán juramento de ser fieles á la República, y de sostener con toda autoridad la constitución y las leyes.

Art. 142. Todo funcionario público es responsable, con arreglo a la ley, del ejercicio de sus funciones.

Art. 143. Deberán declararse que ha lugar a formación de causa contra los representantes en el Congreso por traición, venalidad, falta grave en el desempeño de sus funciones-y delitos comunes que merezcan pena que correccional, más que correccional.

Art. 144. En todos estos casos, y en los de infracción á la ley y usurpación habrá igualmente lugar á la formación de causa contra los individuos del Senado, de la Corte Suprema de Justicia contra el Presidente y Vicepresidente de la República y Secretario de despacho.

Art. 145.-Todo acusado queda suspenso en el acto de declararse que ha lugar á la formación de causa: depuesto, siempre que resulte reo: é inhabilitado para todo cargo público, si la causa diere mérito según la ley. En lo demás á que hubiere lugar, se sujetarán al orden y tribunales comunes.

Art. 146. Los delitos mencionados producen acción popular, y las acusaciones de cualquier ciudadano ó habitante de la República, deben ser atendidas.

Art. 147. Habrá un tribunal compuesto de cinco individuos que nombrará el Senado entre los suplentes del mismo ó del Congreso, que no hayan entrado al ejercicio de sus funciones. Sus facultades se determinan en los artículos 149 y 150.

Art. 148. En las acusaciones contra individuos del Congreso, declarará este cuando ha lugar á la formación de causa, la que será seguida, y terminada según la ley de su régimen interior.

Art. 149.-En las acusaciones contra el Presidente y Vicepresidente, si ha hecho sus veces, declarará el Congreso cuando ha lugar á la formación de causa: juzgará la Suprema Corte; y conocerá en apelación el tribunal que establece el artículo 147.

Art. 150. En las acusaciones contra individuos de la Suprema Corte, el Congreso declarará cuando ha lugar á formación de causa; y juzgará el tribunal que establece el artículo 147.

Art. 151. En las acusaciones contra los Senadores y Vicepresidente, declarará el Congreso cuando ha lugar a formación de causa y juzgará la Suprema Corte.

TÍTULO X
GARANTÍAS DE LA LIBERTAD INDIVIDUAL

SECCIÓN ÚNICA

Art. 152. No podrá imponerse pena de muerte sino en los delitos que atenten directamente contra el orden público, y en el asesinato, homicidio premeditado ó seguro.

Art. 153. Todos los ciudadanos y habitantes de la República, sin distinción alguna, estarán sometidos al mismo orden de procedimientos y de juicio que determinen las leyes.

Art. 154. Las Asambleas, tan luego como sea posible, establecerán el sistema de jurados.

Art. 155. Nadie puede ser preso sino en virtud de orden escrita de autoridad competente para darla.

Art. 156. No podrá librarse esa orden sin que preceda justificación de que se ha cometido un delito que merezca pena más que correccional, y sin que resulte, al menos por el dicho de testigo, quién es el delincuente.

Art. 157. Pueden ser detenidos: 1º. El delincuente cuya fuga se tema con fundamento: 2º. El que sea encontrado en el acto de delinquir; y en este caso todos pueden aprehenderle para llevarlo al juez.

Art. 158. La detención de que habla el artículo anterior, no podrá durar más de cuarenta y ocho horas, y durante este término, deberá la autoridad la haya ordenado practicar lo prevenido en el artículo 156, y librar por escrito la orden de prisión, o poner en libertad al detenido.

Art. 159. El alcalde no puede recibir ó detener en la cárcel a ninguna persona, sin transcribir en su registro de presos ó detenidos la orden de prisión o detención.

Art. 160. Todo preso debe ser interrogado dentro de cuarenta y ocho horas; y el juez está obligado a decretar la libertad ó permanencia en la prisión dentro de las veinticuatro horas siguientes, según el mérito de lo actuado.

Art. 161. Puede sin embargo, imponer arresto por pena correccional previas las formalidades que establezca el código de cada Estado.

Art. 162. El arresto por pena correccional no puede pasar de un mes.

Art. 163. Las personas aprehendidas por la autoridad no podrán ser llevadas a otros lugares de prisión, detención o arresto, que a los que estén legal y públicamente destinados al efecto.

Art. 164. Cuando algún reo no estuviere incomunicado por orden de la juez trascrita en el registro del alcaide, no podrá éste impedir su comunicación con persona alguna.

Art. 165. Todo el que no estando autorizado por la ley expidiera, firmare, ejecutare e hiciere ejecutar la prisión, detención o arresto de alguna persona: todo el que en caso de prisión, detención o arresto autorizado por la ley, condujere, recibiere o detuviere al reo en lugar que no sea de los señalados pública y legalmente; y todo alcaide que contraviniere las disposiciones precedentes, es reo de detención arbitraria.

Art. 166. No podrá ser llevado ni detenido en la cárcel el fianza, en los casos en que la ley expresamente no lo prohíba.

Art. 167. Las Asambleas dispondrán que haya visita de cárcel para toda clase de presos, detenido o arrestados.

Art. 168.-Ninguna casa puede ser registrada sino por mandato escrito de autoridad competente, dado en virtud de dos deposiciones formales que presten motivo al allanamiento, el cual deberá efectuarse de día. También podrá registrarse a toda hora por un agente de la autoridad pública: 1°. En persecución actual de un delincuente. 2°. Por un desorden escandaloso que exija pronto remedio. 3°. Reclamación hecha del interior de la casa. Mas hecho el registro, se comprobará con dos deposiciones que se hizo por alguno de los motivos indicados.

Art. 169. Sólo en los delitos de traición se pueden ocupar los papeles de los habitantes de la República; y únicamente podrá practicarse su examen cuando sea indispensable para la averiguación de la verdad, y á presencia del interesado, devolviéndosele en el acto cuantos no tengan relaciones con lo que se indaga.

Art. 170. La policía de seguridad no podrá ser confiada sino á las autoridades civiles, en la forma que la ley determine.

Art. 171. Ningún juicio civil o sobre injurias podrá establecerse sin hacer constar que se ha intentado antes el medio de conciliación.

Art. 172. La facultad de nombrar árbitros en cualquier estado del pleito es inherente a toda persona, sentencia que los árbitros dieren es inapelable, si las partes comprometidas no se reservaron este derecho.

Art. 173. Unos mismos jueces no pueden serlo en dos diversas instancias.

Art. 174. Ninguna ley del Congreso ni de las Asambleas puede contrariar las garantías contenidas en este título; pero si ampliarlas y dar otros nuevas.

TÍTULO XI
DISPOSICIONES GENERALES

SECCIÓN UNICA

Art. 175- No podrán el Congreso, las Asambleas, ni las demás autoridad: 1°. Coartar en ningún caso ni por pretexto alguno la libertad del pensamiento, la de la palabra, la de la escritura y la de la imprenta. 2°. Suspender el derecho de peticiones de palabra ó por escrito. 3°. Prohibir a los ciudadanos ó habitantes de la República libres de responsabilidades la emigración a país extranjero. 4°. Tomar la propiedad de ninguna persona, ni turbarle en el libre uso de sus bienes, si no es en favor del público cuando lo exija una grave urgencia, legalmente comprobada, y garantizándose previamente la justa indemnización. 5°. Establecer vinculaciones; dar títulos de nobleza; ni pensiones, condecoraciones ó distintivos que sean hereditarios; ni consentir sean admitidos ciudadanos de Centro América los que otras naciones pudieran concederles. 6°. Permitir el uso del tormento y los apremios; imponer confiscación de bienes, azotes y penas crueles. 7°. Conceder por tiempo ilimitado privilegios exclusivos á compañías de comercio, ó corporaciones industriales. 8°. Dar leyes de proscripción, retroactivas, ni que hagan trascendental la infamia.

Art. 176. No podrán, sino en el caso de tumulto, rebelión ó ataque con fuerza armada a las autoridades constituidas: 1°. Desarmar á ninguna población, ni despojar á persona alguna, de cualquier clase de armas que tenga en su casa, ó de las que lleve lícitamente. 2°. Impedir las reuniones populares que tengan por objeto un placer honesto, ó discutir sobre política, y examinar la conducta pública de los funcionarios. 3°. Dispensar las formalidades sagradas de la ley para allanar la casa de algún ciudadano ó habitante, registrar su correspondencia privada, reducirlo á prisión ó detenerlo. 4°. Formar comisiones, ó tribunales especiales para conocer en determina- dos delitos, ó para alguna clase de ciudadanos ó habitantes.

TÍTULO XII
DEL PODER LEGISLATIVO, DEL CONSEJO REPRESENTATIVO, DEL PODER EJECUTIVO Y DEL JUDICIARIO DE LOS ESTADOS

SECCIÓN PRIMERA
DEL PODER LEGISLATIVO

Art. 177. El Poder Legislativo de cada Estado reside en una Asamblea de representantes electos por el pueblo que no podrán ser menos de once, ni más de veintiuno.

Art. 178. Corresponde á las primeras legislaturas; formar la constitución particular del Estado, conforme á la constitución federal. Y corresponde á todas: 1°. Hacer sus leyes, ordenanzas y reglamentos. 2°. Determinar el gasto de su administración y decretar los impuestos de todas clases, necesarios para llenar este, y el cupón que les corresponda en los gastos generales; más, sin consentimiento del Congreso, no podrán imponer contribuciones de entrada y salida en el comercio con los extranjeros, ni en el de los Estados entre sí. 3°. Fijar periódicamente la fuerza de línea, si se necesitase en tiempo de paz, con acuerdo del Congreso; crear la cívica; y levantar toda la que corresponda en tiempo de guerra. 4°. Erigir los establecimientos, corporaciones ó tribunales que se consideren convenientes para el mejor orden en justicia, economía, instrucción pública y en todos los ramos de administración. 5°. Admitir, por dos terceras partes de votos, las renuncias que antes de posesionarse, y por causas graves, hagan de sus oficios los Senadores.

SECCIÓN SEGUNDA
DEL CONSEJO REPRESENTATIVO DE LOS ESTADOS

Art. 179. Habrá un Consejo representativo compuesto de representantes electos popularmente, en razón de uno por cada sección territorial del Estado, según la división que haga su Asamblea.

Art. 180. Corresponde al Consejo representativo: 1°. Dar sanción á la ley. 2°. Aconsejar al poder ejecutivo, siempre que sea consultado. 3°. Proponerle para el nombramiento de los primeros funcionarios. 4°. Cuidar de su conducta, y declarar cuando ha lugar á formarles causa.

SECCIÓN TERCERA
DEL PODER EJECUTIVO DE LOS ESTADOS

Art. 181. El poder ejecutivo reside en un jefe nombrado por el pueblo del Estado.

Art. 182. Está á su cargo: 1°. Ejecutar la ley y cuidar del orden público. 2°. Nombrar los primeros funcionarios del Estado á propuesta en terna del Consejo, y los subalternos á propuesta igual de sus jefes. 3°. Disponer de la fuerza armada del Estado, y usar de ella para su defensa, en caso de invasión repentina, comunicándose inmediatamente á la Asamblea, ó en su receso al Consejo, para que den cuenta al Congreso.

Art. 183. En falta del jefe del Estado, hará sus veces un igualmente nombrado por el pueblo.

Art. 184. El segundo jefe será presidente del Consejo, y sólo votará es caso de empate.

Art. 185. En falta del Presidente, lo elegirá el Consejo de entre sus individuos.

Art. 186. El segundo jefe no asistirá al Consejo en los mismos casos en que el Vicepresidente de la República debe separarse del Senado.

Art. 187. El jefe y segundo jefe del Estado durarán en sus funciones cuatro años, y podrán sin intervalo alguno ser una vez reelectos.

Art. 188. Responderán al Estado del buen desempeño en el ejercicio de sus funciones.

SECCIÓN CUARTA
DEL PODER JUDICIARIO DE LOS ESTADOS

Art. 189. Habrá una Corte superior de justicia compuesta de jueces electos popularmente, que se renovarán por períodos.

Art. 190. Será el tribunal de última instancia.

Art. 191. El orden de procedimientos en las causas contra los representantes en la Asamblea, contra el Poder Ejecutivo y contra los individuos del Consejo y de la Corte superior de cada Estado, se establecerá en la forma y bajo las reglas designadas para las autoridades federales.

TÍTULO XIII
DISPOSICIONES GENERALES SOBRE LOS ESTADOS

SECCIÓN ÚNICA

Art. 192. Los Estados deben entregarse mutuamente los reos que reclamen.

Art. 193. Los actos legales y jurídicos de un estado serán reconocidos en todos los demás.

Art. 194. En caso de que algún Estado o autoridades constituidas reclamen de otro el haber traspasado su Asamblea los límites constitucionales tomará el Senado los informes convenientes y los pasará a dos de los otros Estados más inmediatos para su resolución. Si no se convinieren entre sí, o la Asamblea de quien se reclama no se conformare con su juicio, el negocio será llevado al Congreso, y su decisión será terminante.

Art. 195. Pueden ser electos representantes, senadores, jefes, consejeros e individuos de la Corte superior de justicia de cada uno de los Estados los ciudadanos hábiles de los otros pero no son obligados á admitir estos oficios.

TÍTULO XIV
DE LA FORMACION Y ADMISION
DE NUEVOS ESTADOS

SECCIÓN ÚNICA

Art. 196. Podrán formarse en lo sucesivo nuevos Estados, y admitirse otros en la federación.

Art. 197. No podrá formarse nuevo Estado en el interior de otro Estado. Tampoco podrá formarse por la unión de dos ó más Estados, ó parte de ellos, sino estuvieren en contacto, y sin el consentimiento de las Asambleas respectivas.

Art. 198. Todo proyecto de ley sobre formación de nuevo Estado debe ser propuesto al Congreso por la mayoría de los representantes de los pueblos que han de formarlo, y apoyado en los precisos datos de tener una población de cien mil ó más habitantes, y de que el Estado de que se separa queda con igual población y en capacidad de subsistir.

TÍTULO XV
SECCIÓN PRIMERA

DE LAS REFORMAS Y DE LA SANCIÓN
DE ESTA CONSTITUCIÓN

Art. 199. Para poder discutirse un proyecto en que se reforme ó adicione esta constitución, debe presentarse firmado al menos por seis represen tantes en el Congreso, ó ser propuesto por alguna Asamblea de los Estados.

Art. 200. Los proyectos que se presentan en esta forma, sino fueren que admitidos a discusión, no podrán volver a proponerse, sino hasta el año siguiente.

Art. 201. Los que fueren admitidos a discusión, puestos en estado de necesitan para ser acordados en las dos terceras partes de los votos.

Art. 202. Acordada la reforma o adición, debe, para ser válida y tenida por constitucional, aceptarse por la mayoría absoluta de los Estados con las dos terceras partes de la votación de sus Asambleas.

Art. 203. Cuándo la reforma o adición se versare sobre algún punto que altere en lo esencial la forma de gobierno adoptada, el Congreso, después de la aceptación de los Estados, convocará una Asamblea nacional constituyente para que definitivamente resuelva.

SECCIÓN SEGUNDA
DE LA SANCIÓN

Art. 204. Sancionará esta Constitución el primer Congreso federal.

Art. 205. La sanción recaerá sobre la Constitución; y no sobre alguno ó algunos artículos.

Art. 206. La sanción será dada nominalmente por la mayoría absoluta; y negada por las dos terceras partes de votos del Congreso.

Art. 207. Si no concurriere la mayoría á dar la sanción, ni las dos terceras partes á negarlas, se discutirán de nuevo por espacio de ocho días, al fin de los cuales se votará precisamente.

Art. 208. Si de la segunda votación aun no resultare acuerdo, serán llamados al Congreso los Senadores, y concurrirán como representantes á resolver sobre la sanción.

Art. 209. Incorporados los Senadores en el Congreso, se abrirá tercera vez la discusión, que no podrá prolongarse más de quince días; y si después de votarse no resultare la mayoría de los votos para dar la sanción, ni las dos terceras partes para negarlas, la Constitución, queda sancionada en virtud de este artículo constitucional.

Art. 210. Dada la se publicará con la mayor solemnidad; negada, el Congreso convocará sin demora una Asamblea nacional constituyente.

Art. 211. Esta Constitución, aun antes de sancionarse, regirá en toda fuerza y vigor y como ley fundamental, desde el día de su publicación, mientras otra no fuere sancionada.

Dada en la Ciudad de Guatemala, á veintidós de Noviembre de mil ochocientos veinticuatro.

FERNANDO ANTONIO DAVILA,
Diputado por el Estado de Guatemala, Presidente.

JOSÉ NICOLÁS IRÁAS, AJB
Diputado por el Estado de Honduras,
Vicepresidente.

Representantes por el Estado de Costa Rica:

JOSE ANTONIO ALVARADO,
JUAN DE LOS SANTOS MADRIZ.
PABLO ALVARADO.
LUCIANO ALFARO,

Representantes por el Estado de Nicaragua:

TORIBIO ARGUELLO,
FRANCISCO QUIÑÓNEZ,
TOMÁS MUÑOZ,
MANUEL MENDOZA,
MANUEL BARBERENA,
BENITO ROSALES,
JUAN MODESTO HERNÁNDEZ,
FILADELFO BENAVENTE,

Representantes por el Estado de Honduras:

JUAN MIGUEL FIALLOS,
MIGUEL ANTONIO PINEDA,
JUAN ESTEBAN MILLA,
JOSÉ GERONIMO ZELAYA,
JOSÉ FRANCISCO ZELAYA,
JOAQUÍN LINDO,
PÍO JOSÉ CASTELLÓN,
FRANCISCO MÁRQUEZ,
PRÓSPERO DE HERRERA,
FRANCISCO AGUIRRE.

Representantes por el Estado del Salvador:

JOSÉ MATÍAS DELGADO,
JUAN VICENTE VILLACORTA,
MARIANO DE BELTRANENA,
CIRIACO VILLACORTA,
JOSÉ FRANCISCO DE CÓRDOVA,
JOSÉ IGNACIO DE MARTICOTENA,
ISIDRO MENÉNDEZ,
LEONCIO DOMÍNGUEZ,
PEDRO JOSE CUÉLLAR,
MARIANO NAVARRETE.
MARCELINO MENÉNDEZ,

Representantes por el Estado de Guatemala:

JOSÉ BARRUNDIA,
ANTONIO DE RIVERA,
JOSÉ ANTONIO ALCAYAGUA,
CIRILO FLORES,
JOSÉ AZMITIA,
FRANCISCO FLORES.
JUAN MIGUEL DE BELTRANENA,
JULIÁN DE CASTRO,
JOSÉ SIMEÓN DE CAÑAS,
JOSÉ MARÍA AGÜERO
LUIS BARRUNDIA,
JOSÉ MARÍA HERRERA,
EUSEBIO ARZATE,
JOSÉ YGNACIO GRIJALBA,
JOSÉ SERAPIO SÁNCHEZ,
MIGUEL ORDÓÑEZ,
MARIANO GÁLVEZ
FRANCISCO XAVIER VALENZUELA
FRANCISCO CARRASCAL,
MARIANO ZENTENO,
ANTONIO GONZÁLEZ,

BASILIO CHAVARRÍA,
JUAN NEPOMUCENO FUENTES,
JOSÉ DOMINGO ESTRADA,
JOSÉ ANTONIO DE LARRAVE,

Diputado por el Estado de Guatemala, Secretario.
JUAN FRANCISCO DE SOSA,

Diputado por el Estado del Salvador,
Secretario.
MARIANO DE CORDOVA,

Diputado por el Estado de Guatemala,
Secretario.
JOSÉ BETETA,
Diputado por el Estado de Guatemala,
Secretario.

Palacio Nacional del Supremo Poder Ejecutivo de la República Federal de Centro América, en Guatemala á 22 de Noviembre de 1824. -Ejecútese.- Firmado de nuestra mano, sellado con el sello de la República y refrendado el Secretario interino de Estado Despacho de relaciones.

JOSÉ MANUEL DE LA CERDA,
Presidente.

TOMÁS O. HORAN,
JOSÉ DEL VALLE.

El Secretario de Estado,
MANUEL JULIÁN YBARRA.

REFORMAS A LA CONSTITUCIÓN DE LA REPÚBLICA FEDERAL DE CENTRO AMÉRICA

EL CONGRESO FEDERAL DE LA REPUBLICA DE CENTRO AMERICA USANDO DE LA FACULTAD QUE LE CONCEDE LA CONSTITUCION, HA ACORDADO REFORMARLA DE LA MANERA SIGUIENTE:

CONSTITUCIÓN de la República Federal de Centro América

TÍTULO I
DE LA NACIÓN Y DE SU TERRITORIO

SECCIÓN PRIMERA
DE LA NACIÓN

Artículo 1º. El pueblo de la República Federal de Centro-América es independiente y soberano.

Art. 2º. Es esencial al Soberano y su primer objeto la conservación de la libertad, igualdad, seguridad y propiedad.

Art. 3º. Forman el pueblo de la República todos sus habitantes.

Art. 4º. Están obligados á obedecer y respetar la ley, á servir y defender la patria con las armas y á contribuir proporcionalmente para los gastos públicos sin exención de privilegio alguno.

SECCIÓN SEGUNDA
DEL TERRITORIO

Art. 5°. El territorio de la República es el mismo que antes comprendía el antiguo reino de Guatemala, á excepción por ahora de la provincia de Chiapas.

Art. 6°. La Federación se compone actualmente de cinco estados son: Costa Rica, Nicaragua, Honduras, el Salvador y Guatemala. La provincia que de Chiapas se tendrá por estado de la Federación cuando libremente se una.

Art. 7°. La demarcación del territorio de los Estados se hará Ley constitucional con presencia de los datos necesarios.

TÍTULO II
DEL GOBIERNO, DE LA RELIGIÓN, DE LOS CIUDADANOS

SECCIÓN PRIMERA
DEL GOBIERNO Y DE LA RELIGION

Art. 8°. El Gobierno de la República es: popular, representativo, federal.

Art. 9° La República se denomina: Federación de Centro América.

Art. 10°. Cada uno de los estados que la componen es libre é independiente en su gobierno y administración interior; y les corresponde todo el poder que por la constitución no estuviere conferido á las autoridades federales.

Art. 11°. Los habitantes de la República pueden adorar á Dios según su conciencia. El Gobierno general les protege en la libertad del culto religioso. Mas los Estados cuidarán de la actual religión de sus pueblos; y mantendrán todo culto en armonía con las leyes.

136

Art. 12°. La República es un asilo sagrado para todo extranjero, y la patria de todo el que quiera residir en su territorio.

SECCIÓN SEGUNDA
DE LOS CIUDADANOS

Art. 13°. Todo hombre es libre en la república. No puede ser esclavo el que se acoja á sus leyes, ni ciudadano el que trafique en esclavos.

Art. 14°. Son ciudadanos todos los habitantes de la república naturales del país, ó naturalizados en él, que fueren casados, ó mayores de diez y ocho años, siempre que ejerzan alguna profesión útil, ó tengan medios conocidos de subsistencia.

Art. 15°. Se concederán cartas de naturaleza á los extranjeros, que manifiesten á la autoridad local designio de radicarse en la república:

1°. Por servicios relevantes hechos á la nación, y designados por la Ley.

2°. Por cualquiera invención útil, y por el ejercicio de alguna ciencia, arte ú oficio no establecidos aun en el país, ó mejora notable de una industria conocida.

3°. Por vecindad de cinco años.

4°. Por la de tres, a los que vinieren á radicarse con sus familias, á los que contrajeren matrimonio en la república, y á los que adquieren bienes raíces del valor clase y que determine la ley.

Art. 16°. También son naturales los nacidos en país extranjero de ciudadanos de Centro América, siempre que sus padres estén al servicio de la república, ó cuando su ausencia no pasare de cinco años, y fuere con noticia del gobierno.

Art. 17°. Son naturalizados los españoles y cualesquiera extranjeros, que hallándose radicados en algún punto del territorio de la república al proclamarse su independencia, la hubiere jurado.

Art. 18º. Todo el que fuere nacido en la república de américa y viniere á radicarse á la Federación, se tendrá por naturalizado en ella desde el momento que manifieste su designio ante la autoridad local.

Art. 19º. Los ciudadanos de un Estado tienen expedito el ejercicio de la ciudadanía en cualquiera otro de la federación.

Art. 20º. Pierden la calidad de ciudadanos:
1ª. Los que admitieren empleo, ó aceptaren pensiones, distintivos ó títulos hereditarios de otro gobierno; ó personales sin licencia del Congreso.
2º. Los sentenciados por delito que según la ley merezcan pena más que correccional, sino obtuvieren rehabilitación.

Art. 21º. Se suspenden los derechos de ciudadano:
1ª. Por proceso criminal en que se haya proveído auto de prisión por que según la ley merezca pena más que correccional. delito
2ª Por ser deudor fraudulento declarado, ó deudor á las rentas públicas y judicialmente requeridos de pago.
3ª Por conducta notoriamente viciada.
4ª Por incapacidad física, ó moral judicialmente calificada.
5ª Por el estado de sirviente domestico cerca de la persona.

Art. 22º. Solo los ciudadanos en ejercicio pueden obtener oficios en la república.

TÍTULO III
DE LA ELECCIÓN DE LAS SUPREMAS AUTORIDADES FEDERALES

SECCIÓN PRIMERA
DE LAS ELECCIONES EN GENERAL

Art. 23º. Las Legislaturas de los estados dividirán su población con la posible exactitud y comodidad en juntas populares, y en distritos electorales; de manera que cada uno de estos contenga la base de población necesaria para elegir un solo representante.

Art. 24º. Las juntas populares se componen de ciudadanos en el ejercicio de sus derechos; y las de distrito, de electores nombrados por las juntas populares.

Art. 25º. Toda junta será organizada por un directorio compuesto de un presidente, dos secretarios y dos escrutadores, elegidos por ella misma.

Art. 26º. Las acusaciones sobre fuerza, cohecho ó soborno en los sufragantes hechas en el acto de la elección, serán determinadas por el directorio con cuatro hombres buenos nombrados entre los ciudadanos presentes por el acusador y el acusado, para el solo efecto de desechar por aquella vez los votos tachados ó el del calumniador en su caso. En lo demás estos juicios serán seguidos y terminados en los tribunales comunes.

Art. 27º. Los recursos sobre nulidad de elecciones de las juntas populares serán definitivamente resueltos en las de distrito. Las Cámaras que verifican las elecciones deciden de las calidades de los últimos electos cuando sean tachados, y de los reclamos sobre nulidad en los actos de las juntas de distrito.

Art. 28º. Los electores no son responsables por su ejercicio electoral. a las garantías necesarias para que Las leyes acordarán las desempeñen su cargo. necesarias para que libre y puntualmente.

Art. 29º. En las épocas de elección constitucional se celebrarán las juntas populares el último domingo de octubre y las juntas de distrito el segundo domingo de noviembre,

Art. 30º. Ningún ciudadano podrá excusarse del cargo de elector por motivo ni pretexto alguno.

Art. 31º. Nadie puede presentarse con armas á los actos de elección, ni votarse así mismo.

Art. 32º. Las juntas no podrán deliberar sino sobre objetos designados por la ley. Es nulo todo acto que esté fuera de su legal intervención.

Art. 33º. Los actos de elección periódica constitucional no necesitan para ser válidos, de anterior convocatoria; y aun cuando esta falte deberán celebrarse en su época.

SECCIÓN SEGUNDA
DE LAS JUNTAS POPULARES

Art. 34º. La base menor de una junta popular será de doscientos cincuenta habitantes; la mayor de dos mil y quinientos.

Art. 35º. Se formarán registros de los ciudadanos que resulten de la base de cada junta, y los inscriptos en ellos únicamente, tendrán voto activo y pasivo.

Art. 36º. Las juntas populares nombrarán un elector por cada doscientos cincuenta habitantes. La que tuviere un residuo que exceda á la mitad de este número nombrará un elector más.

SECCIÓN TERCERA

Art. 37º. Los electores se reunirán en las cabeceras electorales de distrito que las Legislaturas de los estados designen.

Art. 38º. Un distrito electoral constará de ciento veinte electores. Reunida por lo menos la mayoría de este número, se forma la junta electoral y organizada con su directorio elige á pluralidad absoluta de votos el representante y el suplente que le corresponda.

Art. 39º. Nombrado el representante y el suplente, se despachará a cada uno por credencial copia autorizada de la acta que debe extenderse, en que consta su nombramiento.

Art. 40º. En la renovación de Presidente de la república los electores sufragarán por dos individuos, debiendo ser precisamente uno de ellos vecino de otro estado de aquel en que se elige; y cada voto será registrado con separación. En la propia forma; pero en acto diverso se votará para Vicepresidente de la república.

Art. 41º. Los directores de las juntas de distrito formarán de cada acto de elección, lista de las electores con expresión de sus votos.

Art. 42º. Las listas relativas á la elección de Presidente de la república deberán leerse y firmarse á presencia de los electores, y remitirse cerradas y selladas á la cámara de representantes. En la propia forma se dirigirán al Senado las que correspondan á la elección de Vicepresidente, y copias de unas y otras á la Legislatura respectiva.

SECCIÓN CUARTA

Art. 43º. Cada uno de los estados de la Union es representado en la legislatura nombra entre ciudadanos de las calidades designadas en el artículo 30.-Tambien elegirá cámara de senadores por cuatro individuos que su dos suplentes para sustituir á los propietarios en sus faltas.

SECCIÓN QUINTA

Art. 44º. Reunidos los pliegos de elección de Presidente, la cámara de representantes en unión del senado los abrirá y regulará la votación para elección popular por el número de los electores que efectivamente hayan votado, y no por su voto doble, ni por el número de las juntas.

Art. 45º. Siempre que resulte mayoría absoluta de votos la elección está hecha. Si esta mayoría la obtuvieren dos, o tres individuos se declarará popularmente electo el que reúna más número, y en caso de empate decidirá la cámara de representantes sin intervención del Senado que se retirará al efecto,

Art. 46º. Si no hubiese elección popular, la cámara de representantes elegirá entre los que obtengan cuatrocientos o más votos. Si esto no se verificare nombrará entre los que tuvieren de ciento cincuenta votos arriba, y no resultando los suficientes para ninguno de estos dos casos, elegirá entre los que obtengan diez ó más votos.

Art. 47º. El Senado sin intervención de la cámara de representantes abrirá los pliegos y escrutará los votos emitidos para Vicepresidente de la república; declarando la elección popular si resultase hecha según los artículos 44 y 45 o verificándola en los casos del artículo 46, del mismo modo y por las mismas reglas prevenidas para la elección de Presidente.

Art. 48º. En caso de que algún ciudadano obtenga dos ó mas elecciones para un mismo destino, preferirá la que se haya efectuado por mayor número de votos, y siendo estos iguales se determinará por la voluntad del electo.

Art. 49º. En un mismo sujeto la elección de propietario con cualquier número de votos prefiere a la de suplente.

Art. 50º. Si en un mismo ciudadano concurrieren diversas elecciones se determinará la preferencia por la siguiente escala:
1ª. La de presidente de la república.
2ª. La de vicepresidente.
3ª. La de senador.
4ª. La de representante.

Art. 51º. Los ciudadanos que hayan servido por el término constitucional cualquier destino electivo en la federación, no serán obligados á continuar en el mismo, ni admitir otro diverso, sin que haya transcurrido el intervalo de un año.

Art. 52º. Las elecciones de presidente y Vicepresidente se publicarán por un decreto de la cámara que las haya verificado. Las Legislaturas publicarán del mismo modo la elección que hicieren de senadores.

Art. 53º. Todos los actos de elección para individuos de los supremos poderes federales, deben ser para ser válidos.

Art. 54º. La ley reglamentará estas elecciones sobre las bases establecidas.

TÍTULO IV
DEL PODER LEGISLATIVO Y DE SUS ATRIBUCIONES

SECCIÓN PRIMERA

Art. 55º. El poder legislativo de la federación reside en un Congreso compuesto de dos cámaras, la de representantes y la del Senado. La primera de diputados electos por la juntas de distrito y la segunda de senadores nombrados por las legislaturas de los estados.

Art. 56º. Las dos cámaras son independientes entre sí.

Art. 57º. Se reunirán sin necesidad de convocatoria el día primero de febrero de cada año: sus sesiones duran tres meses y solo podrán prorrogarse uno más.

Art. 58º. Abrirán y cerrarán sus sesiones á un mismo tiempo: ninguna de ellas podrá suspenderlas ni prorrogarlas más de tres días sin la sanción de la otra, ni trasladarse a otro lugar sin el convenio de ambas convenio de ambas.

Art. 59°. Para toda resolución se necesita la concurrencia de la mayoría absoluta de los miembros de cada cámara, y el acuerdo de la mitad y uno más de los que se hallaren presentes, pero un número menor podrá obligar á concurrir á los ausentes del modo y bajo las penas que se designen en su reglamento interior.

Art. 60°. Los representantes y senadores no podrán ser empleados por el Gobierno durante sus funciones, ni obtendrán ascenso que no sea de rigorosa escala.

Art. 61°. En ningún tiempo ni con motivo alguno los representantes y senadores pueden ser responsables por proposición, discurso ó debate en las cámaras ó fuera de ellas sobre asuntos relativos á su destino. Y durante los meses de sesiones y uno después no podrán ser demandados civilmente ni executados por deudas.

Art. 62°. Los representantes y senadores tendrán igual competencia y la misma designación de viático.

Art. 63°. En el distrito federal tendrán una jurisdicción exclusiva las autoridades federales.

Art. 64°. Si el congreso se traslada á otro lugar fuera del distrito las autoridades federales no ejercerán otras facultades sobre la población donde residan que las concernientes á mantener el orden y tranquilidad pública para asegurarse en el libre y decoroso ejercicio de sus funciones.

SECCIÓN SEGUNDA
DE LA ORGANIZACIÓN DE LA CÁMARA DE REPRESENTANTES

Art. 65°. La cámara de representantes se compone de diputados nombrados por las juntas electorales de distrito en razón de uno cada 30 mil habitantes.

Art. 66°. Por cada dos representantes se eligirá un suplente, alternando los distritos en su elección.

Art. 67°. Los suplentes concurrirán por falta de los propietarios en caso de muerte o imposibilidad.

Art. 68°. La cámara de representantes se renovará por mitad cada año, y sus individuos podrán ser siempre reelegidos.

Art. 69°. Los representantes que continúan en unión de los nuevamente electos, reunidos en Junta preparatoria calificarán las elecciones y credenciales de los últimos.

Art. 70°. Para ser representante se necesita tener la edad de veinte y años —haber sido cinco ciudadano, bien sea del estado seglar ó eclesiástico— y hallarse en actual ejercicio de sus derechos. En los naturalizados se tres requiere además un año de residencia no interrumpida é inmediata á la elección, sino es que hayan estado ausentes en servicio de la república.

Art. 71°. Los empleados del gobierno de la federación no representantes.

Art. 72°. La Cámara de representantes elegirá entre sus individuos un Presidente, un Vicepresidente y los secretarios que en su reglamento designe.

SECCIÓN TERCERA
DE LA ORGANIZACIÓN DEL SENADO

Art. 73°. El senado se compone de los senadores electos por la legislatura de los estados, con arreglo al artículo 43.

Art. 74°. Los suplentes concurrirán en caso de muerte ó imposibilidad de los propietarios.

Art. 75°. El senado se renovará anualmente por cuartas partes, eligiendo las Legislaturas un senador cada año.

Art. 76°. El Senado actual se renovará en su totalidad, haciendo antes la calificación de los nuevamente electos. La suerte designará los que deban renovarse en cada estado el primero, segundo y tercer año.

Art. 77°. Uno solo de los senadores de cada estado podrá ser eclesiástico, y no podrá ser electo ningún empleado del gobierno federal.

Art. 78°. Los senadores podrán ser siempre reelegidos.

Art. 79°. En caso necesario cualquier número de senadores de los posesionados ó nuevamente nombrados tendrán la misma facultad que se dá a los representantes en el artículo 69.

Art. 80°. Para ser senador se requiere naturaleza en la república —tener treinta años cumplidos— haber sido siete ciudadano —estar en actual ejercicio de sus derechos— y poseer un capital libre de tres mil pesos o tener alguna renta ú oficio que produzca trescientos pesos anuales.

Art. 81°. Presidirá el senado el Vicepresidente de la república, mas no tendrá voto sino en caso de empate. En falta del Vicepresidente, nombrará el senado entre sus miembros al que haya de sustituir. También nombrará de su seno al secretario, ó secretarios que su reglamento establezca.

SECCIÓN CUARTA
DE LAS FACULTADES COMUNES A LAS DOS CÁMARAS

Art. 82°. Corresponde a cada una de las cámaras sin intervención de la otra:
1°. Calificar la elección de sus miembros respectivos.
2°. Llamar a los suplentes en los casos que designan los artículos 67 y 74.

3°. Admitir con dos terceras partes de votos las renuncias graves hagan de sus destinos sus miembros respectivos.

4°. Arreglar el orden de sus sesiones y debates.

5°. Exigir la responsabilidad á sus miembros respectivos, y determinar p su reglamento interior el modo en que deben ser juzgados en toda clase de delitos.

SECCIÓN QUINTA
DE LAS ATRIBUCIONES DEL PODER LEGISLATIVO

Art. 83°. Corresponde al poder legislativo;

1ª. Dictar las leyes conducentes á conservar en los estados las formas republicanas de un gobierno popular representativo con división de poderes, y anular toda disposición que las altere ó contraríe.

2ª. Levantar y sostener el ejército y armada nacional.

3ª. Formar la ordenanza general de una y otra fuerza.

4ª. Autorizar al poder ejecutivo para emplear la milicia de los estados, cuando lo exija la ejecución de la ley, ó sea necesario contener insurrecciones ó repeler invasiones.

5ª. Conceder al poder ejecutivo facultades extraordinarias expresamente detalladas y por un tiempo limitado, en caso de guerra contra la independencia nacional.

6ª. Fijar los gastos de la administración general.

7ª. Decretar y designar rentas generales para cubrirlos; y no siendo bastantes, señalar el cupo correspondiente á cada estado según su población y riqueza.

8ª. Arreglar la administración de las rentas generales; velar sobre su inversión, y tomar cuentas de ella al poder ejecutivo.

9ª. Decretar en caso extraordinario pedidos, préstamos é impuestos extraordinarios.

10ª. Calificar y reconocer la deuda nacional.

11ª. Destinar los fondos necesarios para su amortización y réditos.

12ª. Contraer deudas sobre el crédito nacional.

13ª. Subministrar empréstitos á otras naciones.

14ª. Dirigir la educación, estableciendo los principios generales mas conformes al sistema popular y al progreso de artes útiles y de las ciencias, asegurar á los inventores por el tiempo que se considere justo el derecho exclusivo en sus descubrimientos.

15ª. Arreglar y proteger el derecho de petición.

16ª. Declarar la guerra: y hacer la paz con presencia de los informes y preliminares que le comunique el poder ejecutivo.

17ª. Ratificar los tratados y negociaciones que haya ajustado el poder ejecutivo.

18ª. Conceder ó negar el pase á las bulas, y rescriptos pontificios que versen sobre asuntos generales.

19ª. Conceder o negar la introducción de tropas extranjeras en la república.

20ª. Arreglar el comercio con las naciones extranjeras y entre los estados de la federación; y hacer leyes uniformes sobre las bancarrotas.

21ª. Habilitar puertos, y establecer aduanas marítimas.

22ª. Determinar el valor, ley, tipo y peso de la moneda nacional, y disponer su acuñación: fijar el precio de la extranjera: uniformar los pesos y medidas; y decretar penas contra los falsificadores.

23ª. Abrir los grandes caminos y canales de comunicación; y establecer y dirigir postas y correos generales de la república.

24ª. Formar la ordenanza del corso: dar leyes sobre el modo de juzgar las piraterías; y decretar las penas contra este y otros atentados cometidos en alta mar con infracción del derecho de gentes.

25ª. Conceder amnistía ó indultos generales en caso que designa el artículo 116.

26ª. Crear tribunales inferiores que conozcan en asuntos propios de la federación.

27ª. Admitir por dos terceras partes de votos las renuncias que con causas graves hagan de sus oficios el Presidente y Vicepresidente de la república.

28ª. Señalar los sueldos de los miembros de ambas cámaras del Presidente y Vicepresidente de la república de los individuos de la suprema corte de justicia y de todos los demás agentes y empleados de la federación.

29ª. Velar especialmente sobre la observancia de los artículos comprendidos en los títulos 10. y 11. de esta constitución, y anular toda disposición legislativa que los contraríe y los efectos que haya producido.

30ª. Conceder permiso para obtener de otra nación pensiones, distintivos ó títulos personales, siendo compatibles con el sistema de gobierno de la república.

31ª. Intervenir en las contratas de colonizaciones que se hagan en el territorio de la república.

32ª. Arreglar el comercio y procurar la civilización de las tribus de indígenas que aún no están comprendidos en la sociedad de la república.

33ª. Conceder premios honoríficos compatibles con el sistema de gobierno de la nación.

34ª. Resolver sobre la formación y admisión de nuevos estados.

35ª. Dar reglas para la concesión de cartas de naturaleza.

36ª. Proteger la libertad establecida en el artículo 11; y cuidar de que el culto público se mantenga en armonía con las leyes.

37ª. Emitir todas las leyes y ordenes que conduzcan á la ejecución de las atribuciones anteriores, y el uso de las demás facultades que ésta constitución confiere á los poderes nacionales en todos sus ramos.

Art. 84º. Cuando las cámaras fueren convocadas extraordinariamente, solo tratarán de aquellos asuntos hubieren dado motivo a la convocatoria.

SECCIÓN SEXTA
DE LAS FACULTADES EXCLUSIVAS
DE LA CÁMARA DE REPRESENTANTES

Art. 85º. Solo á la cámara de representantes corresponde:

1ª. Elegir al presidente de la república según las bases dadas en los artículos 44. 45. y 46. cuando no haya resultado electo popularmente.

2ª. Nombrar el Senador que ha de ejercer el Ejecutivo en falta del Presi dente y Vicepresidente de la república.

3ª. Nombrar á los magistrados y Fiscal de la Corte Suprema de Justicia, y admitir sus renuncias fundadas en causas graves bastantemente comprobadas.

4ª. Declarar cuando ha lugar á la formación de causa contra el Presidente de la república —Vicepresidente ó senador si han hecho sus veces— y magistrados de la suprema Corte en los casos que expresan los artículos 148 y 149.

5ª. Iniciar las leyes de contribuciones ó impuestos y de admisión creación de nuevos estados.

SECCIÓN SÉPTIMA
DE LAS FACULTADES EXCLUSIVAS
DE LA CÁMARA DEL SENADO

Art. 86º. Únicamente a la cámara del senado corresponde:

1ª. Elegir al Vicepresidente de la república cuando no haya sido electo popularmente, sobre las bases y reglas establecidas en el artículo 47.

2ª. Confirmar los nombramientos que haga el poder Ejecutivo para ministros diplomáticos y cónsules —comandante de armas de la federación— ministros de la tesorería general-y jefes de las rentas generales.

3ª. Declarar cuando ha lugar á la formación de causa contra los ministros diplomáticos y cónsules en todo género de delitos; y contra los secretarios del despacho-el comandante de armas de la federación-los ministros de la tesorería general-y los jefes de las rentas generales por delitos cometidos en el ejercicio de sus funciones, quedando sujetos en todos los demás á los tribunales comunes.

4ª. Juzgar constituyéndose en tribunal de Justicia a los individuos a quienes la cámara de representantes en uso de su atribución 4. artículo 85 haya declarado haber lugar á la formación de causa.

5ª. Reveer las sentencias de que habla el artículo 142.

TÍTULO V
DE LA FORMACIÓN Y PROMULGACIÓN DE LA LEY
SECCIÓN PRIMERA

DE LA FORMACIÓN DE LA LEY

Art. 87°. Todo proyecto de ley ú orden puede tener origen en cualquiera de las cámaras; mas solo la de representantes podrá iniciar las de contribuciones ó impuestos; admisión ó creación de nuevos estados.

Art. 88°. Los representantes y senadores en su respectiva cámara, y los secretarios del despacho á nombre del gobierno en cualquiera de ellas, tienen facultad de proponer los proyectos de ley ú orden que juzguen convenientes; pero los senadores y los secretarios del despacho no podrán presentar proyectos ó hacer proposición sobre contribuciones ó impuestos de ninguna clase.

Art. 89°. Presentado el proyecto por escrito debe leerse dos veces en días diferentes antes de resolver si se admite ó no á discusión.

Art. 90°. Admitido, deberá pasarse á una comisión que lo examinará detenidamente, y no podrá presentarlo sino después de tres días. El informe que diere tendrá también dos lecturas en días diversos, y señalado el de su discusión con el intervalo á lo menos de otros tres no podrá diferirse más tiempo sin acuerdo de la cámara en que se trate.

Art. 91°. Discutido y aprobado un proyecto en una cámara se pasará á la otra para que examinándola en la propia forma lo apruebe o deseche. Si se aprueba se pasará al poder ejecutivo para que, si no tuviese objeciones que hacerle, lo publique como ley.

Art. 92°. Si el Ejecutivo le encontrase inconvenientes u objeciones, podrá devolverlo dentro de diez días a la cámara de su origen, puntualizando las razones en que funde su opinión.

Art. 93°. Reconsiderado el proyecto en esta última cámara se podrá ratificar por dos tercios de votos; en este caso se pasará á la cámara que, tomándolo de nuevo en consideración, lo podrá también ratificar con los mismos dos tercios pasándolo al Ejecutivo para que lo publique como ley.

Art. 94°. Si un proyecto no fuese admitido á discusión ó si en de los trámites anteriores fuese reprobado ó negada su ratificación por alguna de las cámaras, no tendrá efecto alguno ni podrá volver á tratarse en ellas sino hasta el año siguiente.

Art. 95°. Cuando reconsideren las cámaras un proyecto Ejecutivo, sus votaciones para ratificarlo serán nominales.

Art. 96°. La ley sobre formación ó admisión de nuevos estados se hará según lo prevenido en el título 13.

Art. 97°. Todo proyecto de ley ú orden aprobado en la cámara de su origen se extenderá por triplicado: se publicará en ella; y firmados los tres ejemplares por su presidente y secretarios se pasarán á la otra cámara. Si también esta lo aprobase le pondrá la fórmula siguiente. Al Poder Ejecutivo —Si no lo aprobare usará de esta otra— Vuelva á la cámara de (aquí el nombre de la que fuere).

Art. 98°. Devuelto un proyecto de ley ú orden por el Ejecutivo y ratificado por la cámara de su origen usará ésta de la fórmula siguiente. Pase á la cámara de (aquí el nombre). Si también esta lo ratificase pondrá la que sigue. Ratificado por el Congreso pase al Ejecutivo. Si no lo ratificare, esta otra. Vuelva a la cámara de (aquí el nombre) por no haber obtenido la ratificación constitucional.

SECCIÓN SEGUNDA
DE LA PROMULGACIÓN DE LA LEY

Art. 99°. Recibida por el Ejecutivo una resolución emitida ó ratificada por las cámaras en los casos que expresan los artículos 91 y 93. deberá bajo la mas estrecha responsabilidad ordenar su cumplimiento: disponer lo necesario a su ejecución: publicarla y circularla entre quince días; pidiendo prórroga á las cámaras si en alguno caso fuese necesario.

Art. 100º. La promulgación se hará en esta forma: Por cuanto el Congreso de la República ha decretado lo siguiente (aquí el texto literal y firmas). Por tanto ejecútese.

TÍTULO VI
SECCIÓN PRIMERA

DEL PODER EJECUTIVO

Art. 101º. El poder Ejecutivo se ejercerá por un Presidente nombrado por el pueblo de todos los estados de la federación.

Art. 102º. En su falta hará sus veces un Vicepresidente nombrado mente por el pueblo. igual-

Art. 103º. Para las faltas de uno y otro la cámara de representantes en sus primeras sesiones anuales, nombrará un senador de las calidades que se requieren para Presidente de la república. Si el pedimento no fuere temporal y faltare más de un año para la renovación periódica, las cámaras dispondrán se proceda á nueva elección, la que deberá hacerse desde las juntas populares hasta su complemento.

Art. 104º. Cuando la falta de habla el artículo anterior ocurra no que hallándose reunidas las cámaras, se convocará extraordinariamente por el senador que ejerza el ejecutivo.

Art. 105º. Para ser presidente y vicepresidente se requiere —naturaleza en la república— tener treinta años cumplidos —haber sido siete ciudadano— ser del estado seglar —hallarse en actual ejercicio de sus derechos y poseer un capital libre de cuatro mil pesos—, o tener alguna renta ú oficio que produzca cuatrocientos pesos anuales.

Art. 106º. La duración del presidente y vicepresidente será por cuatro años, y podrán ser reelegidos una vez sin intervalo alguno.

Art. 107º. El presidente y Vicepresidente de la república no podrán funcionar un día más de los cuatro años que fija el artículo anterior. El que se elija por sus faltas solo durará el tiempo necesario para completar este período que comienza y concluye el primero de abril del año de la renovación.

Art. 108º. El Presidente no podrá recibir de ningún estado, autoridad ó persona particular emolumentos ó dádivas de ninguna especie; ni sus sueldos serán alterados durante su encargo.

SECCIÓN SEGUNDA
DE LAS ATRIBUCIONES DEL PODER EJECUTIVO

Art. 109º. El poder ejecutivo publicará la ley; cuidará de su observancia, y del orden público.

Art. 110º. Propondrá á las cámaras las aclaraciones y reformas juicio necesiten las leyes para su inteligencia y ejecución.

Art. 111º. Entablará, consultando al senado, las negociaciones y tratados con las potencias extranjeras: le consultará asimismo sobre los negocios que provengan de estas relaciones; pero en ninguno de los dos casos está obligado á conformarse con su dictamen.

Art. 112º. Podrá consultar al senado en los negocios graves del gobierno interior de la república, y en los casos de guerra ó insurrección.

Art. 113º. Nombrará los ministros diplomáticos y cónsules el comandante de las armas de la federación —los ministros de la tesorería general— y los jefes de las rentas generales, poniendo estos nombramientos en noticia del senado para su confirmación.

Llenará las vacantes que ocurran en estos los destinos durante el receso del senado, y reunido solicitará su aprobación.

Art. 114º. Sin intervención del senado nombrará los secretarios del des. pacho y oficiales del ejercicio, los subalternos de unos y otros, y pendientes á los empleados expresados en el artículo anterior.

Art. 115º. Nombrará a propuesta en terna de la suprema Corte de justicia los jueces que deben componer los tribunales inferiores de artículo 83. número 26.

Art. 116º. Cuando por algún grave acontecimiento peligre la salud de la patria y convenga usar de amnistía ó indulto, lo propondrá á las cámaras.

Art. 117º. Dirigirá toda la fuerza armada de la federación: podrá reunir la cívica y la milicia de los estados, y mandar en persona el ejército con aprobación de las cámaras estando reunidas; y cuando no lo estén dándoles cuenta en su primera reunión, en cuyo caso recaerá el gobierno en el Vicepresidente. Si por falta del Presidente tomase el mando del ejército el Vicepresidente, ejercerá entre tanto el poder ejecutivo el senador nombrado por la cámara de representantes.

Art. 118º. Podrá usar de la fuerza para repeler invasiones ó contener insurrecciones, dando cuenta á las cámaras en su primera reunión.

Art. 119º. Convocará extraordinariamente á las cámaras cuando la república se halle amenazada de invasión, ó cuando el orden público se encuentre trastornado en parte considerable de ella, y pueda seguírsele grande detrimento, ó en cualquiera otro caso extraordinario en que para precaver un grave daño juzgue necesaria su reunión. Llamará en tal caso á los suplentes de los representantes y senadores que hubieren fallecido durante el receso.

Art. 120°. Podrá separar libremente y sin necesidad de instrucción de causa á los secretarios del despacho-trasladar con arreglo á las leyes á todos los funcionarios del poder ejecutivo federal —suspenderlos por seis meses— removerlos con pruebas justificativas de ineptitud, desobediencia ó malversación.

Art. 121°. Presentará por medio de los secretarios del despacho á cada una de las cámaras al abrir sus sesiones un detalle circunstanciado del estado de todos los ramos de la administración pública, y del ejército y marina, con los proyectos que juzgue mas oportunos para su conservación ó mejora; y una cuenta exacta de los gastos hechos con el presupuesto de los venideros y medios para cubrirse.

Art. 122°. Dará á las cámaras los informes que le pidieren; y cuando sean sobre asuntos de reserva, lo expondrá así para que le dispensen de su manifestación, o se la exijan si el caso lo requiere. Mas no estará obligado á manifestar los planes de guerra ni las negociaciones de alta política pendientes con las potencias extranjeras.

Art. 123°. En caso de que los informes sean necesarios para exigir la responsabilidad al Presidente, no podrán reusarse por ningún motivo, ni re- servarse los documentos después que se le haya declarado haber lugar á formación de causa por la cámara de representantes.

Art. 124°. Expedirá los reglamentos y ordenes que estime convenientes para y asegurar la ejecución de las leyes.

Art. 125°. Podrá devolver á las cámaras dentro de diez días los proyectos de ley ú orden que le pasen aprobados, si á su juicio tuviere inconvenientes su ejecución, ó fuesen perjudiciales, puntualizando las razones en que funde su opinión.

Art. 126°. En casos de guerra podrá conceder patentes de corzo y letras de represalia.

Art. 127º. Cuidará de la administración de las rentas federales y de su legal inversión.

Art. 128º. Concederá ó negará el pase á las bulas y breves pontificios cuando traten de asuntos particulares, y si se versaren sobre asuntos generales, dará cuenta con ellos á las cámaras.

Art. 129º. Le corresponde igualmente recibir á los ministros extranjeros, y admitir cónsules.

Art. 130º. Podrá conceder cartas de naturaleza á los que tengan los requisitos de la ley.

Art. 131º. No podrá el presidente sin licencia de las cámaras separarse del lugar en que estas residan; ni salir del territorio de la república hasta seis meses después de concluido su encargo.

Art. 132º. Cuando el presidente sea informado de alguna conspiración ó traición á la república y de que la amenaza un próximo riesgo, podrá dar órdenes de arresto é interrogar á los que se presuman reos; pero en el término de tres días los pondrá precisamente á disposición del juez respectivo.

Art. 133º. Comunicará á los ejecutivos de los estados las leyes y disposiciones generales, y les prevendrá lo conveniente en todo cuanto concierna al servicio de la federación y no estuviere encargado a sus agentes particulares.

SECCIÓN TERCERA
DE LOS SECRETARIOS DEL DESPACHO

Art. 134º. Las cámaras á propuesta del poder ejecutivo designarán el número de los secretarios del despacho; organizarán las secretarias, y fijarán los negocios que á cada una corresponden.

Art. 135º. Para ser secretario del despacho se necesita ser americano de origen-ciudadano en el ejercicio de sus derechos y mayor de veinte y cinco años.

Art. 136º. Las órdenes del poder ejecutivo se expedirán por medio del secretario del ramo á que correspondan; y las que de otra suerte se expidieren no deben ser obedecidas.

TÍTULO VII
DE LA SUPREMA CORTE DE JUSTICIA Y DE SUS ATRIBUCIONES

SECCIÓN PRIMERA
DE LA SUPREMA CORTE DE JUSTICIA

Art. 137º. Habrá una Suprema Corte de justicia que según disponga la ley se compondrá de cinco á siete individuos: serán nombrados por la cámara de representantes; se renovarán por tercios cada dos años; y podrán siempre ser reelegidos. El período de los magistrados y fiscales comienza y concluye el primero de abril del año de su renovación. y podrán prorrogarse hasta tres meses más, si no se presentaren los nuevamente electos.

Art. 138º. Para ser individuo de la Suprema Corte se requiere ser- americano de origen con siete años de residencia no interrumpida é inmediata á la elección ciudadana en el ejercicio de sus derechos del estado seglar- y mayor de treinta años.

Art. 139º. En falta de algún individuo de la Suprema Corte hará sus veces uno de tres suplentes que tendrán las mismas calidades, y serán también nombrados por la cámara de representantes.

Art. 140º. La Suprema Corte designará en su caso el suplente que concurrir.

SECCIÓN SEGUNDA
DE LAS ATRIBUCIONES DE LA
SUPREMA CORTE DE JUSTICIA

Art. 141°. Conocerá en última instancia con las limitaciones que hiciere el congreso en los casos emanados —de la Constitución de las leyes generales de los tratados hechos por la república de jurisdicción marítima— y de competencia sobre jurisdicción en controversias de ciudadanos ó habitantes de diferentes estados.

Art. 142°. En los casos de contienda en que sea parte toda la República dos ó más estados, con alguno ó algunos otros, ó con extranjeros ó habitantes de la república; la Corte Suprema de justicia hará nombren árbitros para la primera instancia: conocerá en la segunda; y la sentencia que diere será llevada en revista al senado, caso de no conformarse las partes con el primero y segundo juicio, y de haber lugar á ella según la ley.

Art. 143°. Conocerá originalmente con arreglo á las leyes en las causas civiles de los ministros diplomáticos y cónsules; y en las criminales de todos los funcionarios en que declara el senado según el artículo 86. facultad 3. haber lugar á formación de causa.

Art. 144°. Propondrá ternas al poder ejecutivo para que nombre los jueces que deben componer los tribunales de que habla el artículo 83. número 26.

Art. 145°. Velará sobre la conducta de los jueces inferiores de la federación, y cuidará de que administren pronta y cumplidamente la justicia.

TÍTULO VIII
DE LA RESPONSABILIDAD Y
MODO DE PROCEDER EN LAS CAUSAS

DE LAS SUPREMAS AUTORIDADES FEDERALES

SECCIÓN UNICA

Art. 146º. Los funcionarios de la federación, antes de posesionarse de sus destinos, prestarán juramento de ser fieles a la república, y de sostener con toda su autoridad la constitución y las leyes.

Art. 147º. Todo funcionario público es responsable con arreglo á la ley del ejercicio de sus funciones.

Art. 148º. Deberá declararse que ha lugar á la formación de causa contra los representantes y senadores por traición-venalidad-falta grave en el desempeño de sus funciones y delitos comunes que merezcan pena mas que correccional.

Art. 149º. En todos estos casos, y en los de infracción de ley, y usurpación de poder habrá igualmente lugar á formación de causa contra el presidente y Vicepresidente de la república-individuos de la Suprema Corte de justicia y secretarios del despacho.

Art. 150º. Todo acusado queda suspenso en el acto de declararse que ha lugar á la formación de causa: depuesto siempre que resulte reo; é inhabilitado para todo cargo público, si la causa diere mérito según la ley. En lo demás que hubiere lugar se sujetará al orden tribunales comunes.

Art. 151º. Los delitos mencionados producen acción popular, y las acusaciones de cualquier ciudadano ó habitante de la república deben ser aten didas. La acusación se tratará en sesión secreta; pero declarado que ha lugar á la formación de causa serán públicos los demás actos del juicio. La ley regla mentará el derecho de acusación, y designará la pena del calumniador.

TÍTULO IX
DISPOSICIONES GENERALES

SECCIÓN ÚNICA

Art. 152°. Solo por los medios constitucionales se asciende al poder supremo de la república y de los estados. Si alguno usurpare el poder legislativo ó ejecutivo por medio de la fuerza ó de alguna sedición popular, por el mismo hecho pierde los derechos de ciudadano sin poder ser rehabilitado. Todo lo que obrare será nulo, y las cosas volverán al estado en que se hallaban antes de la usurpación luego que se restablezca el orden.

Art. 153°. En el caso del artículo anterior, las autoridades de un estado violentamente constituidas serán desconocidas por las autoridades federales, y por los demás estados de la unión, todos los cuales procederán desde luego á restablecer en dicho estado el orden constitucional.

Art. 154°. Es nula de derecho toda resolución, acuerdo, o decreto de los poderes nacionales y de los estados en que interviniere coacción ocasionada por la fuerza pública, ó por el pueblo en tumulto.

Art. 155°. La soberanía reside únicamente en la nación: el derecho de insurrección solo compete al pueblo todo de la república, y no á alguna ó algunas de sus partes.

Art. 156°. Ninguno debe de usurpar el nombre de pueblo soberano usando del derecho de petición, ni arrogarse este título empleando la fuerza, ya sea para resistir el cumplimiento de las leyes, o para innovar lo establecen.

TÍTULO X
GARANTÍAS DE LIBERTAD INDIVIDUAL

SECCIÓN ÚNICA

Art. 157°. No podrá imponerse pena de muerte, si no en los delitos que atenten directamente contra el orden público, y en el de asesinato, homicidio premeditado o seguro.

Art. 158°. Todos los ciudadanos y habitantes de la república sin distinción alguna estarán sometidos al mismo orden de procedimientos y de juicios que determinen las leyes.

Art. 159°. Las Legislaturas, tan luego como sea posible, establecerán el sistema de jurados.

Art. 160°. Nadie puede ser preso si no en virtud de orden escrita de autoridad competente para darla.

Art. 161°. No podrá librarse esta orden sin que proceda justificación de que se ha cometido un delito que merezca pena más que correccional, y sin que resulta al menos por el dicho de un testigo quién és el delincuente.

Art°. 162. Pueden ser detenidos:
1. El delincuente cuya fuga se tema con fundamento:
2. El que sea encontrado en el acto de delinquir; y en este caso todos pueden aprenderle para llevarle al juez.

Art. 163°. La detención de que habla el artículo anterior no podrá durar más de cuarenta y ocho horas y durante este término deberá la autoridad que la haya ordenado practicar lo prevenido en el artículo 161, y librar por escrito la orden de prisión, o poner en libertad al detenido.

Art. 164°. El alcaide no puede recibir ni detener en la cárcel a ninguna persona, sin transcribir en su registro de presos o detenidos la orden de prisión o detención.

Art. 165º. Todo preso debe ser interrogado dentro de cuarenta y ocho horas; y el juez está obligado a decretar la libertad o permanencia en la prisión dentro de las veinte y cuatro siguientes, según el mérito de lo actuado.

Art. 166º. Puede sin embargo imponerse arresto por pena correccional, previas las formalidades que establezca el código de cada estado.

Art. 167º. El arresto por pena correccional no puede pasar de un més.

Art. 168º. Las personas aprendidas por la autoridad no podrán ser llevadas á otros lugares de prisión, detención, ó arresto, que y públicamente destinados al efecto.

Art. 169º. Cuando alguno reo no estuviere incomunicado por orden de la juez transcripta en el registro del alcaide, no podrá éste impedir su comunicación con persona alguna.

Art. 170º. Todo el que no estando autorizado por la ley expidiere, firmare, ejecutare 6 hiciere ejecutar la prisión, detención, ó arresto de alguna persona: todo el que en caso de prisión, detención, ó arresto autorizado por la ley condujere, recibiere, ó retuviere al reo en lugar que no sea de los señalados pública y legalmente; y todo alcaide que contraviniere á las disposiciones precedentes, és reo de detención arbitraria.

Art. 171º. No podrá ser llevado ni detenido en la cárcel el fianza en los casos en que la ley expresamente no lo prohíba.

Art. 172º. Las legislaturas dispondrán que haya visitas de cárceles para toda clase de presos, detenidos, ó arrestados.

Art. 173º. Ninguna casa puede ser registrada sino por mandato escrito de autoridad competente, dado en virtud de dos deposiciones formales que presten motivo al allanamiento, el cual deberá efectuarse de día. También podrá registrar á toda hora por un agente de la autoridad pública: 1. En persecución actual de un delincuente; 2. Por un desorden escandaloso que exija pronto remedio: 3. Por reclamación hecha del interior de la casa. Mas hecho el registro, se comprobará con dos deposiciones que se hizo de los motivos indicados. por alguno

Art. 174°. Solo en los delitos de traición se pueden ocupar los papeles de los habitantes de la república; y únicamente podrá practicarse su examen cuando sea indispensable para la averiguación de la verdad, y á presencia del interesado, devolviéndosele en el acto cuantos no tengan relación con lo que se indaga.

Art. 175°. Es inviolable el secreto de las cartas y las que se substraigan de las oficinas de correos ó de sus conductores no producen efecto legal ni pueden presentarse en testimonio contra ninguno.

Art. 176°. La policía de seguridad no podrá ser confiada si no á las autoridades civiles, en la forma que la ley determine.

Art. 177°. Ningún juicio civil ó sobre injurias podrá establecerse sin hacer constar que se ha intentado antes el medio de conciliación,

Art. 178°. La facultad de nombrar árbitros en cualquier estado del pleito es inherente á toda persona: la sentencia que los árbitros dieren es si las partes comprometidas no se reservaren este derecho.

Art. 179°. Unos mismos jueces no pueden serlo en dos diversas instancias.

Art. 180°. Ninguna ley del Congreso ni de las Legislaturas de los estados pueden contrariar las garantías contenidas en este título; pero sí ampliarlas y dar otras nuevas.

TÍTULO XI
LIMITACIONES DEL PODER PÚBLICO

SECCIÓN ÚNICA

Art. 181°. No podrán el Congreso, las Legislaturas de los estados, ni las demás autoridades:

1ª. Coartar en ningún caso ni por pretexto alguno la libertad del pensamiento, la de la palabra, la de la escritura y la de la imprenta.

2ª Suspender el derecho de peticiones de palabra ó por escrito.

3ª. Prohibir á los ciudadanos ó habitantes de la república libres de responsabilidad, la emigración a país extranjero.

4ª. Tomar la propiedad de ninguna persona, ni turbarle en el libre uso de sus bienes, si no es en favor del público cuando lo exija una grave urgencia legalmente comprobada, y garantizándose previamente la justa indemnización.

5ª. Establecer vinculaciones, dar títulos de nobleza; ni pensiones, condecoraciones, ó distintivos, que sean hereditarios; ni consentir sean admitidos por ciudadanos de Centro América los que otras naciones pudieran concederles.

6ª . Permitir el uso del tormento y los premios imponer confiscación de bienes, azotes, y penas crueles.

7ª Conceder por tiempo ilimitado privilegios exclusivos á compañías de comercio, ó corporaciones industriales.

8ª. Dar leyes de proscripción, retroactivas, ni que hagan trascendental la infamia.

Art. 182°. No podrán, si no en el caso de tumulto, rebelión, o ataque con fuerza armada a las autoridades constituidas:

1ª. Desarmar á ninguna población, ni despojar á persona alguna de cualquiera clase de armas que tenga en su casa, ó de las que lleve lícitamente.

2ª. Impedir las reuniones populares que tengan por objeto un placer honesto ó discutir sobre política, y examinar la conducta pública de los funcionarios.

3ª. Dispensar las formalidades sagradas de la ley para allanar la casa de algún ciudadano ó habitante, registrar su correspondencia privada, reducirlo á prisión, ó detenerlo.

4. Formar comisiones ó tribunales especiales para conocer en determina dos delitos, ó para alguna clase de ciudadanos ó habitantes.

CAPÍTULO XII
DISPOSICIONES GENERALES SOBRE LOS ESTADOS

SECCIÓN PRIMERA
FACULTADES DE LOS ESTADOS

Art. 183º. Los estados podrán constituirse como tengan por conveniente, pero de manera que sus instituciones guarden armonía con las de la nación.

SECCIÓN SEGUNDA
DEBERES DE LOS ESTADOS

Art. 184º. Los estados deben entregarse mutuamente los reos que se reclamaren.

Art. 185º. Los actos legales y jurídicos de un estado serán reconocidos en todos los demás.

Art. 186º. En caso de que alguna autoridad constituida de un estado reclame que la Legislatura de otro estado ha traspasado en daño suyo los límites constitucionales las cámaras, reunidas en asamblea general tomarán informes convenientes, y decidirán lo que les parezca arreglado.

Art. 187º. Los estados no podrán sin consentimiento del Congreso:
1ª. Imponer contribuciones de entrada y salida en el comercio con los extranjeros, ni en el de los estados entre sí.
2ª. Crear fuerza de línea ó permanente.

Art. 188°. Pueden ser elegidos para individuos de los poderes nacionales ó de cada uno de los estados los ciudadanos hábiles de los otros; pero no son, obligados á admitir estos oficios,

Art. 189°. Esta Constitución, y las leyes federales que se hagan en virtud de ella; y todos los tratados hechos ó que se hicieren bajo la autoridad federal, serán la suprema ley de la República, y los jueces en cada uno de los estados están obligados á determinar por ellas, no obstante, cualesquiera leyes decretos ú ordenes que haya en contrario en cualquiera de los estados.

TÍTULO XIII
DE LA FORMACIÓN Y ADMISIÓN
DE NUEVOS ESTADOS

SECCIÓN ÚNICA

Art 190°. Podrán formarse en lo sucesivo nuevos estados, y admitirse otros en la federación.

Art. 191°. No podrá formarse nuevo estado en el interior de otro estado. Tampoco podrá formarse por la unión de dos ó más estados ó partes de ello, sino estuvieren en contacto, y sin el consentimiento de las Legislaturas respectivas.

Art. 192°. Todo proyecto de ley sobre formación de nuevo estado debe ser propuesto á la cámara de representantes por la mayoría de los diputados de los pueblos que han de formarlo, y apoyado en los precisos datos de tener una población de cien mil ó mas habitantes, y de que el estado de que se separa queda con igual población, y en capacidad de subsistir.

TÍTULOS XIV
DE LAS REFORMAS DE ESTA CONSTITUCIÓN

SECCIÓN ÚNICA

Art. 193°. Para poder discutir un proyecto en que se reforme ó adicione esta Constitución, debe presentarse firmado al menos por seis diputados en la cámara de representantes que exclusivamente puede acordarlos ó ser propuesto por alguna Legislatura de los estados.

Art. 194°. Los proyectos que se presenten en esta forma, si no fueren admitidos a discusión, no podrán volver á proponerse sino hasta el año siguiente.

Art. 195°. Los que fueren admitidos á discusión, puestos en estado de votarse necesitan para ser acordados las dos terceras partes de votos.

Art. 196°. Acordada la reforma ó adición debe para ser valida y tenida por constitucional, aceptarse por la mayoría absoluta de los estados con las dos terceras partes de la votación de sus Legislaturas.

Art. 197°. Cuando la reforma o adición se versare sobre algún punto que altere en lo esencial la forma de gobierno adoptada, la cámara de representantes, después de la aceptación de los estados, convocará una Asamblea nacional constituyente para que definitivamente resuelva.

Art. 198°. Aceptada por la mayoría de los estados la presente reforma, será esta la única ley constitutiva de la república: el congreso la mandará publicar solemnemente; quedando derogada la que decretó la Asamblea nacional constituyente en 22 de noviembre de 1824.

Pase a las Asambleas para que en cumplimiento del artículo 202 de la Constitución actual la tomen en consideración y la devuelvan con sus votos al Congreso.

Dada en San Salvador á 13 de febrero de 1835.

Juan Barrundia, Diputado Presidente. José Antonio Jiménez, D. V. Presidente. Manuel Rodríguez. -Nicolás Espinosa. -Mariano Galvez. -Patricio Rivas. -Nasario Toledo. -José María Alvaro. -Ramón García. -Manuel María Figueroa. -Bernardo Rueda. -Silverio Rodríguez. -José Antonio Alvarado Felipe Herrera. -Venancio Castellanos. -Pablo Rodríguez. -José María Guardado. -Toribio Lara. -Manuel Barberena. -José León Tablada. -Mariano Ramírez. -José Valido. -D. Srio. -Luis Leiva. D. Srio. -Florentino Zúñiga, D. Srio. -Francisco Alburéz, Diputado Secretario.

Dr. B. Orosco.

CONSTITUCIÓN POLÍTICA
DEL ESTADO DE HONDURAS
11 de Diciembre de 1825

Constitución del Estado de Honduras

Nosotros los Representantes de los pueblos del Estado de Honduras, reunidos en la Asamblea Constituyente, á virtud de los plenos poderes con que se nos ha autorizado, con arreglo á las bases constitucionales, decretadas por la Asamblea Nacional Constituyente, implorando la protección de Dios para el acierto, ordenamos, decretamos y sancionamos la siguiente Constitución:

CAPÍTULO I
DEL ESTADO

Art. 1º. El Estado de Honduras es libre é independiente de toda potencia ó gobierno extranjero, y no será jamás patrimonio de ninguna familia ni persona.

Art. 2º. Es uno de los federales de la República de Centro América.

Art. 3º. Él es libre é independiente en su interior administración y gobierno.

Art. 4. Su territorio comprende todo lo que corresponde, y ha correspondido siempre al obispado de Honduras. Una ley demarcará sus límites, y arreglará sus departamentos.

TÍTULO II
DE LA RELIGIÓN

Art. 5º. El Estado de Honduras profesa, y profesará, siempre, inviolablemente la Religión cristiana, apostólica, romana, sin permitir mezcla de otra alguna.

Art. 6º. El Estado la protegerá con leyes sabias y justas; y no consentirá, se hagan alteraciones en la disciplina eclesiástica, sin consultar a la Silla Apostólica.

Art. 7º. Todo ciudadano, y principalmente los que ejercen jurisdicción velaran sobre la observancia de los artículos anteriores. Las leyes designarán las penas que merecen los infractores.

CAPÍTULO III
DE LOS DERECHOS Y OBLIGACIONES DE LOS HONDUREÑOS Y DEL GOBIERNO DEL ESTADO

Art. 8º. Todos los Hondureños son libres, y ciudadanos los que tengan la edad, y demás condiciones que establece la Constitución de la República.

Art. 9º. El Estado protege con leyes sabias y justas la libertad, la piedad, y la igualdad; viviendo sujetos a la Constitución y la ley; respetando su integridad á las autoridades; contribuyendo con proporción á sus facultades para lo gastos del Estado y federación, para sostener la independencia, y seguridad; y tomando las armas para defender la patria, cuando fueren llama. dos por la ley.

Art. 10º. El gobierno del Estado es popular representativo y en la federación que ha acordado, fija su felicidad y prosperidad.

Art. 11º. El Supremo Poder estará dividido en Legislativo, Ejecutivo y Judicial; aunque estos dos últimos, la Asamblea del Estado podrá hacer alteración, por medio de una ley, en las autoridades subalternas, según lo exijan las circunstancias y localidad.

Art. 12°. Los pueblos que componen el Estado, ni por sí, ni por autoridad alguna, pueden ser despojados de la soberanía, que reside en todos, no podrán ejercerla sino únicamente en las elecciones primarias, practicándolas en la forma que prescribe la Constitución federal.

Art. 13°. Los habitantes del Estado de Honduras tienen el derecho de petición y la libertad de imprenta para publicar sus discursos, proponer medios útiles al Estado, y censurar con decoro la conducta de los funcionarios públicos en el ejercicio de su cargo, y el de velar sobre el cumplimiento de las leyes, que se dicten sobre los objetos indicados en este artículo.

CAPÍTULO IV
DE LA ELECCION DE LOS SUPREMOS PODERES DEL ESTADO

Art. 14°. La elección de los Supremos Poderes del Estado se verificará guardando las formalidades que previene el artículo 3° de la Constitución federal para la de las Supremas autoridades federales con solo la variación que contienen los artículos siguientes:

Art. 15°. En el tiempo de elecciones constitucionales, las juntas populares se celebrarán siempre el primer domingo del mes de Octubre: las de distrito en el tercero del mismo mes; y las de departamento el segundo domingo del mes de Noviembre.

Art. 16°. La regulación de votos para la elección de Senadores y Supremas autoridades del Estado, de que tratan los artículos 47 y 48 de la Constitución federal, se verificarán en la forma siguiente. Los pliegos que compongan el registro de los votos, que dieren los electores de las juntas de departamento se abrirán en sesión pública y el presidente, Secretario y dos Escrutadores, nombrados al efecto, procederán á computar los votos de todos y cada uno de los electores que hayan sufragado en dichas juntas cuando algún ciudadano reuniere la mayoría de votos escrutados, la Asamblea publicará la elección. En caso contrario lo verificará entre los que hubieren obtenido quince ó más votos; y si esto no se verificare, entre los que reunieren diez ó más, y si faltare este número, la Asamblea elegirá entre todos los designados por las juntas.

Art. 17°. La Asamblea luego que reúna los datos necesarios, dividirá la población del Estado con la posible exactitud y comodidad en las juntas populares, en distritos y departamentos.

Art. 18°. La base para la representación será por ahora la de un diputado por cada quince mil almas. Aumentándose la población de modo que exceda el número de diputados al de veinte y uno, podrán las Asambleas futuras hacer las reformas que crean necesarias.

CAPÍTULO V
DEL PODER LEGISLATIVO

Art. 19°. La Asamblea del Estado se compondrá por ahora de once diputados; y nunca podrá bajar de este número, ni subir de veinte y uno.

Art. 20°. La Asamblea se renovará por mitad cada año, y los mismos representantes podrán ser reelegidos una vez sin intervalo alguno.

Art. 21°. La primera legislatura decidirá por suerte los representantes que deben renovarse en el año siguiente: en adelante la renovación se verificará en los de nombramiento más antiguo.

Art. 22°. Las sesiones darán principio en cada año el día dos de Enero á cuyo efecto los diputados deberán hallarse reunidos en el lugar que se celebre el día veinticuatro de diciembre para las juntas preparatorias, previas á las sesiones.

Art. 23°. La Asamblea ordinaria continuará reunida por sesenta días, y cuando más por noventa; a excepción de la primera que puede prorrogarse todo el tiempo que juzgue necesario; se volverá a reunir en sus sucesos si el consejo la convocare, para uno ó más asuntos urgentes del Estado no tratar de otro en esta reunión.

Art. 24°. La residencia de la Asamblea será en la capital del Estado, pudiéndola variar, cuando lo estime conveniente con mayoría absoluta de pudiendo votos.

Art. 25°. Para que haya Asamblea se necesitan las dos terceras partes de los diputados; pero tres podrán compeler á los demás á reunirse en el tiempo designado para las Legislaturas ordinarias, y para las extraordinarias que hayan de celebrarse á juicio del consejo.

Art. 26°. Para la formación de la ley, se observará todo lo prevenido en los artículos 71, 72, 73, 75 y 76, de la sección 1ª del título 5° de la Constitución federal.

Art. 27°. Aprobado un proyecto de ley por la Asamblea, pasará al consejo directivo para la sanción, y dada la pasará al Jefe Supremo del Estado para la publicación y ejecución.

Art. 28°. En caso de que el Consejo niegue la sanción, devolverá el proyecto entre diez días á la Asamblea, informando los fundamentos que tenga para la negativa, y examinada ésta por la Asamblea, si las dos terceras partes de ella la desaprobasen, se tendrá por sancionada la ley, devolviéndola al Consejo.

Art. 29°. La forma de que usará el Consejo para la sanción será; Pase al Jefe Supremo del Estado: cuando la niegue: Vuelva a la Asamblea: Por sancionada: Pase al Jefe Supremo del Estado.

Art. 30°. La derogación de las leyes vigentes se hará por los mismos trámites que se decretaron las del Estado.

Art. 31° Los diputados serán inviolables por sus opiniones, y en ningún tiempo ni caso, ni por autoridad alguna podrán ser reconvenidos por ellas. En las causas criminales que contra ellos se intente, no podrán ser juzgados, sino por el tribunal de la Asamblea en los términos que prescribe el reglamento de su gobierno interior. Durante las sesiones, y un mes des pues, los diputados no podrán ser demandados, ni ejecutados por deudas.

Art. 32°. Son atribuciones de la Asamblea 1ª dictar las leyes del Estado en consecuencia con las de la federación, en la parte que tenga tendencia con ellas é interpretar las que diere. 2ª. Formar el código civil y criminal; su reglamento interior, y el de los otros poderes. 3ª. Aprobar los estatutos de otras corporaciones. 4ª. Dar las ordenanzas á la milicia activa conciliándolas con las del ejercito permanente de la federación. 5ª. Acordar con el Congreso federal la fuerza de línea que debe tener le Estado. 6ª. Decretar en tiempo de guerra el aumento de fuerza, que conforme al cupo y cívica, le señale el Congreso federal. 7ª Formar la estadística del Estado por medio de los jefes, municipalidades, ó del modo que lo permitan las circunstancias. 8ª. Decretar las contribuciones ó impuestos para los gastos necesarios del Estado, y para el cupo conforme el actual presupuesto, y los sucesivos. 9ª. Aumentar o disminuir las contribuciones con proporción á las necesidades del Estado. 10ª. Reclamar las leyes impracticables ó perjudiciales al Estado, ó no conformes con sus circunstancias locales. 11ª. Erigir los establecimientos, corporaciones y tribunales inferiores para el mejor orden en justicia, economía, ó instrucción pública. 12ª. Conmutar las penas de la ley, ó perdonar los delitos que por las leyes federales no estén sujetos a ellas. 13ª. Detallar los sueldos de los funcionarios públicos aumentarlos o disminuirlos según las circunstancias. 14ª. Aprobar los tratados que el Jefe Supremo del Estado, previamente autorizado, celebre con los otros de la Federación. 15ª. Sentenciar en los casos que previene el articulo 194 titulo 13 de la Constitución de la República. 16ª. Contraer deudas sobre el crédito del Estado con los demás de la República, o con particulares, o extranjeros, con hipotecas, de sus respectivas rentas. 17ª. Dar reglamento para el comercio interior del Estado. 18ª. Admitir por dos terceras partes de votos las denuncias que por causas graves hagan de sus oficios los diputados á la Asamblea, el

Jefe y Vicejefe del Estado, los Consejeros y Ministros de la Corte Superior de justicia y las de Senadores, antes de posesionarse.

CAPÍTULO VI
DEL CONSEJO REPRESENTATIVO

Art. 33°. Habrá un Consejo, compuesto de un representante por cada departamento elegido por sus respectivos pueblos.

Art. 34°. Para ser Consejero se necesita naturaleza en la República: residencia en el Estado, lo menos de cinco años: ser mayor de treinta en el ejercicio de la ciudadanía: del estado seglar, o del eclesiástico secular; y de conocida adhesión al sistema constitucional adoptado.

Art. 35°. Cada departamento elegirá un suplente que reúna las mismas calidades del propietario, para los casos de muerte, imposibilidad declarada por el Consejo.

Art. 36°. El Consejo durará tres años; renovándose por tercios en cada uno. pudiendo ser reelegidos sus individuos una vez, y la suerte decidirá en el primero y segundo año los que deban mudarse.

Art. 37°. El Consejo celebrará diariamente sus sesiones en el tiempo de las de la Asamblea y dos veces cada semana en el resto del año, y cuando extraordinariamente lo convoque el Jefe Supremo del Estado.

Art. 38°. Son atribuciones del Consejo: 1°. Sancionar las leyes de la Asamblea del Estado con arreglo á los artículos 78, 79, 80, 81, 82. 83, y 88, del título 5° de la Constitución de la República. 2°. Dictaminar sobre la derogación de la ley en los mismos términos que debe negar la sanción, oyendo en ambos casos al Jefe Supremo de Estado. 3°. Resolver las dudas que le consulte el Jefe; sobre la inteligencia de alguna ley en los sucesos de la Asamblea y su resolución será ejecutada. 4° Aconsejar al Jefe Supremo en los casos que le consulte, y darle dictamen en los negocios diplomáticos que ocurran entre el Gobierno del Estado y el federal, ó con los demás Esta dos. 5º. Proponer en terna al Jefe Supremo, el Comandante general o primer jefe militar, el Intendente Tesorero general de hacienda pública, Factor de tabacos y los Jefes primeros de departamento. 6º. Velar sobre la conducta de los funcionarios nombrados en este artículo, declarando en su caso cuando ha lugar á formación de causa. 7º. Nombrar Presidente de su seno, cuando estuviere impedido el designado por la Constitución. 8º. Nombrar Secretario, fuera de su seno, al que podrá suspender por dos meses; pero no removerle sin conocimiento de causa. 9º. Convocar á la Asamblea en los casos extraordinarios. 10º. Nombrar en sus primeras sesiones el tribunal que establece el artículo 62. 11º. Velar sobre la observancia de la Constitución y leyes del Estado, y dar cuenta a la Legislatura de las infracciones, que haya notado ó de que esté informado.

CAPÍTULO VII
DEL PODER EJECUTIVO

Art. 39º. El Poder Ejecutivo reside en un Jefe nombrado por todos los pueblos que componen el Estado, como lo determine la ley.

Art. 40º. Al tiempo de esta elección se nombrará otro en los mismos términos que le subrogue, ó supla en ausencia, enfermedad, muerte ó suspensión.

Art. 41º.- El Jefe Supremo del Estado y Vicejefe lo serán únicamente por cuatro años, y solo podrán ser reelectos una vez.

Art. 42º. El Vicejefe presidirá el Consejo sin voto, y sólo lo tendrá para decidir en caso de empate.

Art. 43º. No asistirá al Consejo cuando halla de nombrarse el tribunal que establece el artículo 62.

Art. 44°. Son atribuciones del jefe Supremo del Estado: 1°. Publicar la ley y hacer se publique en el Estado dentro del término de treinta días. La retardación de este acto le hace responsable, después de cumplido el término señalado. 2°. Cuidar de la ejecución de la ley, del orden público y del exacto cumplimiento de los funcionarios, en sus respectivos cargos. 3°. Nombrar los primeros magistrados de que habla el articulo 38 en el párrafo 5° á propuesta del Senado, y a los subalternos a igual propuesta de sus inmediatos jefes. 4°. Disponer de la fuerza armada del Estado, y usar de ella en su defensa en caso de invasión repentina: pedir auxilio en el mismo caso á los demás Estados, y subministrarlo cuando ellos lo pidan; dando cuenta á la Asamblea para que ella lo verifique al Congreso de la Federación. 5°. Formar reglamentos para el fácil cumplimiento y ejecución de las leyes. 6°. Nombrar interinamente los empleados en casos de suspensión, enfermedad ó ausencia de los propietarios. 7°. Convocar al Consejo en casos extraordinarios, cuando necesite consultarle.

Art. 45°. El Jefe Supremo tendrá y nombrará un Ministro general para el despacho de los negocios, el cual será substituido en casos de suspensión, enfermedad ó ausencia, por el oficial primero del mismo Ministro.

Art. 46°. Estará a cargo del Ministro. 1°. Formar la planta de la secretaría, que el Jefe Supremo del Estado presentará con su informe a la Asamblea. 2° Autorizar las ordenes, decretos y despachos del Jefe Supremo, y comunicarlo á las primeras autoridades del Estado. 3° Entablar las relaciones y comunicaciones que determine el Jefe Supremo con los Estados de la República.

Art. 47°. El Ministro será responsable con las penas á que dé lugar el proceso, si autorizase órdenes y decretos contra ley ó constitución.

Art. 48°. El Jefe Supremo podrá suspender al Ministro general por un mes, sin necesidad de formación de causa, y deponerlo con pruebas justificativas de ineptitud o desobediencia, con acuerdo en vista de ellas de las dos terceras partes del Consejo.

CAPÍTULO VIII
DEL PODER JUDICIAL

Art. 49º. El Poder Judicial es independiente en sus atribuciones del legislativo y ejecutivo: á él exclusivamente pertenece la aplicación de las leyes en las causas civiles y criminales.

Art. 50º. La Corte Superior de justicia se compondrá por ahora de un presidente, dos Ministros y un Fiscal; debiendo ser precisamente letrados el Presidente y el Fiscal; serán elegidos popularmente: se renovarán por mitad cada dos años, y podrán siempre ser reelegidos quedando á su arbitrio la admisión. En los dos años primeros la suerte decidirá los que deban salir, y en los siguientes los de nombramiento más antiguo.

Art. 51º. Para ser ministro de Corte de Justicia se requiere ser ciudadano, en el ejercicio de sus derechos, mayor de treinta años, del estado secular, y con instrucción á lo menos, en el derecho público.

Art. 52º. Será la Corte Superior de Justicia el tribunal de última instancia; y por una ley se arreglará el orden de nombrar conjueces en los casos de recusación en que haya lugar á ella, conforme á las leyes.

Art. 53º. Conocerá de los recursos de nulidad y de los de fuerza con arreglo á las leyes.

Art. 54º. Juzgará a los primeros funcionarios del Estado, después que la Asamblea, ó el Congreso hayan declarado ha lugar á la formación de causa.

Art. 55º. La Corte Superior de Justicia y demás juzgados inferiores son responsables, con arreglo á la ley, del ejercicio de sus funciones.

Art. 56º. La infracción de Constitución y de leyes, el cohecho, soborno y prevaricación, produce acción popular.

Art. 57º. La Corte Superior de Justicia decidirá las dudas, que se le presenten por los jueces y autoridades inferiores sobre la inteligencia de las leyes, consultando en su caso, con la Asamblea; cuando esta se halle en receso con el Consejo.

Art. 58º. Conocerá la Corte de Justicia de las causas de residencia de los empleados públicos con arreglo á la ley, que sobre esta materia se dicte.

Art. 59º. Examinará las listas de las causas civiles y criminales, pendientes en ella misma y en los juzgados inferiores.

Art. 60º. Propondrá ternas para el nombramiento de los jueces inferiores, y velará en el cumplimiento en el ejercicio de sus funciones.

Art. 61º. La Corte Superior de justicia decidirá las competencias que se susciten entre los juzgados inferiores.

Art. 62º. Para juzgar con apelación a los funcionarios de que habla el artículo 54, se formará un tribunal compuesto de tres individuos, nombrados por el Consejo, entre los suplentes de este y de la Asamblea, que no hayan funcionado.

Art. 63º. Este tribunal juzgará de las acusaciones contra los individuos de la Corte Superior de Justicia, y en apelación conocerá otro tribunal que nombre la Asamblea, entre los que tuvieren votos para la misma Corte.

Art. 64°. Habrá otro tribunal que conozca en segunda instancia de todas las causas comunes, que deberá formarse del modo terminen la ley.

CAPÍTULO IX
DE LA ADMINISTRACIÓN DE JUSTICIA EN LO CIVIL

Art. 65°. Habrá jueces de 1° instancia, que á mas de las circunstancias que deben concurrir en ellos para el desempeño en el ejercicio de sus funciones, deben ser mayores de veinte y cinco años.

Art. 66°. En los pueblos en particular se administrará justicia por el Alcalde, 6 Alcaldes, bajo los límites y términos que la ley señale.

Art. 67°. A ninguno se le prohíbe comprometerse en arbitrios para ter- minar sus diferencias: el compromiso será una ley que hará ejecutoria la sentencia de los árbitros, que no será apelable, si las partes no se reservaren este derecho.

Art. 68°. Los Alcaldes de los pueblos ejercen en ellos oficios de conciliadores en las demandas civiles, y sobre injurias que deben establecerse en juicio escrito.

Art. 69°. Sin que haya precedido este juicio conciliatorio, no se podrá establecer pleito alguno.

CAPÍTULO X
DEL CRIMEN

Art. 70°. Ninguno podrá ser preso, si no es por delito que merezca pena más que correccional; y en ningún caso sin previo mandamiento por escrito de juez competente.

Art. 71°. Intimado el auto de prisión, debe su desobediencia incurrirá en la pena que señale la ley.

Art. 72°. Cuando sea la resistencia con armas de cualesquiera especies y se usará de la fuerza para asegurar la temiere la fuga, se usará de la fu persona.

Art. 73°. Todo delincuente en el acto de cometer el delito, puede ser arrestado ó detenido por cualquiera persona y entregado al juez; mas no podrá usarse de fuerza que ponga en peligro la vida de los ejecutores ó del delincuente.

Art. 74°. No se admitirán acusaciones de ninguna clase sin que se firme, ó conste por formal diligencia quien es el acusador. Las denuncias secretas y delaciones guardarán la misma forma. Unos y otros, en su caso, serán responsables en el de salir falsas.

Art. 75°. Toda autoridad, corporación, ó empleado, que por el orden de informe acuse algún delito, quedará sujeto a la prueba y la responsabilidad que las leyes detallen.

Art. 76°. En ningún caso, ni por delito alguno habrá confiscación de bienes; y solo podrán embargarse cuando haya responsabilidad pecuniaria, en la cantidad que la cubra.

Art. 77°. Los infractores de los artículos del título 10 y 11 de la Constitución, federal, se sujetarán a la pena que la ley prescriba, al

CAPÍTULO XI
DEL GOBIERNO INTERIOR EN
CADA PARTIDO O DEPARTAMENTO

Art. 78°. Habrá en cada departamento un Jefe político Intendente, a cuyo cargo estará el gobierno político y de hacienda, bajo el orden que disponga la ley, la cual arreglará la cantidad con que debe afianzar.

Art. 79°. El ramo gubernativo de los pueblos será a cargo del Alcalde que el jefe de departamento designe en cada parroquia al cual estarán subordinadas las demás municipalidades y pueblos de la misma parroquia. Una ley particular designará las atribuciones con subordinación al Jefe Intendente.

Art. 80º. En la cabeza del departamento, el Jefe político intendente desempeñará iguales atribuciones en el distrito de la parroquia que resida.

Art. 81º. La duración de los Jefes Políticos Intendentes será la de cuatro años, pudiendo continuar y ser promovidos á otro destino, justificada que sea su solvencia y buen desempeño.

CAPÍTULO XII

Art. 82º. En cada pueblo que su comarca tenga de quinientas almas arriba habrá municipalidad elegida popularmente. Una ley designará el número de individuos que deba componerse cada uno y sus atribuciones.

Art. 83º. Los pueblos, reducciones, y valles que no lleguen al número de quinientos habitantes se gobernarán por un Alcalde auxiliar nombrado por la municipalidad á que corresponda, y sus atribuciones serán las que le designa la ley.

Art. 84º. Cada municipalidad formará bajo su responsabilidad matricula de los ciudadanos de su comprensión que reúnan las circunstancias dades que previene el artículo 14 del título 2º de la Constitución federal.

Art. 85º. Se formará cada año con presencia de esta matricula una relación de los ciudadanos que se hallen en el ejercicio de sus derechos, y no estén comprendidos en lo que previene el artículo 20 del mismo título.

Art. 86º. Esta relación se tendrá presente para recibir las votaciones en toda elección.

Art. 87°. Solo los ciudadanos que estén en ejercicio pueden obtener empleo en la República.

CAPÍTULO XIII
DE LA HACIENDA PÚBLICA Y SU ADMINISTRACIÓN EN GENERAL

Art. 88°. Habrá un Intendente general del Estado á quien inmediatamente estarán subordinados todos los empleados de hacienda. Su duración será de cuatro años, pudiéndose prorrogar todo el tiempo que se tenga por conveniente, á vista de su exacto cumplimiento y adelantamiento que noten en la hacienda pública.

Art. 89°. El Jefe Supremo del Estado tomando los datos que sean necesarios, propondrá á la Asamblea el número de empleados que debe tener cada ramo.

Art. 90°. El Intendente afianzará su responsabilidad con la cantidad que la ley le declare.

Art. 91°. Los ramos que deben componer la hacienda pública los arreglará una ley especial, que dictará la Asamblea continuando por ahora las rentas establecidas, y contribuciones.

Art. 92°. Habrá un Tribunal de cuentas que, examinará anualmente las de la Tesorería general, y se publicará cada año un e cada año un estado de cargo y data de caudales de hacienda pública.

CAPÍTULO XIV
DE LA OBSERVANCIA DE LA CONSTITUCIÓN Y LEYES

Art. 93°. Todo funcionario público está obligado á guardar, cumplir, y ejecutar la Constitución y leyes; deberán jurarlo así al tomar posesión de sus empleos, y su infracción exige responsabilidad.

Art. 94º. Todo ciudadano ó habitante pueden representar á la Asamblea, al Jefe Supremo, Consejo representativo, y jueces de la primera instancia, la infracción de Constitución y leyes.

Art. 95º. La Asamblea por cada seis meses pedirá relaciones especiales á la corte de Justicia de las causas de infracciones de Constitución y leyes, y en su vista proveerá lo conveniente.

Art. 96º. La Constitución del Estado no podrá sufrir alteración en aquellos artículos que no tenga una relación inmediata con los de la federación, sino es hasta pasados cuatro años de hallarse en práctica y en los que tengan, en ningún tiempo.

Art. 97º. Las leyes y disposiciones que actualmente rigen, y que no se opongan á la Constitución federal, y á la particular del Estado, quedando en su vigor y fuerza.

Dada en la Ciudad de Comayagua a once de diciembre de mil ochocientos veinte y cinco.

MANUEL JACINTO DOBLADO, Diputado por Yoro, Vicepresidente.

JOSÉ MARÍA DEL CAMPO, Diputado por Nacaome.

JOSÉ ROSA DE YZAGUIRRE, Diputado por Santa Bárbara.

ÁNGEL FRANCISCO DEL VALLE, Diputado por Cantarranas.

JOSÉ MARÍA DONAYRE, Diputado por Gracias, Secretario.

MIGUEL RAFAEL VALLADARES, Diputado Suplente por Tegucigalpa. Secretario.

Comayagua, Diciembre once de mil ochocientos veinte y cinco
Ejecútese: Firmada de mi mano, y refrendada por el Secretario del
despacho general.

DIONISIO DE HERRERA.

El Secretario general del Gobierno Supremo del Estado
FRANCISCO MORAZÁN.

CONSTITUCIÓN POLÍTICA
DEL ESTADO DE HONDURAS
21 de Noviembre de 1831

Constitución Política
DADA EN COMAYAGUA A 26 DE NOVIEMBRE DE 1831

CONSTITUCIÓN DE HONDURAS

PREÁMBULO

El objeto de las instituciones políticas es el de mantener la administración de su Gobierno, el de asegurar la existencia del cuerpo político, proteger y proporcionar a los individuos que lo componen la facultad de gozar con seguridad, confianza y tranquilidad sus derechos naturales. Todas las veces que las constituciones no llenan estos grandes objetos, por no haber sido formadas bajo de estos principios o porque hayan perdido su respetabilidad, por infracciones que se hayan hecho de ellas quedándose impunes, el Pueblo debe establecer otras que le den seguridad.

Los Cuerpos políticos se forman por una asociación voluntaria de sus individuos: es un contrato social que celebra cada individuo con el Pueblo entero, y el Pueblo entero con cada individuo, conviniéndose en que todos serán gobernados por unas mismas leyes y que han de tener por objeto el bien común; de consiguiente el Pueblo ha de hacer su Constitución, ha de disponer que las leyes se dicten con madura deliberación, poniendo precauciones para que estas mismas leyes sean fielmente ejecutadas, y aplicadas con imparcialidad, para que todos y cada uno de los que hayan formado el pacto puedan gozar de Libertad, Igualdad y Seguridad.

Bajo de estos principios, los representantes del Pueblo Hondurense, penetrados del más vivo reconocimiento por la confianza que hemos merecido a nuestros continentes, implorando el auxilio de Dios, y en plenos poderes para reformar en el todo, o en parte, la Constitución dada a 5 de Diciembre del año 25, a nombre del Pueblo, ordenamos, establecemos y sancionamos la siguiente:

CONSTITUCIÓN DEL ESTADO DE HONDURAS

CAPÍTULO I
DEL TERRITORIO Y HABITANTES DEL ESTADO

Art. 1º. El Estado es libre, Soberano e Independiente de toda potencia o Gobierno extranjero, y no será jamás patrimonio de ninguna familia ni persona.

Art. 2º. También es Soberano e Independiente en su gobierno y administración interior, con sólo las restricciones expresadas para todos los Estados en el literal sentido de los artículos de la Constitución Federal.

Art. 3º. La soberanía reside en todo el Estado, y cada pueblo la ejerce cuando elige sus autoridades y las federales con arreglo con la ley; y los particulares, cuando cada uno pone en uso los derechos que se reserva en el Capítulo 4º de esta Constitución y en los títulos 10 y 11 de la República.

Art. 4º. Es uno de los federados de Centro América.

Art. 5º. Su territorio comprende lo que corresponde y ha correspondido siempre al Obispado de Honduras.

Art. 6º. Se divide en cuatro departamentos. —1º. Tegucigalpa, con las parroquias de Tatumbla, Ojojona, Cedros, Orica, Texíguat, Yuscarán, Nacaome, Choluteca, Corpus, Danlí y Cantarranas. 2º— Departamento de Gracias, Quezailica, Llanos de Santa Rosa, Sensenti, Guarita, Gualcho, Camasca, Intibuca, Cerquín, Ocotepeque, Santa Bárbara, Celilac y Petoa. 3º— Departamento de Olancho, Juticalpa, Silca, Manto, Olanchito y Trujillo. —4º.

Departamento de Comayagua: Sagrario, Caridad, Siguatepeque, Cururú, Chinada, Lejamaní, Aguanqueterique, Goascorán, San Pedro, Quimistán, Omoa, Yojoa y Yoro. Por una ley particular, se señalará el lugar de Centro, en que han de residir las Autoridades Departamentales.

El Gobierno Supremo podrá alterar, de acuerdo con la Asamblea, el Político y de Hacienda y de los Puertos de Omoa y Trujillo, según las circunstancias.

CAPÍTULO II
DE LA RELIGIÓN

Art. 7º. La religión del Estado es la Católica, Apostólica, Romana con exclusión del ejercicio público de cualesquiera otra. Defenderla y sostenerla es un deber del Estado.

CAPÍTULO III
DE LAS OBLIGACIONES DE LOS HONDUREÑOS

Art. 8º. Todos los habitantes del Estado quedan bajo la protección de esta Constitución, y, de consiguiente, deben serle fieles, obedecer las leyes que dimanen de ella, pues siempre serán iguales para castiguen todos, ya premien o castiguen.

Art. 9º. Deben servir a la patria, desempeñando los destinos para que fuesen nombrados: deben defenderla con las armas y contribuir con proporción a los gastos del Estado y Federación.

Art. 10º. Deben ser virtuosos y respetar las Autoridades porque son el órgano de la Ley.

CAPÍTULO IV
DE LOS DERECHOS QUE SE RESERVA AL PUEBLO HONDUREÑO

Art. 11º. Todos los hondureños son libres, iguales ante la ley; se reservan el derecho de sostener estas prerrogativas, como también el de procurarse su felicidad y seguridad con arreglo a esta Constitución.

Art. 12º. Ser ciudadanos los naturales y naturalizados que sean casados o mayores de 18 años y que tengan una propiedad o que ejerzan oficio de que subsistir, calificado todo en los términos que designe la ley.

Art. 13º. Se pierde la calidad de ciudadano ó se suspenden los derechos de ciudadanía por las causas que señala la Constitución Federal; solo los ciudadanos en ejercicio de sus derechos pueden obtener los empleos del Estado.

Art. 14º. Los ciudadanos de los otros Estados tienen en esto expedito el ejercicio de ciudadanía, en cuanto pueden ser electos para los destinos que no requieren vecindad en el Estado.

Art. 15º. Es uno de los más sagrados derechos del Pueblo Hondureño, la libertad de la palabra, la de la escritura y la de la imprenta: la ley no puede privárselo, sin sujetarlo a censura. Le usará en la forma que la ley lo arregla.

Art. 16º. No reconoce otra distinción sino la que exige el bien general del Estado y las adquiridas por las virtudes, por grandes servicios prestados a la Patria, y por los talentos.

Art. 17º. La casa de cualquiera habitante del Estado, es un asilo sagrado; será un crimen violarlo sin las formalidades y fuera de los casos que previene la Constitución.

Art. 18º. Ninguno puede ser castigado, sino en virtud de una ley establecida y publicada, antes de conocerse el delito, y sin que sea legalmente aplicada.

Art. 19. Ninguna autoridad puede privar de las medidas y recursos que la ley concede al reo para su defensa: tampoco puede aumentar o disminuir la pena que la misma ley señala.

Art. 20. Ningún habitante de Honduras podrá ser sentenciado en juicio escrito, civil o criminal en 1ª Instancia, sin dictamen de letrado, si alguna de las partes lo reclama, mientras se generalizan las luces del derecho público, y se simplifica la legislación, de modo que esté al alcance de todos.

Art. 21°. La vida, la reputación, la libertad y seguridad de todos los habitantes del Estado son protegidos por esta Constitución. Ninguno puede ser privado de estos derechos, sino con las formalidades que establezca la ley, con arreglo a los títulos 10 y 11 de la Constitución Federal.

Art. 22°. Ningún pueblo podrá ser desarmado, sino en los casos que previene la Constitución Federal.

Art. 23°. Todos los empleados en el Estado ejercen su oficio por delegación del pueblo: son agentes y le queden responsables, sino a excepción de los D. D. y en los casos de que habla el Art. 34.din 10 HA

Art. 24°. Todas las propiedades de los habitantes del Estado quedan garantizadas: ninguna autoridad puede tomarlas en empréstito forzoso en tiempo de paz para gastos comunes de presupuesto, sino en una grave urgencia de tiempo de guerra en favor del pueblo legalmente comprobada, y asegurando, ante todas cosas, el ramo de donde debe volverse aquella propiedad.

Art. 25°. Atenta contra la soberanía del Pueblo, es injusta, y no es ley toda disposición que viole los derechos de los hondureños contenidos en este capítulo.

CAPÍTULO V
DEL GOBIERNO

Art. 26°. El Gobierno del Estado es republicano, representativo y popular: se divide para su ejercicio en tres poderes, Legislativo, Ejecutivo y Judicial.

Art. 27º. El Poder Legislativo reside en una Asamblea de Diputados electos por el pueblo: El Ejecutivo en un Jefe Supremo elegido popularmente y el Judicial en los Tribunales y Jueces nombrados por esta Constitución las leyes.

CAPÍTULO VI
DE LAS ELECCIONES DE LOS SUPREMOS
PODERES DEL ESTADO

Art. 28º. Las elecciones de los Supremos Poderes del Estado se harán directamente por el Pueblo: una ley particular arreglará el modo de practicarlas y la regulación que debe hacerse, en su caso, de los votos en cada Departamento.

Art. 29º. La elección de las Autoridades Federales se hará los términos que previene la Constitución y la Asamblea, con los datos necesarios dividirá la población del Estado en juntas populares, en distritos y departamentos que reúnan el número de almas que pide la Constitución para su representación.

Art. 30º. La base para la representación del Estado, es el mismo total de sus habitantes, naturales y naturalizados. Se elegirá un Representante por cada quince mil almas y aumentándose la población de modo que exceda el número de Diputados al de veinte y uno las Asambleas primarias harán las reformas que crean necesarias.

CAPÍTULO VII
DEL PODER LEGISLATIVO

Art. 31º. La Asamblea del Estado se compone por ahora, según su población, de once Diputados los cuales serán electos en las Cabeceras y por los mismos pueblos que se ha hecho en las Asambleas anteriores.

Art. 32º. Para cada uno de los Diputados propietarios se nombrará un suplente para los casos de muerte, enfermedad u otro impedimento legal, a juicio de la Asamblea, No podrá en ningún caso el suplente y el propietario representar a un mismo tiempo.

Art. 33º. No podrá ser Diputado ningún empleado del nombramiento del Gobierno Federal y del Estado por el lugar en que ejerce su destino y durante las sesiones ningún Diputado podrá recibir empleo alguno de elección popular.

Art. 34º. Los Diputados son inviolables por sus opiniones emitidas de palabras ó por escrito en el ejercicio de su cargo: no podrán ser reconvenidos por ellas en ningún tiempo, ni por autoridad alguna, a excepción cuando sufraguen a una ley o decreto que ataque directamente algún artículo de esta Constitución ó de la República.

Art. 35º. Durante las sesiones y un mes después no podrán ser reconvenidos ni ejecutados por deudas.

Art. 36º. La Asamblea se renovará por mitad cada año y los mismos Representantes, una vez sin intervalo sino lo rehusare el electo.

Art. 37º. Las sesiones darán principio el día 2 de Enero, a cuyo efecto los Diputados deberán hallarse reunidos en el lugar en que se celebre el día 24 de Diciembre para las juntas preparatorias, previas a las sesiones.

Art. 38º. La A. O. continuará reunida por noventa sesiones: los últimos quince días de esta reunión se invertirán, solamente, en examinar la planta de Secretaría y mejorar, si es posible, en arreglo y hacer un cuerpo de leyes, órdenes y decretos que hubiese emitido y certificado en este tiempo que se ha publicado y mandar ejecutar; y en el caso contrario, proceder con arreglo á la Constitución antes de disolverse. Habrá también una Comisión permanente con las facultades y en la forma que designe la ley.

Art. 39º. Se reunirá la Asamblea después de haberse puesto en receso, siempre que el Consejo la convoque, para uno ó más asuntos urgentes del Estado, no pudiéndose tratar de otros en esta reunión.

Art. 40º. La residencia de la Asamblea será en Comayagua, Capital del Estado, pudiéndola variar cuando lo estime conveniente, con mayoría absoluta de votos.

Art. 41º. Para que haya Asamblea se necesita de las dos terceras partes de sus Diputados; y siendo por ahora el número de once son necesarios ocho pero los podrán compeler a los demás a reuniones en el tiempo designado para las Legislaturas ordinarias y para las extraordinarias que hayan que celebrarse cuando convoque el Consejo.

CAPÍTULO VIII
DE LAS ATRIBUCIONES DE LA ASAMBLEA

Art. 42º. Son atribuciones de la Asamblea:

1º. Dictar las leyes del Estado en consonancia con las de la Federal en la parte que tenga tendencia con ellas, con arreglo a la misma Constitución e interpretar las que diere.

2º. Formar el Código Civil y Criminal su reglamento interior y el de los otros poderes.

3º. Aprobar los Estatutos de otras Corporaciones.

4º. Dar ordenanzas a las milicias cívicas y activas conciliándolas con las del ejército permanente de la Federación.

5º Acordar con el Congreso Federal la fuerza de línea que debe tener el Estado.

6º Decretar, en tiempo de guerra, el aumento de la fuerza que conforme cupo, le señale el Congreso Federal.

7º Formar la estadística del Estado.

8º Decretar la contribución é impuestos para los gastos del Estado para el cupo, conforme al actual presupuesto y los sucesivos.

9° Aprobar el presupuesto de gastos que se presente cada año y los que hayan hecho en el próximo pasado.

10°. Aumentar o disminuir las contribuciones con proporción á las necesidades del Estado.

11°. Reclamar las leyes federales que perjudiquen al Estado o no forme á su soberanía e independencia.

12°. Erigir los Establecimientos, Corporaciones y Tribunales inferiores el mejor orden de justicia, economía e instrucción pública.

13°. Conmutar, en caso que resulte un bien al Estado, las penas de ley ó perdonar los delitos que estén dentro de sus facultades.

14°. Detallar los sueldos de los funcionarios públicos aumentándolos ó disminuyéndolos según la riqueza del Estado.

15°. Aprobar los tratados que el Jefe Supremo, previamente autorizado, celebre con los otros de la Federación.

16°. Sentenciar en los casos que previene el Art. 194 Título 3° de la Constitución de la República.

17°. Contraer deudas sobre el crédito del Estado con los demás de la República o con particulares.

18°. Dar reglamento para el comercio interior del Estado.

19°. Admitir, por las dos terceras partes de voto, las renuncias que por causas graves hagan de sus oficios los Diputados de la Asamblea, el Jefe y Vicejefe del Estado, los Consejeros y Ministros de la Corte Suprema de Justicia y las de los Senadores antes de posesionarse. 20. Autorizar al Gobierno extraordinariamente cuando lo exijan imperiosamente las circunstancias.

CAPÍTULO IX
DE LA FORMACIÓN Y SANCIONES DE LA LEY

Art. 43°. Para la formación de las leyes se observará todo lo prevenido en los Artículos 71, 72, 73, 75 y 76 de la Sección 1 título 7° de la Constitución Federal.

Art. 44°. La derogación de las leyes vigentes se hará por los mismos términos y las nuevas que se establezcan y del mismo modo las leyes antiguas que se hallen vigente.

Art. 45°. Aprobado un proyecto de ley por la Asamblea pasará al Consejo Directivo para la sanción y dada á toda ella, la pasará al Jefe Supremo del Estado para la publicación y circulación.

Art. 46°. En caso de que el Consejo niegue la sanción se volverá el provecto entre diez días á la Asamblea, informando los fundamentos que tenga para la negativa; y examinada esta por la Asamblea si las dos terceras partes de ella la desaprobasen, se tendrá por sancionada la ley devolviéndola al Consejo.

Art. 47°. La forma que usará para dar la sanción será: Pase al Jefe Supremo del Estado. Cuando la niegue: Vuelva á la Asamblea; y siendo dada la sanción por la Asamblea. Por Sancionada, pase al Jefe Supremo del Estado.

CAPÍTULO X
DEL CONSEJO REPRESENTATIVO

Art. 48°. Habrá un consejo compuesto de un Representante por cada Departamento elegido directamente por sus respectivos pueblos.

Art. 49°. Para ser Consejero se necesitan las mismas condiciones y circunstancias que para Diputado, excepto la edad debe ser de 25 años.

Art. 50°. Cada Departamento elegirá un suplente que reunirá las mismas cualidades del propietario; para los casos de muerte, e imposibilidad declarada por el Consejo.

Art. 51°. El Consejo se renovará en el tiempo y modo que se renueva la Asamblea.

Art. 52°. El Consejo celebrará diariamente sus sesiones cuando la Asamblea esté reunida y dos veces cada semana en el resto del año ó cuando extraordinariamente sea convocado por el Jefe Supremo del Estado.

Art. 53°. Son Atribuciones del Consejo:

1ª. Sancionar las leyes de la Asamblea del Estado con arreglo á los artículos 77, 78, 79, 80, 81, 82, 83, 84 y 86 del Título 5° de la Constitución Federal.

2ª. Dictaminar sobre la derogación de la ley, en los mismos términos debe negar la sanción, oyendo en ambos casos al Jefe Supremo del Estado.

3ª. Resolver las dudas que ocurran en receso de la Asamblea para la que elección de las leyes y demás resoluciones del Cuerpo Legislativo y su determinación será ejecutada.

4ª. Aconsejar al Jefe Supremo en los casos que sea consultado.

5ª. Proponer en terna al Jefe Supremo, Comandante General, Intendente General de Hacienda Pública y los Jefes Intendentes de departamentos.

6ª. Velar sobre la conducta de los funcionarios nombrados en este artículo, declarando en su caso cuando hay lugar á la formación de causa.

7ª. Nombrar Presidente de su seno cuando estuviese impedido el designado por la Constitución.

8ª. Nombrar Secretario también de su seno.

9ª. Convocar a la Asamblea en los casos extraordinarios, expresando el asunto ó asuntos para que es llamado.

10ª. Nombrar en sus primeras sesiones el Tribunal que establece el Art. 70.

11ª. Velar sobre la observancia de la Constitución y leyes del Estado dar cuenta a la Legislatura de las infracciones que haya notado ó de que esté informado.

CAPÍTULO XI
DEL PODER EJECUTIVO

Art. 54º. El Poder Ejecutivo reside en un Jefe Supremo nombrado los pueblos: al tiempo de esta elección se nombrará un Vicejefe en los mismos términos para que le sufrague ó supla en ausencia, enfermedad, muerte ó suspensión.

Artº. 55.-El Jefe Supremo y Vicejefe lo serán 4 reelectos y podrán ser reelectos una sola vez, si quisiesen admitir.

Arto. 56. El Vicejefe presidirá el Consejo sin voto y solo lo tendrá decidir en caso de empate.

Art. 57º. No asistirá al Consejo cuando haya de nombrarse el que ha de juzgar á los primeros funcionarios del Estado.

Art. 58º. Son Atribuciones del Jefe Supremo:

1ª. Publicar la ley y hacer se publique en el Estado dentro del término de treinta días y en el de su residencia dentro de ocho. La retardación de este acto le hace responsable.

2ª. Cuidar de la ejecución de la ley, del orden público y del exacto cumplimiento de los funcionarios en sus respectivos cargos, sin que por esta inspección pueda ingerirse directa ó indirectamente en el examen de las causas pendientes ni disponer en manera alguna de las personas de los reos criminales.

3ª. Nombrar los primeros Magistrados del Estado, á propuesta del Consejo y los subalternos á igual propuesta de sus inmediatos Jefes.

4ª. Disponer de la fuerza armada del Estado y usar de ella para su defensa en caso de invasión repentina.

5ª. Pedir auxilio en el mismo caso á los demás Estados; y suministrándolo previo acuerdo de la Asamblea, quien dará conocimiento al Congreso Federal. 6. Formar reglamentos para el fácil cumplimiento y ejecución de las leyes.

7ª. Nombrar inmediatamente los empleos en los casos de suspensión, enfermedad ó ausencia de los propietarios, y los agraciados deberán tener las mismas circunstancias y cualidad que exigen para los propietarios, sin interinos puedan servir mas de tres meses sin fianza.

8ª. Convocar al Consejo en casos extraordinarios cuando necesita consultar.

9ª. El Gobierno debe consultar al Consejo los asuntos diplomáticos que vaya á usar de las armas contra algún pueblo del Estado y en la atribución señalada en el número 6. Cuando el Gobierno se conforme con la opinión del Consejo en estos casos expresados cesa su responsabilidad y en caso contrario y en cualesquiera otros asuntos que pida dictamen es propio solo del Gobierno la responsabilidad que resulte.

Art. 59°. El Jefe Supremo dará el pase a los títulos de prelacía y seglares, dignidades y beneficios en propiedad, y podrá negarlos con causa justa comprobada: intervendrá con su enlatación de derechos parroquiales que se formarán por el Prelado Eclesiástico previa la de la Asamblea.

Art. 60ª. El Jefe Supremo tendrá y nombrará un Ministro General para el Despacho de los negocios, el cual será substituido en los casos de suspensión, enfermedad ó ausencia por el Oficial 1° del mismo Ministerio.

Art. 61°. Estará a cargo del Ministro:

1. Formar la planta de la Secretaría que el Jefe Supremo presentará con su informe á la Asamblea.

2. Autorizará las ordenes, decretos y despachos del Jefe Supremo y comunicarlas á los primeros funcionarios del Estado.

3. Establecer las relaciones y comunicaciones que determine el Jefe Supremo con los Estados de la República.

4. El Ministro será responsable con las penas a que dé lugar el proceso, si autorizare ordenes contra la ley o comunicación dada por el Gobierno.

Art. 61°. El Jefe Supremo podrá suspender el Ministro General por un mes; sin necesidad de formación de causa y de ponerlo con prueba justicativa de ineptitud o desobediencia, con acuerdo en vista de ellas, de las dos terceras partes del Consejo.

CAPÍTULO XII
DEL PODER JUDICIAL

Art. 62°. Es independiente en sus atribuciones, ni la Asamblea, ni el Consejo, ni el Poder Ejecutivo, podrán en ningún caso ejercer las funciones judiciales, ni evacuándose causas pendientes, ni ninguna autoridad abrir juicio fenecido. A él exclusivamente pertenece la aplicación de las leyes, en las causas civiles y criminales y hacer que se ejecute lo sentenciado.

Art. 63°. La Corte Superior de Justicia es el tribunal de última instancia: se compondrá por ahora de cuatro Ministros y un Fiscal que sosamente letrado, y el Presidente será nombrado de su seno. Serán elegidos uno por cada Departamento é igualmente los suplentes y el Fiscal será nombrado por el primer Departamento que señala la Constitución. Su renovación por nombramiento del segundo y así sucesivamente.

Se renovarán por mitad cada dos años y podrán siempre ser reelectos quedando libres para admitir. La duración del Fiscal será también de dos años.

Art 64°. Para ser individuo de la Corte Suprema se requiere ser ciudadano en ejercicio de sus derechos; tener veinte y cinco años de edad, siete de residencia en la República, del estado Seglar tener instrucción en el derecho los que público para lo que deberá ser aprobado del monto que designe la ley, pero esta última cualidad no se exigirá sino es hasta pasados dos años; y sean electos deberán tener un capital de quinientos pesos producible y pasa dos los dos años el que no sea aprobado en el derecho público no podrá ser electo para individuo de este Tribunal.

Art. 67°. Una Ley arreglará la cantidad de las demandas civiles pena en las criminales en que deben ser concederle los tres recursos y sentencias deben ser ejecutorias. y la cuales

Art. 68°. Son Atribuciones de la Corte Suprema de Justicia.

1ª. Conocer de los recursos de nulidad y de los de fuerza con arreglo a las leyes.

2ª. Juzgar a los primeros funcionarios del Estado después que la Asamblea o el Consejo hayan declarado que hay lugar a la formación de causa.

3ª. Conocer de las causas de residencia de los empleados públicos con arreglo a la ley que sobre esta materia se dicte.

4ª. Examinar y publicar las listas de las causas civiles y criminales pendientes de ella misma y en los juzgados inferiores.

Art. 69°. La Corte Superior de Justicia, unos o algunos de sus individuos los jueces inferiores son responsables de las leyes que arreglan los procesos en lo civil y criminal. La Corte Suprema decidirá las competencias que se susciten entre los juzgados inferiores.

Art. 70°. Se formará para proveer en apelación, las causas seguidas á los primeros funcionarios del Estado, un Tribunal compuesto de tres individuos nombrados por el Consejo entre los Suplentes del mismo y de la Asamblea que no hayan funcionado.

Art. 71°. Este Tribunal juzgará de las acusaciones contra los individuos de la Corte Superior de Justicia y en apelación conocerá otro Tribunal que nombre la Asamblea entre los que tuvieren votos para la misma Corte (Aquí el artículo 56 de la Constitución antigua).

CAPÍTULO XIII
DE LA ADMINISTRACIÓN DE JUSTICIA EN LO CIVIL

Art. 72°. Para ser Juez de Primera Instancia se requiere ser mayor de 25 años, tener las mismas condiciones que para ser Ministro de la Corte Suprema de Justicia y su elección se hará popularmente en cada Sección.

Art. 73º. La duración de los Jueces de Primera Instancia será de dos años, pudiendo siempre ser reelectos, siendo libres en admitir, y removidos en el caso que se les pruebe morosidad culpable en el despacho, venalidad o in- justicia notoria.

Art. 74º. En los pueblos en particular se administrará justicia por el Alcalde o Alcaldes, bajo los límites y términos que la ley señala y siempre tendrán el derecho de ocurrir a los Jueces de 1 Instancia en caso de sentirse agraviada alguna de las partes.

Art. 75º. A ninguno se le prohíbe comprometerse en árbitros para terminar sus diferencias: el compromiso será una ley que hará ejecutoria la sentencia de los árbitros, que no será apelable, si las partes no se reservasen este derecho.

Art. 76º. Los Alcaldes de los pueblos ejercen en ello oficio de conciliadores en las demandas civiles y sobre injurias que deban entablarse en juicio escrito. Sin que haya precedido un juicio conciliatorio, no se podrá entablar pleito alguno.

CAPÍTULO XIV
DE LO CRIMINAL

Art. 79º. Ninguno podrá ser preso sino es por delito que merezca pena más que correccional y en ningún caso sin previo mandamiento por escrito de Juez competente.

Art. 80º. Intimado el auto de prisión debe ser cumplido y por su desobediencia incurrirá en la pena que señala la ley.

Art. 81º. Cuando sea la resistencia con arma de cualquiera especie y se temiere la fuga se usará de la fuerza para asegurar la persona.

Art. 82º. Todo delincuente en el acto de cometer el delito, puede ser arrestado o detenido por cualesquiera persona y entregado al Juez, mas no podrán los particulares usar de fuerza que ponga en peligro la vida de los ejecutores ó del delincuente.

Art. 83º. No se admitirán acusaciones de ninguna clase sin que se firme ó conste con formal diligencia quien es el acusador. Este será responsable en caso salir falso. Las denuncias secretas y delaciones también serán firmadas o constará el nombre del delator y éste quedará solamente sujeto a la responsabilidad con arreglo a la ley. (Aquí el Art.) Toda autoridad, Corporación o empleado, que por el orden de información acuse algún delito, quedará sujeto á la prueba, y á la responsabilidad que las mismas leyes detallan.

Art. 84º. En ningún caso si por delito alguno habrá confiscación de bienes, y solo podrán embargarse cuando haya responsabilidad pecuniaria en la cantidad que la cubra.

Art. 85º. Los infractores de los títulos 10 y 11 de la Constitución Federal se sujetarán á la pena que la ley prescriba.

CAPÍTULO XV
DEL GOBIERNO INTERIOR DE CADA DEPARTAMENTO

Art. 86º. Habrá en cada Departamento un Jefe Político Intendente á cuyo cargo estará el Gobierno Político y de Hacienda: por una ley se arreglará... sus atribuciones. Deberá, para posesionarse de dar fianza de tres mil pesos. Las Asambleas futuras podrán alterar esta cantidad según pidan los fondos.

Art. 87º. Para poder ser Jefe Intendente se requiere la edad de veinte y cinco años, ser de probidad é instrucción suficiente y vecino, por lo menos cinco años en el Estado y no ser deudor á la hacienda pública.

Art. 88º . (Borrado).

Art. 89º. El ramo gubernativo de los pueblos será a cargo del Alcalde que la arregle.

Art. 90º. El Jefe Político Intendente desempeñará iguales atribuciones en el distrito de la parroquia en que reside.

Art. 91º. En caso de imposibilidad del Jefe Intendente y mientras, nombra el Gobierno Supremo Interino o propietario que debe sustituirlo, hará sus veces el primer alcalde que ha salido el año anterior del pueblo donde deberá rendir el Jefe Intendente: en su defecto el 2º y así sucesivamente.

Art. 92º. La duración de los Jefes Intendentes será la de cuatro años, pudiendo continuar y ser promovidos á otro destino, justificado que sea su solvencia y buen desempeño.

CAPÍTULO XVI
DEL GOBIERNO INTERIOR Y DE POLICIA DE CADA PUEBLO

Art. 93º. En todas las Cabeceras de Parroquia habrá Municipalidad. También la habrá en los pueblos que tengan quinientas almas reunidas en población la Municipalidad será electa popularmente: el número de sus individuos lo designará la ley particular como también sus atribuciones.

Art. 94º. Los pueblos que no reúnan quinientas almas, podrán tener Municipalidad si su localidad o circunstancias lo exigen, a juicio del Gobierno.

Art. 95º. Los Caseríos dispersos, los valles y reducciones serán gobernadas por Alcaldes Auxiliares nombrados por la Municipalidad más inmediata: sus atribuciones serán también designadas el modo de reducirse a poblados. por la ley que también dispondrán

Art. 96º. Cada Municipalidad formará, bajo su responsabilidad, matrícula de los ciudadanos de su comprehensión que reúnan las circunstancias y cualidades que previene el Art. 24 de la Constitución Federal.

Art. 97°. Se formará cada año con presencia de esta matrícula una relación de los ciudadanos que se hallen en el ejercicio de sus derechos y que no estén comprometidos en lo que previene el Art. 2° del mismo título.

Art. 98.-Esta relación se tendrá presente para recibir las votaciones en toda elección.

CAPÍTULO XVII
DE LA HACIENDA PUBLICA Y ADMINISTRACION EN GENERAL

Art. 99. Habrá un Intendente General con su tesorero y un Contador que darán las fianzas que la ley señale estarán subordinados a todos los empleados de hacienda y sus obligaciones serán designadas por la ley. Su duración será la de cuatro años, pudiendo continuar en vista de su exacto cumplimiento y adelantamiento en la Hacienda Pública.

Art. 100.-La Hacienda Pública del Estado consiste en las tierras validas y en el producto de las contribuciones decrete la Asamblea, ya sean directas o indirectas. Las primeras serán con proporción a la facultad de los contribuyentes y sin excepción ni privilegio alguno.

Art. 101.-La cuenta general de la Tesorería sobre contribuciones y rentas y su inversión, se imprimirá cada año y se mandará circular á todos los pueblos del Estado, y del mismo modo se verificará con las cuentas de ingresos y egresos de caudales de cada Departamento.

CAPÍTULO XVIII
DE LA RESPONSABILIDAD DE LOS FUNCIONARIOS DEL ESTADO

Art. 102°. Todos los funcionarios del Estado antes de posesionarse en un empleo ofrecerán bajo palabra como cuidadores y hombres de bien, defender y sostener esta Constitución y la Federal. La ley arreglará la fórmula y solemnidad de esta promesa.

Art. 103°. Debe declararse que ha lugar á la formación de causa contra los Diputados, Consejeros, Jefe Supremo y Ministros de la Corte Superior de Justicia y demás funcionarios públicos por traición a la Patria, venalidad, falta grave en el desempeño de sus funciones y delitos comunes que merezcan pena más que correccional.

Art. 104°. Cuando los Diputados diesen una ley, orden o Decreto que ataquen directamente algún artículo expresado de esta Constitución ó la Federal son traidores de la Patria, y les declarará responsabilidad la Asamblea subsecuente llamando a los suplentes de la mitad que queda y al ver la causa no intervenga mas de los que cooperaron á la infracción.

Art. 105°. El Jefe Supremo al recibir una ley contra la Constitución aun estando sancionada, deberá protestarla y volverla tres veces al Cuerpo Legislativo sin tocar la autoridad de cualesquier condición que aun quedarán responsables cada una personalmente en todo tiempo en cumplir leyes, ordenes o decretos directamente algún artículo de esta constitución o la federal.

Art. 106°. Declarando que ha lugar a formación de causa sea el Consejo, Corte de Justicia, Jefe o Jefe Supremo y Secretarios del Despacho dan responsabilidades de su destino y depuestos siempre que sean plenamente todo cargo público, justificadas sus labores conforme a la ley é inhabilitado para todo y á las demás penas que haya lugar.

Art. 107°. Todo Hondureño puede representar a la Asamblea, al Consejo o Jefe Supremo; y Jueces de Primera Instancia para reclamar la observancia de esta Constitución.

CAPÍTULO XIX
DE LA OBSERVANCIA DE LA CONSTITUCION Y LEYES Y REFORMA DE LA MISMA

Art. 108°. Las Superiores Autoridades del Estado continuarán reduciéndose al número que en esta se establece, esta reducción se hará por suerte y sus renovaciones contando el tiempo corrido se harán con arreglo á esta Constitución. Las autoridades subalternas no quedan comprendidas en este artículo.

Art. 109°. La Asamblea en sus primeras sesiones tomarán en consideración los informes que debe remitirle el Consejo sobre infracción de Constitución y tesis, las reclamaciones de particulares sobre el mismo asunto; y las relaciones que haya hecho el Jefe Supremo en este objeto.

Art. 110°. Todas las leyes que últimamente aquí han regido continuarán en su vigor y fuerza, sino son las que se oponen a la Constitución de la República y á la administración soberana, é Independencia del Estado.

Art. 111°. No podrá sufrir alteración esta Constitución, sino hasta pasados cuatro años y si fuese reformada la Federal, lo será esta solamente en aquella parte que tenga inmediata relación.

Art. 112°. El Proyecto de reforma, ó adición; se presentará por escrito formado á lo menos por tres Diputados; y se leerá por dos veces con el intervalo de ocho días.

Art. 113°. Admitida la discusión pasará á una comisión, cuyo dictamen presentará pasados doce días.

Art. 114°. La reforma ó adición será aprobada por las dos terceras partes de los Diputados presentes en cuyo caso se convocará á una Asamblea Constituyente para que con plenos poderes de los pueblos puedan conocer la reforma que se solicita la cual debe expresarse en el Decreto de convocatoria.

Nociones generales de los derechos del hombre y de los ciudadanos.

Los derechos del hombre en sociedad son la libertad, la igualdad, la seguridad y propiedad;

El derecho de libertad es, el de pensar, hablar, escribir y hacer todo aquello que no ofende los derechos de otro.

El de igualdad consiste, en que la ley sea una para todos ya consigne ó premie. El de seguridad resulta del concurso de todos á defender y sostener los derechos de cada uno.

El de propiedad en el derecho de gozar y de disponer libremente de sus bienes y disfrutar de su trabajo y de su industria. Estos derechos se conservan con la esta observancia de las leyes.

Todos los derechos del hombre y del ciudadano se derivan de estos principios: no hacer á otro lo que no quieras que te hagan, y hacer á todos los demás, todo el bien que uno quiera recibirles.

Ninguno es buen ciudadano, si no es buen hijo, buen padre, buen hermano, buen esposo y fiel amigo.

Ninguno es hombre de bien, si religiosamente no observa las leyes: el que las viola, abiertamente se declara en guerra con sus compatriotas.

Los Pueblos, al dar un voto para los empleados que han de elegir, deben mirar recaigan en un sujeto y hombre de bien dignos del nombramiento de ciudadanos. Solo de la Comisión. Comayagua, Noviembre 28 de 1831.—

J. TRINIDAD REYES. **JOAQUÍN RIVERA**
D. P..　　　　　　　　　D. G.

JOSÉ CALIXTO DE VALENZUELA.

JUAN LINDO.

CONSTITUCIÓN POLÍTICA
DEL ESTADO DE HONDURAS
11 de Enero de 1839

Nosotros, los Representantes del pueblo de Honduras, reunidos en Asamblea Constituyente, competentemente autorizados para formar el pacto social de los hondureños invocando el auxilio de Dios Autor y Supremo Legislador de las sociedades, deseando fijar de una manera estable la felicidad y prosperidad de nuestros comitentes, asegurar los derechos que se han reservado y establecer las obligaciones que han contraído; decretamos y sancionamos la siguiente

Constitución Política del
Estado de Honduras

SECCIÓN I

DEL ESTADO DE HONDURAS, DE SUS DERECHOS Y OBLIGACIONES

Art. 1º. El Estado de Honduras lo componen todos sus habitantes; es libre e independiente: su soberanía reside esencialmente en todo él; y por lo mismo le pertenece exclusivamente el derecho de establecer sin sujeción alguna, sus leyes fundamentales.

Art. 2º. Será uno de los federados de Centro América, cuando acuerde con los otros Estados el pacto que los deban unir.

Art. 3º. Está obligado a conservar y proteger la libertad civil, la pro- piedad y demás derechos legítimos de todos y de cada uno de los habitantes, con leyes sabias y necesarias.

SECCIÓN II
DEL TERRITORIO DEL ESTADO

Art. 4°. El Estado de Honduras comprende todo el territorio que en tiempo del Gobierno Español se ha conocido con el nombre de provincia, circunscripto por los límites siguientes: por el Oeste con el Estado de Guatemala: por el Sur, Sudoeste y Oeste con el del Salvador; por el Sur con la ensenada de Conchagua en el mar Pacífico: por el Este, Sudeste y Sur con el Estado de Nicaragua: por el Este, Nordeste y Norte con el Océano Atlántico: y las Islas adyacentes á sus costas en ambos mares. Cuando cómodamente se pueda, se demarcarán de un modo preciso los límites que los separan de los demás Estados.

Art. 5°. Este territorio se dividirá en Departamentos: las Leyes señalarán el número de estos, y harán las subdivisiones convenientes para su buena administración, subsistiendo entre tantos como están ahora.

SECCIÓN III
DE LOS HONDUREÑOS, DE SUS DEBERES Y DERECHOS

Art. 6°. Son hondureños todos los nacidos y avecindados en el territorio del estado, y los extranjeros con carta de naturaleza.

Art. 7°. El amor a la patria es el primer deber de los hondureños; lo es igualmente contribuir, con proporción de su haber, al pago de los gastos de su administración: defenderla con las armas cuando sean llamados por la Ley; ser fieles a la Constitución; obedecer las Leyes y respetar las autoridades, que son sus órganos.

Art. 8°. Los derechos imprescriptibles de los hondureños, son:
1ª. La libertad civil, por la que pueden ejecutar todo aquello que no esté prohibido por una Ley preexistente.
2ª. La igualdad ante la Ley.
3ª. La seguridad individual.

4ª. La propiedad, de la que podrán hacer el uso que mejor les convenga, con tal que no sea contra lo dispuesto por la Ley. 5. Tributar á Dios, culto, según su conciencia.

6ª. Exigir de la sociedad que les garantice estos mismos derechos del modo más conveniente que les asegure el libre uso de ellos.

SECCIÓN IV
DE LA CIUDADANIA

Art. 9º. Son Ciudadanos todos aquellos hondureños mayores de diez y ocho años que tengan renta, oficio, ó modo de vivir conocido; pero no tendrán voto pasivo, sino con arreglo á las Leyes; y los extranjeros naturalizados, con las mismas cualidades.

Art. 10º. Sólo los Ciudadanos en ejercicio, pueden obtener empleos en el Estado.

Art. 11º. La calidad de Ciudadano se pierde:
1ª. Por admitir naturaleza en país extranjero.
2ª. Por admitir empleo, renta, ó distintivo de otro gobierno, excepto los de Centro América y;
3ª. Por sentencia de pena aflictiva, si no se obtuviese rehabilitación.

Art. 12º. El ejercicio de la ciudadanía se suspende:
1ª. Por incapacidad física ó moral.
2ª. Por el estado de deudor fraudulento judicialmente declarado.
3ª. Por el de sirviente doméstico cerca de la persona.
4ª. Por no tener empleo, oficio, ó modo de vivir conocido.
5ª. Por hallarse procesado criminalmente, y decretado auto de prisión.
6ª. Por conducta notoriamente viciada,

SECCIÓN V
DEL GOBIERNO DEL ESTADO, Y DE LA RELIGIÓN

Art. 13°. El Gobierno de Honduras es Republicano, Representativo popular.

Art. 14°. Como no puede existir garantía social sin la división é inde- pendencia de los Poderes, se divide para su ejercicio en Legislativo, Ejecutivo y Judicial.

Art. 15°. El Legislativo reside en una Cámara de Representantes: el Ejecutivo en un Presidente; y el Judicial en la Corte Superior de Justicia, y en los Tribunales inferiores que se establezcan.

Art. 16°. La religión del Estado es la católica, Apostólica y Romana. El ejercicio público de ésta y de las demás que vengan á establecerse en el país, será protegido por el Gobierno.

SECCIÓN VI
DEL PODER LEGISLATIVO

Art. 17°. La Cámara de Representantes se compondrá de un individuo por cada veinte mil almas; y mientras se forma con datos positivos la Estadística, nombrará un representante cada Departamento de los que actual- mente están reconocidos.

Art. 18°. Para los casos de muerte, enfermedad, ú otro impedimento legal del propietario, se elegirán dos suplentes con la denominación de primero y segundo que fungirán por su orden.

Art. 19°. No podrán el propietario y suplente representar al mismo tiempo.

Art. 20°. Para ser Representante se requiere: tener veinte y cumplidos, haber sido siete Ciudadano, y no estar en actual ejercicio de empleo de nombramiento del Gobierno.

Art. 21°. Ningún Representante podrá recibir empleo del Gobierno, sino cinco años después de seis meses de haber pasado el período de su representación, ser de rigurosa escala.

Art. 22°. La cámara será renovada por mitad cada dos años; la suerte decidirá los que deban salir en la primera Legislatura, debiendo ser los más antiguos en las siguientes. Podrán ser reelegidos una sola vez los mismos Representantes, quedando a su arbitrio la admisión de la última.

Art. 23°. La Cámara abrirá sus sesiones el 24 de Diciembre en juntas preparatorias; excepto la primera que se reunirá después de promulgada esta Constitución.

Art. 24.-La Cámara estará reunida cincuenta días hábiles; no podrá continuar por mas tiempo sus sesiones, ni volverse á reunir cuando se hubiese disuelto; sino por acuerdo del Gobierno, en cuyo caso solo se ocupará de la causa que motiva su convocatoria. La primera Cámara Legislativa es la que únicamente no podrá disolverse hasta no haber dado las leyes reglamentarias que deben emanar de esta Constitución.

Art. 25°. La Cámara no podrá legislar con menos de siete representantes.

Art. 26°. Son atribuciones de la Cámara.
1ª. Dictar e interpretar las leyes.
2ª. Decretar reglamentos para los demás Poderes y Corporaciones, ó aprobar los que deban hacerse por ellas.
3ª. Aprobar la fuerza armada que debe mantener el Estado.
4ª. Decretar contribuciones é impuestos para los gastos del Estado, con proporción á la riqueza pública.
5ª. Aprobar el presupuesto de gastos que presente anualmente el Gobierno.
6ª. Conmutar las penas, é indultar los delincuentes, siempre que resulte utilidad pública; que la pena corporal no sea conmutada en

pecuniaria; que la gracia sea general, y concedida con las formalidades prescriptas para toda disposición legislativa.

7ª. Detallar los sueldos de los funcionarios públicos.

8ª. Admitir las renuncias que, por causas graves, hagan de su oficios los Representantes, el Presidente, y Magistrados de la Corte, y las que hagan con arreglo á la ley los Ministros del despacho.

9ª. Dar facultades al Ejecutivo detalladas en casos extraordinarios; pero jamás contra ninguno de los artículos de esta constitución;

10ª. Declarar que ha lugar á formación de causa á los Representantes, Presidente, Magistrados de la Corte y Ministros del despacho.

SECCIÓN VII
DE LA FORMACION DE LA LEY, Y DE SU SANCIÓN

Art. 27º. Solo por medio de los Representantes se puede proponer á la Cámara proyecto de ley, haciéndolo por escrito, y exponiendo su necesidad y utilidad.

Art. 28º. Leído el proyecto y admitido á discusión por la Cámara, se remitirá testimonio integro certificado por los Secretarios á la Corte Superior de Justicia, quien tomará en consideración el proyecto con el único objeto de declarar si es necesaria la ley, lo que verificará dentro de tres días, y devolverá con esta fórmula: "Es necesaria: vuelva á la Cámara de Representantes", Y en uno y otro caso se expresará el número de votos.

Art. 29º. Con el propio objeto se pasará otro testimonio igual á los Ministros del despacho, y lo devolverán en el término, y con la fórmula pres- cripta en el artículo anterior.

Art. 30º. Devuelto el proyecto, se le dará segunda lectura en la Cámara, y se procederá en el acto á la votación de si es necesaria la ley; resultando empate (contando con los votos que ha tenido en la

Corte y Ministerio) se pasará al Presidente del Estado para que decida; en el caso de que por mayoría de votos, contados del modo expresado se decidiese que es necesaria, se pasará a la comisión respectiva, para que exponga su utilidad y modo de reglamentarla.

Art. 31°. Puesto á discusión el dictamen de la comisión, y decidido por la Cámara estar suficientemente discutido, se procederá á la votación; si lo aprobase, se emitirá por ley; y si le deshecha, no podrá proponerse hasta el año siguiente. Estas mismas formalidades se requieren para la derogatoria de una ley vigente.

Art. 32°. Es regla general, que para toda decisión de la Cámara, se requiere las dos terceras partes de sus votos.

Art. 33°. Del proyecto de ley aprobado y se sacarán dos tantos, autorizados por el Presidente y Secretarios y se remitirá al Ejecutivo.

Art. 34°. Todas las resoluciones de la Cámara, dictadas en uso de las atribuciones que le da esta Constitución, necesitan para ser válidas, de ser sancionadas, exceptuándose únicamente las que fueren:
1ª. Sobre su régimen interior, y lugar de sus sesiones.
2ª. Sobre calificación de elecciones y renuncia de los elegidos.
3ª. Sobre declaratoria de haber lugar a formación de causa contra los funcionarios de que habla la fracción 10. del artículo. 26.
4ª. Sobre interpretaciones de ley y;
5ª. Sobre los nombramientos que haga con arreglo á esta Constitución.

Art. 35°. El Presidente dará sanción dentro de ocho días naturales, de volviendo uno de los originales, firmado de su mano con esta fórmula: Sancionada: Ejecútese. Y no verificándolo en el término designado se tendrá por sancionada.

Art. 36°. Si no mereciese la sanción lo devolverá en el mismo término, y con la fórmula siguiente, firmada de su mano: Vuelva á la Cámara de Representantes con el informe conveniente.

Art. 37°. La Cámara lo tomará en consideración al día siguiente de haberse leído el informe, y si las tres cuartas partes lo ratificasen, se expresará al pié del decreto en esta forma: "Vuelva al Ejecutivo" quien usará de esta: "Por sancionada. Ejecútese".

Art. 38°. Si el proyecto no fuese ratificado, no podrá volverse á sino hasta pasado un año.

SECCIÓN VIII
DEL PODER EJECUTIVO

Art. 39°. El Poder ejecutivo reside en un Presidente.

Art. 40°. La Cámara publicará su elección, y al mismo tiempo, entre los por que tuvieren mayor número de votos elegirá tres suplentes, para que uno de ellos, en caso de impedimento del Presidente, pueda desempeñar sus funciones.

Art. 41°. Cuando llegue el caso de impedimento del Presidente, la Cámara sorteará entre los tres suplentes, el que deba hacer sus veces: si el sorteado resultase impedido, se reiterará este acto entre los dos restantes, y si este segundo lo estuviese también, ejercerá el último el Poder Ejecutivo.

Art. 42°. Si la Cámara estuviese en receso, los tres Ministros con asistencia de las corporaciones y empleados que existiesen en el lugar, verificarán estos sorteos en actos públicos.

Art. 43°. Mientras se presenta el designado por la suerte para suplir la falta del Presidente, desempeñarán aquellas funciones los tres Ministros del despacho reunidos, y sus providencias serán autorizadas por sus respectivos Jefes de Sección. —El interinato de los Ministros no podrá ser por más de noventa días.

Art. 44°. Igualmente desempeñarán los Ministros el Poder Ejecutivo por impedimento accidental del Presidente, que no pase de un mes.

Art. 45°. Igualmente desempeñarán los Ministros el Poder Ejecutivo por impedimento accidental del Presidente, que no pase de un mes.

Art. 45°. Si la Cámara estuviese reunida en los casos de los dos artículos anteriores, pondrán la sanción á los decretos que ésta emita en los mismos términos y con la propia fórmula que designan los artículos 35, 36 y 37.

Art. 46°. El Presidente durará dos años; podrá ser reelecto una sola vez; mas su admisión será voluntaria en este último caso.

Art 47°. Para ser Presidente se requiere: ser Centroamericano de origen; tener treinta años cumplidos; haber tenido el ejercicio de Ciudadano en los siete años inmediatos á su elección; ser del Estado seglar; y hallarse en actual ejercicio de sus derechos.

Art. 48°. Son atribuciones del Presidente:
1ª. Sancionar la ley con dictamen de los Ministros.
2ª. Hacer que se publique la ley en el preciso término de tres días en el lugar de su residencia y en el de dos meses en todo el Estado, bajo su responsabilidad a quienes toque.
3ª. Cuidar de la ejecución de la ley, del orden público. y del exacto cumplimiento de los funcionarios en sus respectivos cargos, sin que por esta inspección pueda ingerirse directa ni indirectamente en el examen de las causas civiles pendientes, ni disponer en manera alguna de la persona de los reos por causa criminal.
4ª. Nombrar los Jefes Intendentes que fuesen necesarios, los Jefes militares y de Hacienda, los subalternos de todos estos á propuesta en terna de sus respectivos Jefes, y los Jueces de Primera Instancia a propuesta de la Corte.

5ª. Nombrar los interinos de estos empleos, en los casos de suspensión, enfermedad, ó ausencia de los propietarios, los que deben tener las mismas cualidades de éstos, y el interinato no podrá durar más que tres meses en los destinos que se exija fianza, y seis en los que no se requiera esta circunstancia,

6ª. Disponer de la fuerza armada del Estado.

7ª. Conceder, negar, o pedir auxilio a los Estados unidos a éste, previo acuerdo de la Cámara, y usar de las mismas facultades en su receso, con la precisa condición de convocarla, bajo su más estrecha responsabilidad dentro de un mes, para su aprobación ó desaprobación.

8ª. Formar reglamentos para el fácil cumplimiento y ejecución de las leyes; y 9. Convocar á la Cámara en casos extraordinarios.

Art. 49º. El Presidente debe consultar con sus tres Ministros reunidos:

1ª. Para sancionar la ley.

2ª. Para usar de las armas contra algún pueblo del Estado.

3ª. Para conceder, negar o pedir auxilio.

4ª. Para cualquier gasto extraordinario.

5ª. Para decretar empréstitos, ó contribuciones, si fuese autorizado á este efecto. Conformándose el Presidente con la opinión de los Ministros en los casos expresados, cesa su responsabilidad, en donde deba hacerla, y toda recae en ellos.

Art. 50º. El Presidente usará del derecho de exclusión en los títulos de prelacías y demás beneficios eclesiásticos.

Art. 51º. El Presidente propondrá, y la Cámara nombrará tres Ministros.

1. De relación.

2. De guerra, que desempeñará la Comandancia General de Armas.

3. De Hacienda que reunirá la Intendencia general.

Si la Cámara no se conformase con los propuestos, el Presidente hará se exigen para Presidente.

Art. 52°. Para ser Ministro se requieren las mismas cualidades que se exigen para Presidente.

Art. 53°. En los casos de suspensión, enfermedad ó ausencia de alguno de los Ministros, serán sustituidos por el Jefe de su respectiva sección, sólo para autorizar los negocios respectivos; mas esta sustitución solo durará hasta la próxima reunión de la Cámara. En caso de faltar los tres Ministros se convocarán extraordinariamente a Cámara para que provea su nombramiento.

Art. 54°. Son atribuciones de los Ministros;
1ª. Formar la planta de su respectivo despacho.
2ª. Autorizar las órdenes y decretos del Presidente y comunicarlos á los subalternos bajo su responsabilidad.
3ª. Aconsejar al Presidente en los casos de que habla el art. 49; y
4ª. Presentar a los ocho días de haber abierto la Cámara sus sesiones, una memoria que comprenda con claridad el estado actual de los ramos que les son encargados, acompañando un estado que lo manifieste á primera vista.

Art. 55°. Toda ley ó decreto se publicará en esta forma: "El Presidente en quien reside el Poder Ejecutivo del Estado de Honduras. —Por cuanto—: la Cámara de Representantes ha decretado, y constitucionalmente se ha sancionado lo que sigue (aquí el decreto) Por tanto: Ejecútese lo tendrá entendido el Ministro del despacho y dispondrá lo necesario á su cumplimiento".

Art. 56°. Cuando los Ministros estuvieren encargados del Gobierno, la publicarán bajo la siguiente: El Consejo de Ministros en ejercicio del Supremo Poder Ejecutivo del Estado de Honduras. Por cuanto: la Cámara de Representantes ha decretado y Constitucionalmente se ha sancionado, etcétera.

SECCIÓN IX
DEL PODER JUDICIAL

Art. 57º. El Poder Judicial es independiente en sus atribuciones; ni la Cámara de Representantes, ni el Poder Ejecutivo podrán en ningún caso, ejercer las funciones judiciales; ni ninguna autoridad abrir juicios fenecidos: á él solo pertenece la aplicación de la ley en las causas civiles y criminales.

Art. 58º. La Corte Superior de Justicia se compondrá de siete Magistrados nombrándose un propietario y un suplente en cada departamento directamente por los pueblos, y la misma Corte nombrará á su Presidente y Fiscal. El número de siete Magistrados no podrá disminuirse cualquiera que sea la división que se haga del territorio del Estado.

Art. 59º. Para ser individuo de la Corte se requiere: ser mayor de treinta años, si no es que sean letrados en quienes bastaría la de veinte y cinco, y haber sido siete Ciudadano en el Estado; servirán su encargo todo el tiempo que dure su buen desempeño, ó por renuncia voluntaria que hagan pasados dos años.

Art. 60º. Una ley arreglará la cantidad en las demandas, y la pena en las criminales en que deban admitirse juicio escrito, y concederse los tres recursos.

Art. 61º. La Corte se dividirá en tres salas, dos de apelaciones y una para lo civil, y otra para lo criminal, y la tercera de súplica.

Art. 62º. Son atribuciones de la Corte:
1ª. Conocer de los recursos de nulidad, las leyes. de los de fuerza con arreglo á y de los de
2ª. Declarado que sea por la Cámara que ha lugar á la formación de causa, juzgar a los Diputados, Presidente, Magistrados y Ministros del despacho por las faltas que cometan en el desempeño de su empleo.

3ª. Examinar las listas de las causas civiles y criminales que deben remitirle los Juzgados inferiores. Y;

4ª. Decidir las competencias, que se susciten entre los subalternos.

Art. 63°. Para juzgar los altos funcionarios que expresa el artículo anterior, se elegirá por suerte entre los seis Magistrados de la Corte, uno que forme la actuación, y sentencia en primer Instancia: dos en su caso, electos del mismo modo, para oír el recurso de apelación: y los tres restantes para el de súplica, si fuese necesario. Una ley particular arreglará el modo de juzgar a los subalternos.

Art. 64°. Los Magistrados de la Corte declarados con lugar a de causa, serán juzgados por un tribunal compuesto de los seis Diputados suplentes más cercanos que no hubiesen fungido en la Cámara, electos del modo que se previene en el artículo anterior.

Art. 65°. En los delitos comunes de los Representantes, Presidente, Magistrados ó Ministros del despacho, el individuo contra quien se declare haber lugar a formación de causa, por el mismo hecho quedará suspenso y sujeto a los Tribunales comunes.

Art. 66°. Todos los ciudadanos y habitantes del Estado, sin distinción alguna, estarán sometidos al mismo orden de procedimientos, y de juicios que determinen las leyes.

Art. 67°. Unos mismos Jueces no pueden serlo en dos diversas instancias.

SECCIÓN X
DE LA ADMINISTRACIÓN DE JUSTICIA EN LO CIVIL

Art. 68°. Habrá en cada Departamento dos Jueces de primera Instancia; uno conocerá de las causas y materias civiles, y otro de las criminales. Una ley particular arreglará sus atribuciones.

Art. 69º. En caso de que la Cámara lo estime necesario podrán nombrarse otros Jueces tanto de lo civil como de lo criminal, o reunir los conocimientos de ambos en uno solo.

Art. 70º. Los Jueces de primera Instancia serán nombrados por el presidente, á propuesta de la Corte, la que no podrá proponer menos de tres individuos.

Art. 71º. Estos Jueces deben tener las mismas cualidades que se requieren para ser Magistrados; no podrán ser removidos sin causa justificada; su duración será mientras continúe su buen desempeño, ó que pasados dos años hagan dimisión voluntaria de su destino.

Art. 72º. En los pueblos en particular se administrará la justicia por sus respectivos Alcaldes, bajo los límites y términos que la ley señale.

Art. 73º. Los Alcaldes ejercen en sus pueblos el oficio de conciliadores; ningún juicio civil, ó sobre injurias, podrá entablarse por escrito sin hacer constar que se ha intentado antes el medio de conciliación.

Art. 74º. La facultad de nombrar árbitros en cualquier estado del pleito es inherente á toda persona; la sentencia que los árbitros dieren, es inapelable, si las partes comprometidas no se reservan este derecho.

SECCIÓN XI
DE LA ADMINISTRACIÓN DE JUSTICIA EN LO CRIMINAL

Art. 75º. Ninguno podrá ser preso, sino en virtud de orden escrita por autoridad competente para darla.

Art. 76º. No podrá librarse esta orden sin que se proceda justificación de que se ha cometido un delito que merezca pena más que correccional, y sin que resulte al menos por el dicho de un testigo quién es el delincuente.

Art. 77°. Pueden ser detenidos:
1. El delincuente cuya fuga se tema con fundamento.
2. El que sea encontrado en el acto de delinquir, y en este caso todos pueden aprehenderle para llevarle al Juez.

Art. 78°. La detención de que habla el artículo anterior no podrá durar más de cuarenta y ocho horas, y durante este término deberá la autoridad que la haya ordenado practicar lo prevenido en el artículo 76 y librar la orden de prisión, o poner en libertad al detenido.

Art. 79°. Todo reo debe ser interrogado dentro de cuarenta y ocho horas, y el Juez está obligado á decretar la libertad ó permanencia en la prisión, dentro de las veinte y cuatro horas siguientes, según el mérito de lo actuado.

Art. 80°. Dentro de estas veinte y cuatro horas se manifestará al reo la causa de su prisión y el nombre de su acusador; quien quedará responsable á la prueba; no se exigirá juramento al reo en ninguna causa criminal.

Art. 81°. Las personas aprehendidas por la autoridad, no podrán ser llevadas á otro lugar de prisión, detención ó arresto, que á los que están legal y públicamente destinados al efecto.

Art. 82°. Todo el que no estando autorizado por la ley expidiere, firmare, ejecutare o hiciere ejecutar la prisión, detención o arresto de alguna persona; todo el que en caso de prisión, detención ó arresto autorizado por la ley, condujere, recibiere, ó retuviere al reo en lugar que no sea de los señalados público y legalmente; y todo Alcaide que contraviniere á las disposiciones precedentes, es reo de detención arbitraria.

Art. 83°. Cuando alguno no estuviere incomunicado por orden del Juez transcripta en el registro del Alcalde, no podrá éste impedir su comunicación con persona alguna.

Art. 84°. No podrá ser llevado ni detenido en la cárcel el que diere fianza en los casos en que la ley expresamente no lo prohíba.

Art. 85°. El arresto por pena correccional no podrá pasar de dos meses.

Art. 86°. Por ningún delito, cualesquiera que sean sus circunstancias, se impondrá pena de confiscación de bienes.

Art. 87°.-No podrá imponerse pena de muerte, sino en los delitos atenten directamente y con fuerza armada contra el orden público, y en el de asesinato y homicidio premeditado ó seguro.

Art. 88°. En ninguna causa criminal se exigirán derechos de Juzgado. Art. 89.-La Cámara dispondrá que haya visitas de cárceles para toda clase de presos, detenidos o arrestados.

Art. 90.-Toda falta de observancia de las leyes que arreglen el en lo civil y criminal, hace responsable personalmente á los Jueces que la cometieren. proceso

SECCIÓN XII
DEL GOBIERNO POLITICO DE LOS DEPARTAMENTOS

Art. 91°. En cada Departamento habrá un Jefe Político e Intendente de hacienda, nombrado por el Presidente. La ley determinará sus atribuciones, nombrado des que por el Presidente. La ley determinará sus atribuciones, la cualidad debe poseer, su duración y calidad de las fianzas que debe dar.

SECCIÓN XIII
DE LAS DIPUTACIONES DEPARTAMENTALES

Art. 92º. En cada Departamento habrá una Diputación para promover su prosperidad, fomentando la agricultura, industria y comercio, y extender de todos los modos posibles la ilustración y enseñanza pública. Una ley regla. mentará su formación, y desarrollará sus atribuciones.

SECCIÓN XIV
DEL GOBIERNO INTERIOR POLÍTICO
DE CADA PUEBLO

Art. 93º. Habrá Municipalidad en todas las cabeceras de Parroquia, y todos los pueblos que tengan quinientas almas reunidas o cien casas.

Art. 94º. El número de individuos de que componerse cada Municipalidad, sus cualidades, duración y atribuciones, se designarán por una ley. debe Su elección será directa, y el cargo municipal concejil.

Art. 95º. El ramo gubernativo de los pueblos será á cargo de los Alcaldes constitucionales y auxiliares del modo que lo arregle la ley. La tranquilidad pública y la seguridad de las personas y bienes de los habitantes de su territorio quedan á su cuidado, y bajo su responsabilidad.

SECCIÓN XV
DE LAS ELECCIONES

Art. 96º. Las elecciones de los Supremos Poderes del Estado, y de todos los empleados de elección popular, serán directas. Una ley constitucional arreglará el modo de practicarlas, su regulación y escrutinio.

Art. 97º. El primer Domingo de Agosto se comenzarán en todo el Estado las elecciones de todas las autoridades de elección popular, que deban servir el año entrante.

SECCIÓN XVI
DE LA HACIENDA PÚBLICA

Art. 98º. La Hacienda Pública del Estado se formará: del valor de las tierras baldías; del de las maderas, fincas y acciones que le corresponden; y del producido de las contribuciones que establezca la Cámara de Representantes.

Art. 99º. Habrá un Tribunal Superior de cuentas, cuyos individuos serán nombrados por el Gobierno, y se reglamentarán sus atribuciones por una ley especial.

Art. 100º. Habrá una Administración general de hacienda compuesta, por lo menos, de un Contador y un Tesorero. Una ley arreglará sus atribuciones.

Art. 101º. Habrá una Tesorería en cada Departamento, en donde se depositará el fondo que la ley señale para el pago de sus respectivos Diputado y Magistrado, y del Juez del crimen que debe haber en él; y el sobrante se invertirá en los usos á que lo destine la ley que ha de arreglarlas.

SECCIÓN XVII
DE LA RESPONSABILIDAD
DE LOS FUNCIONARIOS PÚBLICOS

Art. 102º. Todos los funcionarios públicos antes de tomar posesión de sus empleos, jurarán cumplir fielmente, sostener y las leyes que emanen de ella. y defender esta Constitución,

Art. 103º. Todos los empleados públicos son estrictamente responsables de los abusos que cometan en sus destinos, y por dejar de cumplir lo que por la ley deban practicar.

Art. 104°. La responsabilidad de que trata el artículo anterior podrá reclamarse contra los funcionarios que estuviesen en actual ejercicio de sus empleos, y cuatro meses hábiles después de haber cesado en ellos.

Art. 105°. Todos los empleados del Estado están sujetos a que se les forme causa por traición á la patria, ó no les da por haberse arrogado facultades que la ley no les da.

Art. 106°. Todo acto ó acuerdo de las Municipalidades que no esté comprendido en las facultades que la ley les concede, es nulo, y sus autores responsables, con arreglo a la misma ley.

Art. 107°. Los Representantes son inviolables y libres en sus opiniones, y se hacen responsables solamente cuando dieren ley, orden ó decreto que de esta Constitución.

Art. 108°. La Cámara subsecuente de la que hubiese emitido la ley, orden ó decreto anticonstitucional, llamando á los suplentes de la mitad que queda, para que al ver la causa no intervenga ninguno de los que concurrieron á la infracción, conocerá de ella.

SECCIÓN XVII
DE LAS GARANTÍAS

Art. 109°. Ninguna casa puede ser registrada, sino por mandato escrito de autoridad competente dado en virtud de dos deposiciones formales, que presten motivo al allanamiento, el cual deberá efectuarse de día. También podrá registrarse á toda hora por un agente de la autoridad pública:

1ª. En persecución actual de un delincuente.

2ª. Por un desorden escandaloso que exija pronto remedio.

3ª. Por reclamación hecha del interior de la casa. Mas hecho el registro se comprobará con dos deposiciones, que se hizo por alguno de los motivos indicados.

Art. 110°. Solo en los delitos de traición se pueden ocupar los papeles de los habitantes del Estado, y únicamente podrá practicarse su examen, cuando sea indispensable para la averiguación de la verdad y á presencia del interesado; devolviéndole en el acto cuantos no tengan relación con lo que se indaga.

Art. 111°. La correspondencia epistolar es inviolable: la interceptada no hará fé en juicio ni fuera de él. Los administradores de correos ó cualquiera otro individuo ó autoridad que la viole, y el Juez que la admita en juicio, quedan personalmente responsables a los daños y perjuicios que ocasionen por la infracción de esta garantía, que no admite otra excepción que la del artículo anterior.

Art. 112°. La policía de seguridad no podrá ser confiada, sino á las autoridades civiles, en la forma que la ley determine.

Art. 113°. Nadie, en ningún caso podrá ser declarado delincuente por el Poder Legislativo ó Ejecutivo, ni condenado á sufrir pena alguna; sino en virtud de sentencia pronunciada por Tribunal competente, en la forma y previos todos los requisitos establecidos por la ley.

Art. 114°. La propiedad no podrá ser tomada si no es para objeto de utilidad pública pagándola por lo que el propietario la estime.

Art. 115°. Todo Ciudadano ó habitante que ejerza en el país cualquier género de industria, está obligado á contribuir en justa proporción á sus facultades, para sostener la Administración pública.

Art. 116°. No podrá imponerse ninguna contribución que no sea por la Legislatura, ó facultades de cada uno, y menos haciendo pesar el gravamen sobre determinadas personas.

Art. 117°. No se podrá coartar en ningún caso ni por pretexto alguno, la libertad del pensamiento, la de la palabra, la de la escritura, ni la de la imprenta.

Art. 118°. Tampoco se podrá suspender a los Ciudadanos el derecho de petición de palabra ó por escrito.

Art. 119°. Toda ley ex postfacto ó retroactiva es esencialmente injusta, y por tanto ningún Juez en ningún caso podrá hacer aplicación de una ley á un hecho que ha tenido lugar antes de sus publicaciones.

Art. 120°. La proscripción es una ley inhumana, y por tanto ni el Poder Legislativo, ni el Ejecutivo podrán excluir de la protección de la ley, ni expatriar perpetua ni temporalmente á ningún habitante del Estado.

Art. 121°. La pena debe surtir todo su efecto en el delincuente que la ha merecido, y jamás podrá extender sus efectos a ninguna otra persona.

Art. 122°. Toda persona puede transitar libremente por el Estado, entrar y salir de él en tiempo de paz, sin necesidad de permiso ni pasaporte; y las que sean libres de responsabilidad podrán emigrar cuando quieran a país extranjero.

Art. 123°. No podrá la Cámara ni las demás autoridades:
1. Dar título de nobleza ni consentir sean admitidos por ciudadanos de Honduras los que otras naciones pudieran concederles. 2. Permitir el uso del tormento, y los apremios; imponer confiscaciones de bienes, azotes y penas crueles. 3. Conceder por tiempo ilimitado privilegios exclusivos a compañías de comercio ó corporaciones industriales.

Art. 124°. No podrá la Cámara ni las demás autoridades, sino en el caso de tumulto, rebelión ó ataque con fuerza armada: 1. Desarmar a ninguna población, ni despojar a persona alguna de cual que lleve lícitamente. 2. Impedir las reuniones populares que tengan por objeto honesto, ó discurrir sobre política y examinar la conducta pública de los funcionarios. 3. Dispensar las formalidades sagradas de la ley para allanar la casa de algún Ciudadano ó habitante, reducirlo a prisión ó detenerlo.

SECCIÓN XIX
DEL MODO EN QUE SE HAN DE HACER LAS REFORMAS A ESTA CONSTITUCIÓN

Art. 125º. No podrá reformarse, ni adicionarse ninguno de los artículos de la presente Constitución, si no es después de pasados cuatro años.

Art. 126º. El proyecto de reformas se presentará por escrito, firmado por cuatro Representantes el cual se leerá por dos veces en la Cámara con el intervalo de ocho días.

Art. 127º. Admitido a discusión pasará a una comisión, y sufrirá los trámites establecidos por el reglamento.

Art. 128º. Adoptado el proyecto de reformas que se propone, por las dos terceras partes, se convocará a una Asamblea Constituyente para que las verifique.

Art. 129º. Queda reformada la Constitución del Estado de 11 de Diciembre de 1825 y vigentes las leyes que no tengan oposición con la presente.

Dada en Comayagua á once de Enero de mil ochocientos treinta

JUAN LINDO,
D. por Gracias, Presidente.

DIONISIO DE HERRERA,
D. por Nacaome, Vicepresidente.

MARIANO CASTEJON,
D. por Santa Bárbara.

JOSE MARIA ARRIAGA,
D. por Santa Bárbara.

J. SANTIAGO BUEZO,
D. por Olancho.

ENCARNACION NIETO,
D. por Gracias.

FRANCISCO X. GUELL,
D. por la Ciudad de Nacaome.

JACOBO ROSA,
D. por Tegucigalpa.

JOAQUÍN RODRÍGUEZ,
D. por Trujillo.

LUCAS RÍOS,
D. Suplente por Yoro.

MANUEL EMIGDIO VASQUEZ,
D. por Tegucigalpa.

MONICO BUEZO,
D. por Yoro.

ZENÓN BUSTILLO,
D. por Olancho.

LIBERATO MONCADA.
D. por Cantarranas.

MARIANO GARRIGO,
D. por Comayagua.

FRANCISCO AGUILAR.
D. por Comayagua, Secretario.

JUAN IGNACIO VEGA,
D. por Cantarranas, Secretario.

Comayagua Enero 11 de 1839. —Ejecútese —. Firmado de mi mano y nombre: sellado con las armas del Estado; y refrendado por el infrascrito Jefe de Sección encargado del despacho general.

JUAN FRANCISCO DE MOLINA — LEÓN ALVARADO.

CONSTITUCIÓN POLÍTICA
DEL ESTADO DE HONDURAS
4 de Febrero de 1848

En el nombre del Ser Eterno, Autor Omnipotente y
Legislador Supremo del Universo

La Asamblea Constituyente del Pueblo de Honduras, reunida
con el importante objeto de promover y garantir su bienestar y
buena administración, asegurando en sólidos principios sus
sagrados derechos, y consultando para ello las buenas lecciones
que suministra la experiencia; ha venido a decretar y sancionar la
siguiente

Constitución Política del
Estado de Honduras

CAPÍTULO I
DEL ESTADO, DE SUS DERECHOS Y OBLIGACIONES

Art. 1º. El Estado de Honduras la componen todos sus
habitantes, es libre é independiente, su soberanía existe
esencialmente en todo él, y por lo mismo le pertenece
exclusivamente el derecho de establecer sus leyes fundamentales.

Art. 2º. Es uno de los Confederados de Centro América en
virtud de la aceptación que libremente ha hecho del pacto de
Nacaome.

Art. 3º. Estará obligado á conservar y garantir con leyes sabias
y justas; la libertad política y civil, la igualdad, la propiedad, y los
demás derechos legítimos de todos y cada uno de sus habitantes.

CAPÍTULO II
DEL TERRITORIO

Art. 4°. El Estado comprende todo el territorio que durante la dominación española se conoció con el nombre de provincia, circunscrito en los límites siguientes; por el Este, Sudeste y Sur con el Estado de Nicaragua: por el Este, Nordeste y Norte, con el océano Atlántico: por el Oeste, con Guatemala: por el Sur, Sudeste y Oeste, con El Salvador: por el Sur, con la ensenada de Conchagua, en el Pacífico; y las islas adyacentes á sus costas en ambos mares. Cuando se pueda se marcarán de un modo positivo los límites que lo separan de los demás Estados.

Art. 5°. La división del territorio del Estado se hará por una ley general con los datos necesarios; mientras esto se verifica, permanecerán los departamento como estaban el año 1839.

CAPÍTULO III
DE LOS HONDUREÑOS Y CIUDADANOS

Art. 6°. Son Hondureños todos los nacidos en el territorio del Estado los hijos de los otros de la República, avecindados en el de Honduras los extranjeros naturalizados y los hijos de Hondureños nacidos en país extranjero con comisión del Gobierno, ú ocupados en especulaciones científicas, artistas, literarias ó mercantiles o desterrados temporalmente.

Art. 7°. Son ciudadanos todos los Hondureños mayores de 21 años, que sean padres de familia, y tengan la propiedad que designa la ley, ó que sin ella sepan leer y escribir y los Licenciados en cualquiera de las facultades mayores.

Art. 8°. Solamente los ciudadanos en ejercicio de sus derechos podrán obtener empleos en el Estado.

Art. 9º. Desde el año de mil ochocientos sesenta en adelante, ningún Hondureño será ciudadano, si no sabe, leer, escribir y contar.

Art. 10º. Los extranjeros se naturalizan por adquirir bienes raíces en el Estado, del valor que establezca la ley, y con vecindario de cuatro años por contraer matrimonio con Hondureña y vecindario de dos años y por adquirir del cuerpo Legislativo carta de naturaleza.

Art. 11º. Todo el que fuese nacido en las Repúblicas de América, y viniese a radicarse en Honduras, se tendrá por naturalizado desde el momento en que manifieste su designio ante la respectiva autoridad local.

Art. 12º. Los extranjeros residentes en cualquier punto de Honduras, son obligados al pago de todos los impuestos ordinarios y extraordinarios, y al desempeño de los deberes que soporten los naturales, teniendo en su caso expeditos los mismos derechos que éstos para ocurrir a las autoridades, y ser oídos en justicia, debiéndoseles manifestar por las autoridades de los pueblos del Estado a donde primero toquen, este cargo y obligación.

Art. 13º. Se suspenden los derechos de Ciudadano —por proceso criminal en que se haya proveído auto motivado de prisión— por delito que según la ley merezca pena más que correccional por ser deudor quebrado, ó fraudulento legalmente declarado, ó deudor a las rentas públicas, y judicialmente requerido de pago por conducta notoriamente viciada —por incapacidad moral legalmente calificada — y por ser sirviente doméstico cerca de la persona.

Art. 14º. La calidad de Ciudadano se pierde por admitir carta de naturaleza en país extranjero, por admitir empleo, renta ó distintivo de otro Gobierno, excepto los de Centro América, y por sentencia de pena aflictiva, si no se obtuviese rehabilitación.

CAPÍTULO IV
DEL GOBIERNO Y DE LA RELIGIÓN

Art. 15º. El Gobierno del Estado, cuyo único objeto es, el bienestar de sus habitantes, será republicano, popular, representativo; y se ejercerá por tres poderes distintos: Legislativo, Ejecutivo y Judicial. El primero residirá en el Cuerpo Representativo: el segundo en un Presidente; y el tercero en la Corte de Justicia y Juzgados inferiores.

Art. 16º. La religión del Estado será la Cristiana, Católica, Apostólica Romana, con exclusión del ejercicio público de cualquiera otra. Sus altos poderes la protegerán con leyes sabias, pero ni estos ni autoridad alguna tendrán intervención ninguna en el ejercicio privado de las otras que se establezcan en el país, si éstas no tendiesen á deprimir la dominante y el orden público.

CAPÍTULO V
DE LAS ELECCIONES

Art. 17º. Se dividirá el territorio del Estado en distritos electorales que constarán de quince mil almas; y elegirán un Diputado propietario y un suplente; pero entre tanto se reúnan los datos estadísticos para formar aquella división, se elegirán dos Diputados propietarios y un suplente por cada uno de los departamentos de Gracias, Comayagua, Tegucigalpa y Olancho, y un propietario por los de Santa Bárbara, Choluteca y Yoro.

Art. 18º. Por cada uno de los departamentos que hoy existen, ó que en adelante se formaren se elegirá un Senador propietario y un suplente.

Art. 19º. Las elecciones serán directas y la ley reglamentará la manera de hacerlas, dividiendo los distritos y departamentos en cantones, y disponiendo se formen registros de cada cantón, teniendo voto los inscriptos únicamente. Pero por ahora se harán

238

las elecciones lo mismo que actualmente se practican en los departamentos.

CAPÍTULO VI
DE LA ORGANIZACIÓN DEL PODER LEGISLATIVO

Art. 20º. El Poder Legislativo del Estado, se ejercerá por dos Cámaras, una de Diputados y otra de Senadores, elegidos en los términos que se ha dicho. Serán independientes entre sí, y se reunirán sin necesidad de convocatoria, del 19 al 15 de Enero de cada año; sus sesiones ordinarias no pasarán de cuarenta; y podrá tenerlas extraordinarias cuando sea convocado por el Ejecutivo, en cuyo caso solo se ocupará de la causa ó causas que motiven su reunión. Un número menor de Representantes en cada una de ellas tendrá facultad para tomar inmediatamente todas las medidas que convengan para hacer concurrir a los demás hasta conseguir su plenitud; y la primera Legislatura no se disolverá hasta que haya dado todas las leyes que deben emanar de esta Constitución.

Art. 21º. Las dos terceras partes de los miembros de ambas cámaras será bastante para deliberar; pero en este caso, para toda resolución legislativa será necesario el voto de los dos tercios de los presentes en la de Diputados y de tres por lo menos en la del Senado. Entretanto se hace la división de que habla el Art. 17 y continúe el número de Diputados que en él se prefija, serán bastantes para deliberar ocho Diputados y cinco Senadores, debiendo ocurrir en tal caso para toda resolución: el voto de seis Diputados y tres Senadores.

Art. 22º. Abrirán y cerrarán sus sesiones á un mismo tiempo: ninguna de ellas podrá suspenderlas ni prorrogarlas más de tres días sin anuencia de la otra, ni trasladarse a otro lugar sin convenio de ambas.

Art. 23º. La Cámara de Diputados se renovará cada año por mitad, sin que puedan ser reelegidos. En la de Senadores se renovarán por suerte a los dos años, tres de sus miembros, y á los cuatro los restantes; y en lo sucesivo por el orden de su antigüedad.

Art. 24º. Para ser electo Diputado se requiere ser mayor de veinticinco años natural, ó vecino del departamento en que se haga la elección —estar en ejercicio de los derechos de Ciudadano— ser dueño de una propie. dad libre, al menos de quinientos pesos, ó ejercer profesión, oficio, arte, ó industria que produzca igual suma al año.

Art. 25º. Para ser Senador se requiere ser o vecino del departamento y ser dueño de un capital libre que no baje de mil pesos, mayor de treinta años-natural ó ser Licenciado en cualquiera de las facultades mayores.

Art. 26º. Los presidentes del Estado que después de concluido el período o períodos de que su administración hayan obtenido la declaratoria que expresa el art. 41, serán individuos honorarios del Senado.

CAPÍTULO VII
DE LAS FACULTADES COMUNES A LAS DOS CÁMARAS

Art. 27º. Corresponde á cada una de ellas, sin intervención de otra: 1ª. Calificar la elección de sus miembros respectivos, y aprobar ó no sus credenciales: 2ª. Llamar a los suplentes, en caso de muerte ó imposibilidad de concurrir los propietarios: 3ª. Admitir las renuncias que unos ú otras hagan por causas legalmente comprobadas: 4ª. Formar su reglamento interior, y exigir la responsabilidad a sus miembros, por acusación del Consejo ó de los Ciudadanos, estableciendo el orden con que deben ser juzgados, tanto por faltas graves en el ejercicio de sus funciones, como en el caso del siguiente artículo.

Art. 28ª. Ningún Diputado ni Senador será en tiempo alguno responsable por sus opiniones, sean expresadas de palabra ó por escrito, ni podrá ser juzgado civil ni criminalmente, desde el día de elección hasta quince días después de entrar en receso el Cuerpo Legislativo, sino por su respectiva Cámara, en cuanto a la formación e instrucción de la causa, para destituirlo y entregarlo, en consecuencia de ella, al juez correspondiente, cuando el hecho sea de aquellos que merezcan pena más que correccional; pero cualquiera autoridad de crimen podrá aprehenderlo por tales delitos durante aquel período, é instruirle la sumaria correspondiente, dando cuenta con ella á la Cámara que corresponda, para los fines expresados.

CAPÍTULO VIII
DE LAS ATRIBUCIONES DEL PODER LEGISLATIVO

Art. 29º. Corresponde al Poder Legislativo:

1ª. Erigir jurisdicciones y en ellas tribunales para que á nombre de Honduras conozcan, juzguen, sentencien sobre toda clase de crímenes, delitos y faltas, pleitos, acciones y negocios de cualquier naturaleza que sean, en lo civil y criminal, entre Ciudadanos, estantes y habitantes del mismo Estado.

2ª. Interpretar la ley, decretar las funciones y jurisdicciones de los diferentes funcionarios, y decretar los códigos civil, criminal y de procedimientos, para toda clase de personas y delincuentes.

3ª. Nombrar en Asamblea general los Magistrados de la Corte Suprema de Justicia, y vigilar por que se administre cumplidamente.

4ª. Levantar contribuciones é impuestos sobre todos los habitantes y toda clase de bienes y rentas, con la debida proporción; pedir préstamos y facilitarlos á los otros Estados; fijar y decretar anualmente la tropa de servicio activo y los gastos de la hacienda pública, y arreglar su manejo é inversión: tomar cuenta de ella al Poder Ejecutivo: y calificar y reconocer la deuda común, designando los fondos para su amortización.

5ª. Crear y organizar el ejército y milicias del Estado, y decretar e de peligro la subvención de guerra con proporción á los haberes de cada en caso individuo, y sin excepción de privilegio alguno.

6ª. Dirigir la educación pública, decretando bases y principios adecuados al más fácil progreso de las ciencias y artes útiles, y proteger la libertad política de la imprenta.

7ª. Conceder premios honoríficos y gratificaciones compatibles tema de Gobierno establecido, por servicios relevantes á la patria, y señalar, aumentar ó disminuir los sueldos a los funcionarios y empleados.

8ª. Decretar todos los demás estatutos, ordenanzas é instrucciones juzgue necesarias y provechosas al sostenimiento de las garantías constitucionales, mantenimiento del Gobierno, y al interés y bienestar de los Ciudadanos y habitantes de Honduras.

9ª. Arreglar las pesas y medidas, abrir los grandes caminos y canales, decretar las armas y pabellón de Honduras, y determinar la ley, peso, tipo y denominación de la moneda.

10ª. Decretar la guerra y hacer la paz, con presencia de los informes y preliminares que le comunique el Ejecutivo, y ratificar los tratados y negociaciones que el mismo Ejecutivo haya ajustado.

11ª. Conceder indultos y amnistías generales.

12ª. Admitir en Asambleas generales las renuncias que por causas graves hagan de sus oficios el Presidente y Vicepresidente del Estado, los Magistrados de la Corte Suprema, y Consejeros de Estado.

13ª. Decretar en Asamblea general que ha lugar a la formación de causa contra el Presidente y Vicepresidente, Magistrados de la Corte, Ministros del despacho y Consejeros, por acusaciones fundadas que les hagan los Ciudadanos, ó el Consejo.

14ª. En ningún caso ni con pretexto alguno, podrá la Asamblea general conceder facultades extraordinarias al Ejecutivo, ni ampliar las que lleva detalladas en esta Constitución.

CAPÍTULO IX
DE LA FORMACIÓN DE LAS LEYES Y DE SU SANCIÓN

Art. 30º. Sólo en la Cámara de Diputados pueden tener origen los proyectos de ley, y proponerse por los Representantes, los Senadores, y los Ministros del Despacho, a nombre del Ejecutivo;

pero éstos no podrán presentarlos sobre contribuciones, o impuestos de ninguna clase.

Art. 31º. Todo proyecto de ley después de discutido y aprobado por la Cámara de Diputados se pasará á la del Senado para que lo discuta y apruebe, si lo hallare conveniente; si lo aprobase se pasará al Ejecutivo, quien no teniendo objeciones que hacer le dará su sanción, y lo hará cumplir como ley.

Art. 32º. Si la Cámara de Senadores, al examinar el proyecto lo enmendare y modificare, volverá á la de Diputados, para que con las enmiendas y adiciones hechas, lo discuta de nuevo: y si lo aprobase con ellas, pasará otra vez al Senado y éste lo dirigirá al Ejecutivo, para que obre según queda dispuesto en el artículo anterior.

Art. 33º. Cuando el Ejecutivo encontrase inconveniente para sancionar los proyectos de ley, los devolverán al Senado, dentro de diez días, para que éste en el acto lo remita a la Cámara de Diputados, puntualizando las razones en que funde su opinión para la negativa; y si dentro del término expresado no los objetase, se tendrán por sancionados y los publicará como leyes. En el caso de devolución la Cámara de Diputados podrá reconsiderar y ratificar el proyecto con los dos tercios de votos con los presentes, y lo pasará al Se- nado para que lo apruebe de nuevo, si le pareciere; en este caso lo dirigirá al Ejecutivo, quien lo tendrá por ley, y la publicará y ejecutará.

Art. 34º. Un proyecto de ley desechado y no ratificado, no se podrá presentar otra vez en las mismas sesiones, sino hasta en las del año siguiente. Cuando se ratifique, la votación será nominal y deberá constar en el acta del día.

Art. 35º. Todo proyecto de ley aprobado en la Cámara de Diputados se extenderá por triplicado, se publicará en ella, y firmados los ejemplares por su Presidente y Secretario pasará al Senado. Aprobándolo éste, lo firmará así mismo su Presidente y

Secretario y lo dirigirá al Ejecutivo, con esta fórmula: Al Poder Ejecutivo. Si lo reprobase los devolverá usando de otra: Vuelva á la Cámara de Diputados, cuya fórmula constará en solo uno de los ejemplares. La que esta Cámara empleará para dirigir al Senado los proyectos, será: Pase al Senado.

Art. 36º. Recibido por el Ejecutivo un proyecto de ley, si no le encontrare objeciones que hacer, firmará los tres ejemplares, devolverá dos al Senado para que uno quede en su archivo y pase el otro á la Cámara de Diputados, y que se conserve en el suyo: el otro se custodiará en el del Ministerio y se publicará como ley.

Art. 37º. La promulgación de la ley se hará en esta forma: Por cuanto la Cámara de Diputados decretó y la de Senadores aprobó lo siguiente: (aquí el texto) Por tanto: Ejecútese.

CAPÍTULO X
DEL PODER EJECUTIVO Y
DE LOS MINISTROS DEL DESPACHO

Art. 38º. El Poder Ejecutivo se ejercerá por un Presidente del Estado, que se nombrará directamente por los Ciudadanos de Honduras; pero cuando no resulte electo por Mayoría absoluta de votos, las Cámaras reunidas en Asamblea general lo elegirán entre los dos o más que hayan obtenido número de sufragios; y si una sola persona obtuviese esta mayoría, se entre ella y la que le siga en el inmediato número de votos. mayor elegirá

Art. 39º. Para Presidente se requiere ser mayor de treinta y dos años del estado seglar, natural de la Confederación de Centro América con vecindario de cinco años en Honduras, estar en ejercicio de los derechos de Ciudadano, ser dueño de un capital que no baje de cinco mil pesos, en bienes raíces y semovientes, y tener buena conducta.

Art. 40º. Para suplir las faltas del Presidente, la Asamblea general elegirá un Vicepresidente, entre los que después de aquel tuvieron mayor número de sufragios; y por si no ocurriese a tiempo, ejercerá entre tanto el Ejecutivo el Senador más inmediato.

Art. 41°. La duración del Presidente y Vicepresidente será de cuatro años y podrán ser reelegidos una sola vez, sin el intervalo de igual tiempo, si lo fueren popularmente, mas para ello es preciso que la Asamblea general los declare previamente, Buenos servidores del Estado, luego que se reúna en la época que haya de hacerse, o declararse la acción. Esta circunstancia será también necesaria para que puedan servir dichos oficios, los ejercido el Ejecutivo del Estado.

Art. 42°. El período para la duración del Presidente y Vicepresidente comenzará y fenecerá el 19 de Febrero, sin poder fungir un día más.

Art. 43°. Para ser Ministro del despacho se requiere ser mayor de veinte y cinco años de edad, estar en el ejercicio de los derechos de Ciudadano, tener luces, buena conducta, ser vecino del Estado, poseer un capital que no baje de mil pesos.

Art. 44°. El Presidente nombrará uno, ó dos Ministros cuando lo juzgue oportuno, y fijará los departamentos que á cada uno correspondan, pudiendo suspenderlos por causas justificadas y dar cuenta á la inmediata Asamblea para que declare si ha lugar a formación de causa, en cuyo caso podrá nombrar un interino.

Art. 45°. Todas las órdenes del Ejecutivo se expedirán por medio del Ministro; las que de otra suerte se expidiesen no deben ser obedecidas ni cumplidas. Las personas que los sirvan serán responsables por las que autoricen y despachen contra la Constitución ó leyes.

CAPÍTULO XI
DE LAS ATRIBUCIONES DEL PODER EJECUTIVO

Art. 46°. Tiene por principal deber y atribución el Ejecutivo:

1ª. Conservar la paz y tranquilidad interior del Estado, con arreglo a las leyes.

2ª. Publicarlas, y hacerlas ejecutar, y cumplir.

3ª. Proponer á la Cámara de Diputados, por medio del Ministro, los proyectos de ley que crea útiles y convenientes al bienestar de los Hondureños, con la restricción del artículo 30.

4ª. Proveer todos los empleos civiles, políticos, militares, judiciales y de hacienda, y los demás que dispongan las leyes.

5ª. Convocar extraordinariamente el Cuerpo Legislativo, oyendo al Consejo, cuando el Estado se halle amenazado de invasión, ó que el orden público se altere considerablemente; y en cualquier otro caso imprevisto que sea necesaria su reunión, para precaver o conservar la independencia e integridad del territorio, ó bien sus derechos internacionales, debiendo en tal caso llamar á los Suplentes de los Diputados y Senadores que hayan fallecido durante el receso.

6ª. En el caso de la fracción anterior y en el de peste ó hambre, si no hubiese tiempo para convocar y reunir al Poder Legislativo podrá decretar empréstitos o contribuciones generales, en justa proporción a los haberes de cada ciudadano, pero nunca en personas determinadas, previo acuerdo del Consejo, dando cuenta exacta del uso que hubiese hecho de esta facultad.

7ª. Señalar el lugar de la reunión del Cuerpo Legislativo, cuando el designado por él estuviese en epidemia, o se encuentre amenazado de algún otro peligro inminente en que pueda deliberarse con libertad y seguridad.

8ª. Presentar a la Asamblea general, por medio del Ministro a los cinco días de abiertas las sesiones ordinarias, un detalle circunstanciado del estado de todos los ramos de la administración pública; con los proyectos que juzgue oportunos para su conservación, reforma o mejoras, y una cuenta exacta del año económico vencido, con el presupuesto de los gastos del venidero para cubrirlos; y si dentro del término expresado no presentare esta cuenta y medios y presupuesto, quedará por el mismo hecho suspenso de sus funciones el Ministro general, o de hacienda si lo hubiere.

9ª. Hacer la guerra y celebrar tratos de paz, y cualesquiera otras negociaciones, sometiéndolas a la ratificación del Cuerpo Legislativo.

10ª. Dirigir y disponer de la fuerza armada para hacer cumplir las leyes y mantener el orden público, desempeñar la comandancia general; y mandar en persona el ejército, con aprobación del Cuerpo Legislativo, en cuyo caso recaerá el Ejecutivo en el Vicepresidente.

11º. Levantar la fuerza necesaria á mas de la decretada por repeler invasiones, o contener insurrecciones, dando cuenta al Poder Legislativo en su próxima reunión.

12º. Conmutar las penas.

13º. Separar libremente á los Comandantes de armas.

14º. Trasladar a todos los funcionarios y empleados de su nombramiento y suspenderlos temporalmente sin goce alguno de sueldo, hasta por seis meses, por ineptitud, desobediencia, faltas graves en el ejercicio de sus funciones, o malversación, oyendo al Consejo. Se exceptúan en el uso de esta facultad a los jueces de primera instancia. A estos y á aquellos podrá admitirles sus renuncias.

15º. Conceder retiros y licencias á los empleados y funcionarios, en los casos prevenidos por la ley.

16º. Dar á las Cámaras los informes que le pidan; y siendo sobre asuntos de reserva lo expondrá así para que le dispensen su manifestación, o se la exijan si lo creyeren conveniente; pero no estará obligado a manifestar los planes de guerra ni las negociaciones de alta política, sino en el caso de que los informes sean necesarios para exigirle la responsabilidad, en la cual no podrá rehusarlos por ningún motivo, ni reservarse los documentos después de ser acusado ante la Asamblea general.

17º. Espedir reglamentos y ordenanzas para facilitar y asegurar la ejecución de las leyes, la buena administración de las rentas públicas, y su legal inversión.

18°. Celebrar contratas de colonización sujetándolas a la aprobación del Cuerpo Legislativo, sin cuyo requisito no podrán tener efecto.

19°. Cuando llegue a su noticia que alguna autoridad subalterna ha tras- pasado la órbita de sus atribuciones infringiendo alguna ley, mandará suspenderla é instruir la correspondiente averiguación; y resultando efectivo la de- pondrá inmediatamente y de no hacerlo, el mismo Ejecutivo llevará la responsabilidad.

20°. Inspeccionar con arreglo a las leyes y estatutos que rijan, los establecimientos públicos de ciencias y artes, las cárceles y presidios, los objetos de policía y orden; y formar la estadística.

CAPÍTULO XII
DEL CONSEJO DE ESTADO

Art. 47°. El Consejo de Estado se compondrá; de un Senador, electo la Asamblea general: de un Magistrado de la Corte, nombrado por la sección en que se encuentre el Gobierno: del Ministro ó Ministros del despacho: del Director de la hacienda pública: del primer Contador mayor; y de aquellos funcionarios beneméritos por su ilustración ó servicios, que, no pasando de dos, podrán nombrar la Asamblea general.

Art. 48°. El Consejo, con aprobación del Ejecutivo, podrá asimismo nombrar Consejeros honorarios a los empleados ó Ciudadanos de merecimiento y distinguidos por su honradez, luces y servicios.

Art. 49°. Corresponde al Consejo:

1ª. y fronteras, Generales y Coroneles, por delitos cometidos en el ejercicio de las leyes: en su sanción, cuando quiera oír su dictamen: para usar de la fuerza armada: para conceder, negar, ó pedir auxilio: para cualquier gasto extraordinario: para decretar empréstitos ó contribuciones; y en los demás casos en que tenga a bien oírlo.

2ª. Recibir las acusaciones que hagan los Ciudadanos a los individuos de los Altos Poderes, y dar cuenta con ellas a la Asamblea general en su próxima reunión ordinaria. El Consejo los acusará también en todos los casos en que su conducta sea notoriamente contraria al bien de la sociedad. y por traición, venalidad, cohecho ó soborno, falta grave en el ejercicio de sus funciones, y por delitos comunes que merezcan pena más que correccional. Estos y los anteriores producen acción popular.

3ª. Declarar, oyendo al Ejecutivo, cuando ha lugar á la formación de causa contra el segundo Contador mayor. Ministros de la Dirección general y Aduanas, Jefes Políticos, Intendentes, Comandantes seccionarios, de puertos y fronteras, Generales y Coroneles, por delitos cometidos en el ejercicio de sus funciones, debiendo ser juzgados por ellos y por los demás que cometan, por los tribunales comunes.

Art. 50º. Las acusaciones contra el Consejo por los casos expresados en el párrafo 29 del artículo anterior, se podrán presentar por los Ciudadanos al Ejecutivo para que las pase al Poder Legislativo en su próxima reunión ordinaria, ó las dirigirán á éste directamente.

Formar su reglamento interior, y someterlo a la aprobación de la Asamblea general.

CAPÍTULO XIII
DEL PODER JUDICIAL

Art. 51º. El Poder Judicial es independiente en sus atribuciones: à él solo pertenece la aplicación de la ley en las causas civiles y esencialmente en una Corte Suprema de Justicia, dividida en dos secciones y compuesta cada una de tres Magistrados propietarios y dos Suplentes, que elegirá la Asamblea general, estableciéndose una en la capital del Estado la otra en la Ciudad de Tegucigalpa. Los individuos que se nombren para jurisprudencia tal destino serán Abogados de crédito y honradez mayores de veinticinco años. personas de treinta arriba dueños de un capital libre que no baje de mil pesos, y dotados de mas que medianos conocimientos en padres de familia-Ciudadanos en el ejercicio de sus derechos y vecinos del Estado. Serán inamovibles durante su buena conducta; pero si hicieren dimisión, podrá admitírseles a los dos años de haber tomado posesión. criminales: residirá

Art. 52°. Cada Sección de Corte Suprema de Justicia será Tribunal de Segunda instancia en la demarcación territorial que le haga la ley, y de ter cera en los Juicios que haya conocido la otra apelación.

Art. 53°. Las atribuciones de las Secciones las determinan las leyes, ya sea respecto de aquellos asuntos en que hayan de conocer en segunda y tercera instancia, ó ya como Corte plena.

Art. 54°. Propondrán al Ejecutivo para nombramiento de jueces de primera instancia, y velarán sin descanso para que se administre pronta y cumplida justicia en sus respectivas demarcaciones, dirimiendo las competencias que se susciten entre cualesquiera Tribunales y Juzgados.

Art. 55°. Darán el pase á los documentos públicos y reconocerán los actos judiciales verificados en los otros Estados, de cualquier importancia y naturaleza que fueren, siempre que estuviesen conformes a las leyes de aquel de donde procedieren.

Art. 56°. Podrán suspender, durante el receso del Cuerpo Legislativo, a los miembros de su Tribunal, y á los Jueces de primera instancia y Asesores, en todo tiempo cuando éstos y aquellos se hagan culpables de faltas graves en el ejercicio de sus funciones oficiales; sin goce alguno de sueldo, y previa información sumaria del hecho.

CAPÍTULO XIV
DE LOS JUECES INFERIORES

Art. 57º. La ley establecerá Jueces de primera instancia para conocer en lo civil y criminal, demarcará las jurisdicciones de cada uno, y la compensación proporcionada a su trabajo.

Art. 58º. Para ser Juez de primera instancia se requiere; ser Ciudadano en el ejercicio de sus derechos-mayores de 25 años letrado ó tener conocimiento en jurisprudencia, poseer un capital que no baje de quinientos pesos, ser padre de familia y de notoria honradez. Para emitir sus fallos consultarán á los Asesores que deben crearse. La ley determinará sus atribuciones. Unos y otros serán inmovibles durante su buena conducta, y podrán renunciar á los dos años de haber tomado posesión.

CAPÍTULO XV
DE LA ADMINISTRACION DE JUSTICIA EN LO CRIMINAL

Art. 59º. Ninguno podrá ser preso, sino en virtud de orden escrita por autoridad competente para darla.

Art. 60º. No podrá librarse de esta orden sin que proceda justificación de que se ha cometido un delito que merezca pena más que correccional y sin que resulte al menos por el dicho de un testigo quien es el delincuente.

Art. 61º. Pueden ser detenidos: el delincuente cuya fuga se tema con fundamento; y el que sea encontrado en el acto de delinquir; en cuyo caso todos pueden aprehenderle para ser llevado al Juez.

Art. 62º. La detención de que habla el artículo anterior no podrá durar mas que cuarenta y ocho horas, y durante este término deberá la autoridad que la haya ordenado practicar lo prevenido en el artículo 59, y librar la orden de prisión ó poner en libertad al detenido.

Art. 63º. Todo reo debe ser interrogado dentro de 48 horas, y el Juez estará obligado á decretar su libertad, ó permanencia en la prisión dentro las veinticuatro siguientes, según el mérito de lo actuado.

Art. 64º. Dentro de estas veinticuatro horas se manifestará al reo la causa de su prisión, y el nombre de su acusador, quien estará obligado a probar su querella.

Art. 65º. Las personas aprehendidas por la autoridad no podrán ser llevadas a otro lugar de prisión, detención ó arresto, que á los que estén legal y públicamente destinados al efecto.

Art. 66º. Todo el que no estando autorizado por la Ley expidiere, firmare, ejecutare, ó hiciere ejecutar la prisión, detención ó arresto de alguna persona: todo el que en caso de prisión, detención ó arresto, autorizado por la Ley, condujere, recibiere ó detuviere al reo en lugar que no sea de los señalados pública y legalmente, y todo alcaide que contraviniere á las disposiciones presentes de este capítulo, es reo de detención arbitraria.

Art. 67º. Cuando alguno no estuviere incomunicado por orden del Juez, trascrita en el registro del alcaide, no podrá éste impedir su comunicación con las personas.

Art. 68º. No podrá ser llevado ni detenido en la cárcel el que diere fianza en los casos en que la Ley no lo prohíba.

Art. 69º. El arresto, prisión, ó reclusión por pena correccional, no podrá pasar de treinta días, ni de veinticinco pesos de multa.

Art. 70º. No podrá imponerse la pena de muerte en caso alguno, por grave, criminal y atroz que merezca, excepto a los que mandan infligirla a una ó más personas; sin que para excepcionares pueda ser alegada la aprobación del hecho, cualquiera que sea la autoridad que la hubiere dado, ni alegar el lapso del tiempo por largo que fuere.

Art. 71º. El Cuerpo Legislativo dispondrá que haya visitas de cárceles para toda clase de presos, detenidos y arrestados.

Art. 72º. Toda falta de observancia de las leyes que arreglen el proceso en lo criminal, así como en lo civil, hace responsable personalmente á los jueces que la cometieron. Por un mismo delito no podrá haber dos juicios.

Art. 73º. Las penas deben ser proporcionadas á la naturaleza y gravedad del delito: su verdadero objeto es, corregir y no exterminar a los hombres. Por tanto: todo apremio ó tortura que no sean necesarias para mantener en seguridad á las personas, es atroz y cruel, y no debe consentirse.

Art. 74º. Ningún individuo podrá ser llevado á dar testimonio en materias criminales contra si mismo, ni contra sus parientes dentro del cuarto grado de consanguinidad y segundo en afinidad; y todo proceso criminal tendrá el reo derecho de producir cuantas pruebas le sean favorables: de ser careado con los testigos, cuando lo pida; y de hacer la defensa por sí mismo, por medio de su Abogado ó defensor.

Art. 75º. Ningún juicio civil ó sobre injurias podrá establecerse sin hacer constar que se ha intentado antes el medio de conciliación.

CAPÍTULO XVI
DE LA RESPONSABILIDAD, Y MODO DE PROCEDER EN LAS DE LAS SUPREMAS AUTORIDADES

Art. 76º. Todo funcionario ó empleado, al posesionarse de su destino, prestará juramento de ser fiel al Estado, de cumplir y hacer cumplir la Constitución y las leyes, y atenerse a su texto cualesquiera que sean las ordenes o resoluciones que las contraríen; y por sus infracciones serán responsables con su persona y sus bienes, hasta que transcurra un tiempo igual al que sirvieron.

Art. 77º. Siempre que el Consejo, por mayoría de votos, y cumpliendo su primera atribución, acuse alguno de los individuos de los Altos Poderes, o dirija a la Asamblea general las acusaciones que los ciudadanos les hagan, o que éstos les pongan directamente, la instrucción de la causa, si hubiere lugar a ella y sus procedimientos, se verificarán en la Asamblea por cinco de sus miembros, electos por la suerte; pero el pronunciamiento se hará colectiva- mente, debiendo concurrir dos tercios de votos de los presentes para que haya sentencia. Del propio modo se juzgará a los Consejeros cuando sean acu. sados por los Ciudadanos. Los Diputados y Senadores lo serán por su propia Cámara, en los mismos términos, con la diferencia de que harán la instrucción de la causa, en la de los primeros, dos Diputados, y en la de los Senadores, el que se nombre por ella.

Art. 78º. Las sentencias de la Asamblea general, y las de la Cámara, se limitarán a deponer al acusado y a declararle incapaz de obtener otros honoríficos, lucrativos o de confianza, por cierto tiempo o perpetuidad; mas si la causa diere mérito, quedará sujeto el culpable a los resultados de un procedimiento ordinario ante los Tribunales comunes.

Art. 79º. Desde que se declare en la Asamblea general que se ha por admitida la acusación, el acusado queda desde este acto suspenso del ejercicio de sus funciones oficiales, y por ningún motivo podrá permanecer más en su puesto sin hacerse responsable del crimen de usurpación, y ningún individuo podrá obedecerle.

Art. 80º. Los decretos, autos y sentencias, pronunciadas por la Asamblea general o las Cámaras, deben ser cumplidas y ejecutadas sin necesidad de confirmación ni sanción alguna.

CAPÍTULO XVII
DEL TESORO PÚBLICO

Art. 81°. Formarán el Tesoro Público del Estado: todos sus bienes muebles, raíces y créditos activos: todos los impuestos, contribuciones, tallas y tasas que paguen los hondureños, o en adelante pagaren, por sus personas, industria, bienes o comercio; y todos los derechos que satisface el comercio con arreglo a las leyes.

Art. 82°. Al principio de las sesiones se publicará anualmente una cuenta de los ingresos y egresos del tesoro público; y el Ejecutivo ordenará la publicación periódica de un estado de ingresos y egresos de todas las rentas.

Art. 83°. Habrá en Honduras un director general de la hacienda pública, y en los departamentos Intendentes: los últimos sólo gozarán de un tanto por ciento; y a ellos y al Director les demarcará la ley sus funciones y calidades, y establecerá los demás empleados que administren, glosen y lleven la cuenta y razón.

CAPÍTULO XVIII
DEL GOBIERNO POLÍTICO DE LOS DEPARTAMENTOS Y DEL REGIMEN MUNICIPAL

Art. 84°. En cada uno de ellos habrá un Jefe político nombrado por el Ejecutivo. Serán de reconocida honradez e instrucción, dueños de un capital libre que no baje de quinientos pesos, vecinos del departamento respectivo, mayores de veinticinco años de edad.

Art. 85°. Las Jefaturas y las Intendencias no podrán servirse por una misma persona y solo en tiempo de guerra agregará á las primeras mando militar, cuando así lo juzgue oportuno el Ejecutivo.

Art. 86°. Los Jefes Políticos serán los órganos de comunicación entre el Ejecutivo y las autoridades de los pueblos, y los primeros agentes del Gobierno en la ejecución de las leyes y seguridad interior y exterior de cada departamento, mas no se mezclarán en lo judicial. Durarán cuatro años en sus funciones y podrán ser reelectos. La Ley designará sus funciones y la manera de ejercerlas.

Art. 87°. Habrá Municipalidades en todas las cabeceras de parroquias y los demás pueblos que contengan quinientas almas reunidas ó en su demarcación. Los alcaldes deben precisamente saber leer y escribir. Una ley particular complementará el sistema municipal.

Art. 88°. Los pueblos que no puedan ser gobernados por Alcaldes Municipales, tendrán Alcaldes ordinarios, sin jurisdicción, que en los asuntos políticos se entiendan directamente con el Jefe departamental, y en los de justicia con el Juez de primera Instancia.

CAPÍTULO XIX
DE LA MANERA EN QUE DEBE
REFORMARSE ESTA CONSTITUCIÓN

Art. 89°. Ninguno de sus artículos podrá reformarse ni adicionarse antes de que pasen seis años. Pero si los actos decretados por la dieta de Nacaome se aprobasen por los Estados de Nicaragua y El Salvador y que en consecuencia reunida que sea la Asamblea-nacional constituyente decrete la Constitución que haya de regir a la Confederación, la Legislatura ordinaria convocará una Asamblea constituyente para que la acepte, y modifique á la vez la presente Constitución en la parte que únicamente llegue a oponerse a aquella.

Art. 90°. Transcurrido el dicho término se procederá á su reforma parcial o adición, si la cuarta parte de los miembros de la Asamblea general lo propusiere y esta lo acordase con los dos tercios de votos de los electos, aprobación del Senado y sanción del Ejecutivo. Y entonces si la opinión pública exigiere una reforma total, propuesta y aceptada que sea en la propia manera, se convocará una Asamblea Constituyente para que la decrete.

Art. 91º. Las reformas parciales sobre garantías jamás podrán acordarse si no es para ampliar la existencia. La división de los poderes tampoco podrá alterarse.

CAPÍTULO XX
DECLARACIÓN DE LOS DERECHOS, DEBERES Y GARANTIAS DEL PUEBLO Y DE LOS HONDUREÑOS EN PARTICULAR

Art. 92º. La soberanía es inajenable é imprescriptible y limitada a lo honesto, útil y conveniente á la sociedad: ninguna fracción de pueblos o de individuos podrán atribuírsela, y su ejercicio está circunscrito originariamente a practicar las elecciones conforme á la ley.

Art. 93º. Todo poder político emana del pueblo: los funcionarios públicos con sus Delegados y agentes, y no tienen otras facultades las que expresamente les da la ley. Por ella ordenan y gobiernan: por ella se les debe obediencia y respeto; conforme a ella deben dar cuenta de sus operaciones.

Art. 94º. Todos los habitantes del Estado tienen derechos incontestables, para conservar su vida y su libertad: para adquirir, poseer y disponer de sus bienes; y para procurar su felicidad sin daño de tercero: están obligados, á obedecer las leyes, respetar las autoridades establecidas, contribuir, en proporción de sus haberes, para los gastos públicos, y servir y defender la patria con las armas, aun á costa de su vida, cuando sean llamados por la ley.

Art. 95º. Solo por los medios constitucionales se asciende al Poder Supremo; si alguno lo usurpare por medio de la fuerza ó de la sedición popular, es reo del crimen de usurpación: todo lo que obrare será nulo, y las cosas volverán al estado que tenían antes, luego que se establezca el orden constitucional,

Art. 96°. Es nula toda resolución, decreto, orden, acuerdo ó sentencia de los Poderes constitucionales en que interviniere coacción ocasionada por la fuerza pública ó por el pueblo en tumulto.

Art. 97°. Ningún cuerpo armado puede hacer requisiciones ni exigir clase alguna de auxilio, sino por medio de las autoridades civiles y con orden formal de éstas.

Art. 98°. La fuerza armada es esencialmente obediente, no puede deliberar, ni ningún individuo de ella, en servicio activo, podrá ser electo Diputado, Senador ni Presidente.

Art. 99°. Todo Ciudadano y habitante puede libremente expresar, escribir y publicar su pensamiento, sin previa censura, y con sólo la obligación de responder por el abuso de esta libertad, ante el Tribunal que establecerá la ley. Pueden igualmente los hondureños reunirse pacíficamente y en buen orden para tratar cuestiones de interés público, o para dirigir peticiones a las autoridades constituidas; mas los autores de estas reuniones responderán personalmente de cualquier desorden que se cometa.

Art. 100°. Las acciones privadas que no ofendan directamente el orden público, ni producen perjuicio de tercero, están fuera de la competencia de la ley.

Art. 101°. Ningún Hondureño puede ser inquietado, molestado ni per. seguido por sus opiniones, de cualquiera naturaleza que sean, con tal por un acto directo y positivo no perturbe el orden o infrinja la ley.

Art. 102°. Las leyes, ordenes, providencias o sentencias retroactivas, proscriptivas, confiscatorias, condenatorias sin juicio que hacen trascendental la infamia son injustas, opresivas y nulas. Las autoridades o individuos cometan semejantes violaciones, responderán en todo tiempo, con sus personas y bienes, a la reparación del daño inferido.

Art. 103. Todo Hondureño tiene derecho a estar al abrigo de inquisiciones, pesquisas y apremios, en su persona, en su casa, en sus papeles, familias y propiedades. La ley clasificará la manera de visitar lugares sospechosos, registrar casas para comprobar delitos y aprehender delincuentes para someterlos a juicio; y ningún individuo será juzgado en otra jurisdicción de aquellas en que se cometa el delito.

Art. 104°. En ningún caso ni circunstancia serán juzgados los hondureños por Tribunales y Juzgados militares, ni sometidos a las penas y castigos prescriptos por las ordenanzas del ejército a excepción de la marina milicia en servicio activo.

Art. 105°. Solamente los Tribunales establecidos con anterioridad por la ley juzgarán y conocerán en las causas civiles y criminales de los Hondureños: si lo hicieren el Cuerpo Legislativo, fuera de los casos que se dejan señalados, o el Poder Ejecutivo, o el Consejo, tomándose facultades que no les competen, o declarando delincuente o castigando a un individuo que debe ser juzgado por sus Jueces naturales, se declara que tales Poderes atacan la presente Carta, y que por su infracción responderá en todo tiempo con sus personas y bienes.

Art. 106°. Las causas de cualquier género que sean se fenecerán dentro del territorio de Honduras: no podrán correr más de tres instancias, y ningún habitante podrá sustraerse, por motivo alguno, del conocimiento de la autoridad que la ley señala.

Art. 107°. Todo Ciudadano ó habitante libre de responsabilidad, puede otro individuo ó autoridad que la viole, y el juez que la admita en juicio, queda personalmente responsable por la infracción de esta garantía.

Art. 108°. La correspondencia epistolar es inviolable, la interceptada no hará fé en juicio ni fuera de él. Los Administradores de correos y cualquier emigrar donde le parezca y volver cuando le convenga.

Art. 109º. La policía de seguridad no podrá ser confiada si no a las autoridades civiles, en la forma que la ley establezca.

Art. 110º. La facultad de nombrar árbitros en cualquier estado de los pleitos civiles, es inherente a toda persona, y la sentencia que pronunciaren será inapelable si las partes comprometidas no se reservasen expresamente este derecho.

Art. 111º. Unos mismos Jueces no pueden serlo en dos diversas instancias; avocar causas pendientes, para conocer de ellas, ni abrir juicios fenecidos.

Art. 112º. La propiedad de cualquier calidad que sea, no podrá ser ocupada si no es por causa de interés público, legalmente comprobada, y previa- mente indemnizado su valor á justa tasación.

Art. 113º. Ni el Poder Legislativo ni el Ejecutivo, ni ningún Tribunal ó autoridad podrá restringir, alterar o violar ninguna de las garantías enuncia- das: cualquier Poder ó autoridad que las infrinja, será responsable individualmente al perjuicio inferido en los mismos términos del artículo 102 v reputado como usurpador.

Art. 114º. Queda derogada la Constitución del Estado de once de enero de mil ochocientos treinta y nueve, y vigentes las leyes que no tengan oposición con la presente.

Dada en Comayagua á cuatro de febrero de mil ochocientos cuarenta y ocho.

J. FRANCISCO ZELAYA, D. P.
HIPOLITO CASIANO FLORES, D. V. P.
JOAQUÍN MEZA Diputado por Comayagua.
CARLOS HERRERA Representante por Olancho.
JOSÉ DE ZELAYA, Diputado por Gracias.
PEDRO P. CHÉVEZ, D. por Comayagua.
CORNELIO LAZO, D. por Olancho.

SATURNINO BOGRÁN, D. por Santa Bárbara.
BERNARDO INESTROZA D. S. por Choluteca.
TOMÁS SOTO, D. por el Departamento de Tegucigalpa

J. LOPEZ, D. por Choluteca.
F. XATRUCH.D. S. por Choluteca.
FRANCISCO GÓMEZ, D. por el Departamento de Comayagua.
FRANCISCO MEDINA, D. por Olancho, Srio.
ANACLETO MADRID, D. por Gracias.
MANUEL LEIVA, D. por el D. de Gracias, Srio
JOSÉ GREGORIO GARCÍA, D. por Santa Bárbara.

Ejecútese: lo tendrá entendido el Ministro del despacho de Relaciones, y dispondrá se imprima, publique y circule.

Dado en la Ciudad de Comayagua, en la casa del Gobierno, y refrendado por el infrascrito Ministro de Relaciones, á 5 de Febrero de 1848.

JUAN LINDO.

SANTOS GUARDIOLA.

CONSTITUCIÓN POLÍTICA DE LA REPÚBLICA DE HONDURAS
de 28 de Septiembre de 1865

En el Nombre de Dios y en Ejercicio de La Soberanía Nacional La Asamblea Constituyente del pueblo hondureño, instalada con el objeto de reformar la Carta fundamental de 4 de Febrero de 1848, decreta y sanciona la siguiente

Constitución Política

CAPÍTULO I
DE LA REPÚBLICA Y SU SOBERANÍA

Art. 1°. El pueblo hondureño se constituye en República.

Art. 2°. La República de Honduras es soberana, libre e independiente; y por lo mismo le pertenece el derecho exclusivo de gobernarse a sí misma y establecer sus leyes fundamentales.

Art. 3°. La soberanía reside en la universalidad de los ciudadanos hondureños. La ejercerán directamente en el acto de sufragar conforme á leyes; y en todo lo demás, por medio de los Poderes que establece la política es inalienable e imprescriptible.

Ningún individuo, ninguna fracción del pueblo puede atribuirse su ejercicio.

Art. 4°. Todo Poder político emana del pueblo. Los funcionarios públicos son sus delegados y agentes y no tienen otras facultades que las que ex- presamente les da la ley. Por ella ordenan, juzgan y gobiernan; por ella se les debe obediencia y respeto; y conforme a ella deben dar cuenta de sus operaciones.

CAPÍTULO II
DEL TERRITORIO

Art. 5º. La República comprende todo el territorio que durante la dominación española se conoció con el nombre de Provincia, circunscrito en los límites siguientes: por el Este, Sudeste y Sur con la República de Nicaragua; por el Este, Nordeste y Norte con el Océano Atlántico; por el Oeste con Guatemala; por el Sur, Sudeste y Oeste con el Salvador; y por el Sur con la en- senada de Conchagua en el Pacífico; y las islas adyacentes a sus costas en ambos mares.

Una ley demarcará especialmente los límites del territorio de la República.

Art. 6º. La división del territorio de la República se hará por una ley general, con los datos necesarios; mientras esto se verifica, permanecerán los departamentos como están actualmente.

CAPÍTULO
DEL GOBIERNO Y DE LA RELIGIÓN

Art. 7º. El Gobierno de la República es popular representativo; y se ejercerá por tres Poderes distintos; Legislativo, Ejecutivo y Judicial.

Art. 8º. La Religión de la República es la Cristiana, Católica, Apostólica, Romana, con exclusión del ejercicio público de cualquiera otra. El Gobierno la protege; pero ni éste ni autoridad alguna tendrán intervención en el ejercicio privado de las otras que se establezcan en el país, si estas no tienden a deprimir la dominante y a alterar el orden público.

CAPÍTULO IV
DE LOS HONDUREÑOS,
SUS DERECHOS Y OBLIGACIONES

Art. 9º. Son Hondureños:

1ª. Todas las personas nacidas en el territorio de la República.

2ª. Los hijos de padres y madres hondureños nacidos en país extranjero, con comisión del Gobierno, o ausentes temporalmente;

3ª. Los Centro Americanos que hayan ganado vecindario en cualquier pueblo de la República; y

4º. Los extranjeros naturalizados.

Art. 10º. Los extranjeros se naturalizan:

1ª. Por obtener del Cuerpo Legislativo carta de naturaleza.

2ª. Por adquirir bienes raíces con valor de dos mil pesos.

3ª. Por contraer matrimonio con hondureña y vecindario de un año; y

4ª. Por el simple vecindario de dos años.

Art. 11.-Son derechos de los hondureños.

1ª La libertad.

2ª. La igualdad ante la ley.

3ª. La seguridad individual; y

4ª. La propiedad.

Art. 12º. Los hondureños son obligados:

1ª. A ser fieles a la Constitución, a obedecer las leyes y respetar las autoridades establecidas.

2ª. A contribuir en proporción de sus haberes para los gastos públicos; y

3ª. A defender la patria con las armas, cuando sean llamados por la ley.

CAPÍTULO V
DE LA CIUDADANIA

Art. 13°. Son ciudadanos todos los hondureños, mayores de veinte años que tengan oficio, o propiedad que les asegure un modo de vivir honesta y decentemente. También son ciudadanos, los mayores de diez y ocho años que con las cualidades expresadas tengan grado literario, o sean casados.

Ninguno de los contenidos en este artículo tendrá voto pasivo, sino con arreglo a las leyes. Los extranjeros no están obligados a admitir la ciudadanía.

Art. 14°. Solo los ciudadanos en ejercicio pueden obtener empleos en la República.

Art. 15°. Pierden la cualidad de ciudadanos:

1ª. Los sentenciados por delitos que merezcan pena más que correccional, hasta obtener rehabilitación.

2ª. Los que admitan empleos de otros Gobiernos sin licencia del Congreso. con excepción de los de Centro América; y

3ª. Los que se naturalicen en país extranjero.

Art. 16°. Se suspenden los derechos de ciudadano:

1ª. Por hallarse procesado criminalmente y tener decretado auto de prisión.

2ª. Por ser deudor fraudulento declarado, o deudor a las rentas públicas, requerido judicialmente de pago.

3ª. Por conducta conocidamente viciada, o vagancia calificada.

4ª. Por enajenación mental, legalmente declarada; y

5ª. Por ser sirviente doméstico cerca de la persona.

CAPÍTULO VI
DE LAS ELECCIONES

Art. 17º. Se dividirá el territorio de la República en distritos electorales que constarán de diez mil almas; y elegirán un Diputado propietario y un suplente. Pero entre tanto se reúnen los datos estadísticos para formar aquella división, se elegirán tres Diputados propietarios y dos suplentes por cada uno de los departamentos de Comayagua, Tegucigalpa, Gracias y Olancho y dos suplentes por cada uno de los de Santa Bárbara, Yoro y Choluteca.

Art. 18º. Las elecciones serán directas y la ley reglamentará la manera de hacerlas, dividiendo los departamentos y distritos en cantones, y disponiendo se formen registros de cada cantón, teniendo voto los inscritos únicamente. Por ahora se harán las elecciones en la forma prevenida por la ley.

CAPÍTULO VII
DE LA ORGANIZACIÓN DEL PODER LEGISLATIVO

Art. 19º. El Poder Legislativo de la República se ejercerá por un Congreso de Diputados elegidos en los términos que se ha dicho.

Se reunirán cada dos años sin necesidad de convocatoria del 1 al 15 de Enero. Sus sesiones durarán sesenta días, pudiendo cerrarlas antes, de acuerdo con el Ejecutivo. También las tendrán extraordinarias cuando sean convocadas por este; en cuyo caso solo se ocuparán de las causas que motiven su reunión.

Un número menor de representantes tiene facultad para tomar inmediatamente las medidas convenientes para hacer concurrir a los demás, hasta con- seguir su plenitud. La primera Legislatura no se disolverá sino cuando haya emitido las siguientes leyes:

1ª. La de Elecciones.

2ª De Hacienda.

3ª De Justicia.

4ª. De Gobernadores Políticos y Municipalidades; y

5ª. La que establezca las condiciones bajo las cuales debe admitir la República la inmigración extranjera.

Art. 20º. El Congreso puede instalarse y deliberar con las dos terceras partes de los miembros electos. Para que haya resolución basta la mayoría absoluta de votos.

Art. 21º. El Congreso se reunirá en la Capital de la República; pero él ya instalado, podrá decretar su traslación a otro punto por causas graves que él mismo calificará.

Art. 22º. Las credenciales de los Representantes durarán cuatro años, pudiendo ser reelectos una sola vez: pero a los dos años del mismo período, se renovará la mitad de los miembros del Congreso, designando por sorteo, que hará él mismo, al cerrar sus sesiones. La renovación sucesiva se hará por el orden de antigüedad.

Art. 23º. Para ser electo Representante se requiere ser mayor de treinta años, natural o vecino del departamento en que se hace la elección, y ser dueño de un capital libre y conocido que no baje de mil pesos, o Licenciado en cualquiera de las facultades mayores.

CAPÍTULO VIII
DE LAS ATRIBUCIONES DEL PODER LEGISLATIVO

Art. 24º. Corresponde al Poder Legislativo:

1ª. Calificar la elección de sus miembros y aprobar o no sus credenciales.

2ª. Llamar a los suplentes en caso de muerte o imposibilidad de concurrir los propietarios.

3ª. Admitir las renuncias que unos y otros hagan por causas legalmente comprobadas.

4ª. Formar su reglamento interior.

5ª. Decretar, interpretar, reformar y derogar las leyes.

6ª. Crear jurisdicciones y establecer en ellas Tribunales y Jueces para que a nombre de Honduras conozcan, juzguen y sentencien en toda clase de asuntos civiles y criminales que ocurran en la república.

7ª. Señalar las atribuciones de los diferentes funcionarios públicos.

8ª. Decretar reglamentos para el régimen interior de los demás Poderes.

9ª. Decretar tasas e impuestos en proporción a la riqueza pública.

10ª. Acordar empréstitos forzosos en circunstancias extraordinarias consultando el haber de cada uno de sus habitantes.

11ª. Crear el ejército y milicias de la República.

12ª. Determinar la fuerza permanente.

13ª. Declarar la guerra y hacer la paz, con presencia de los datos que le comunique el Ejecutivo; y ratificar los tratados y negociaciones que él mismo haya ajustado, si mereciesen su aprobación.

14ª. Procurar el desarrollo de la instrucción pública decretando estatutos y métodos adecuados.

15ª. Crear y suprimir empleos, y asignar, aumentar o disminuir sus sueldos.

16ª. Conceder premios honoríficos y gratificaciones compatibles con el sistema de Gobierno establecido, por servicios relevantes á la patria.

17ª. Arreglar las pesas y medidas. Promover las vías de comunicación. Decretar las armas y pabellón de la República; y determinar la ley, peso y tipo de la moneda.

18ª. Conceder indultos y amnistías.

19ª. Nombrar los Magistrados de la Suprema Corte de Justicia, y conferir los grados de Brigadier arriba, inclusive.

20ª. Declarar que ha lugar a formación de causa contra los individuos de los Supremos Poderes, Ministros del despacho y Agentes Diplomáticos de la República.

21ª. Admitir las renuncias que por causas graves vagan de sus oficios los mismos empleados, y la dimisión de Brigadier arriba, inclusive; y

22ª. Fijar y decretar bienalmente los gastos de la administración en todos los ramos de hacienda pública, arreglando su manejo é inversión; tomar cuenta de ella al Poder Ejecutivo; y calificar y reconocer la deuda nacional é interior, designando fondos para su amortización.

Art. 25ª. No podrá el Poder Legislativo, salvo en los casos que esta Constitución determina, conceder facultades extraordinarias al Ejecutivo ni ampliar las que en ella lleva detalladas.

Art. 26ª. El Poder Legislativo, puede delegar en el Ejecutivo las facultades siguientes:

1ª. Legislar sobre los ramos de policía, hacienda, guerra y marina.

2ª. Aprobar ó decretar estatutos y ordenanzas de las corporaciones ó establecimientos que deban tenerlos, y dos que le presentaren.

3ª. Arreglar el sistema de pesas y medidas. Promover las vías de comunicación ordinarias; y

4ª. Decretar los Códigos Civil, Penal, de Procedimientos, de Comercio y Minería. De estas facultades sólo podrá hacer uso en receso del Poder Legislativo; y con el voto ilustrativo de una comisión de personas competentes, que el Congreso ó el mismo Ejecutivo elegirá-Dadas estas leyes, cesa la delegación.

Art. 27º. El Congreso se ocupará de preferencia de los asuntos que comprenda la memoria del Gobierno.

Art. 28ª. Cuando el Congreso hubiere de tratar de los intereses de la Iglesia, o de cosas que se relacionen con ellos, podrá convocar al Prelado Diocesano, para por sí ó por medio de un delegado, concurren á la sesión si lo tuviere á bien, con voto ilustrativo.

CAPÍTULO IX
DEL PODER EJECUTIVO

Art. 29º. El Poder Ejecutivo se ejercerá por un ciudadano que llevará el título de Presidente de la República, nombrado directamente por el pueblo hondureño; pero cuando no resulte electo por mayoría absoluta de votos, el Congreso lo elegirá entre los tres ciudadanos que hayan obtenido mayor número de sufragios.

Art. 30°. Cuando el Presidente tuviese á bien depositar su autoridad por alguna causa, lo hará en uno de los tres Diputados que designará el Congreso para este objeto; y en caso de muerte, remoción, renuncia o impedimento de aquel funcionario, los Ministros del despacho asumirán el Ejecutivo, debiendo proceder inmediatamente á designar en sorteo público, el Diputado que entre los designados deba ejercer el Gobierno. Para este caso serán convocados los funcionarios públicos de mayor categoría que se hallaren en el lugar donde se practique. En falta de los Ministros del despacho, recaerá el Poder en el Diputado que entre los designados se hallare á menor distancia de aquéllos y cuando a igual, recaerá en el primer designado, sucediendo los demás por el orden de su nombramiento.

Art. 31°. Para ser presidente se requiere: ser padre de familia, mayor de treinta años, del estado seglar, natural de Centro América, con vecindario de cinco años en Honduras, de notoria honradez e instrucción, ser dueño de un capital en bienes raíces que no baje de cinco mil pesos, libre de todo gravamen y ubicado en el territorio de la República, y no haber hecho la guerra a ésta en calidad de caudillo simplemente, o en la de jefe militar, desde la emisión de esta Carta en adelante.

Art. 32°. Antes de proceder el Congreso á declarar ó á hacer esta elección, se informará y calificará en sesión secreta si los candidatos reúnen las condiciones del artículo anterior; y desechando á los que no las tengan, procederá en sesión pública á declarar ó verificar la elección la cual se hará por cédulas, que se recogerán en una urna.

Art. 33º. El período presidencial será de cuatro años, sin lugar a reelección sucesiva. Comienza el 1. de Febrero del año de la renovación.

Art. 34º. El Presidente de la República es Comandante en jefe del ejército y armada.

CAPÍTULO X
ATRIBUCIONES DEL PODER EJECUTIVO

Art. 35º. Corresponde al Poder Ejecutivo:

1ª. Mantener ilesa la soberanía é independencia de la República y la integridad de su territorio.

2ª. Conservar la paz y tranquilidad interior, conforme á las leyes.

3ª. Publicarlas y hacerlas ejecutar, y usar del veto del modo establecido.

4ª. Proponer al Congreso por medio del Ministerio, los proyectos de ley que crea convenientes, con las restricciones del artículo 45.

5ª. Presentar al Congreso por el mismo órgano, a los cinco días de abiertas las sesiones ordinarias, un informe circunstanciado de todos los ramos de la administración pública, con los proyectos que juzgue oportunos para su conservación ó mejoras; y una cuenta exacta del bienio vencido, con el pre- supuesto de gastos del venidero y medios para llenarlo. Y si dentro del término expresado los ministros no cumplen esta obligación, quedarán por el mismo hecho destituidos de sus funciones. El presupuesto no excederá al producto de las rentas ordinarias.

6ª. Publicar anualmente un estado de los ingresos y egresos de las rentas públicas.

7ª. Dar al Congreso los informes que le pida, pudiendo retener los documentos de los asuntos que demanden reserva, á menos que sean para exigirle la responsabilidad-Durante la guerra no es obligado á exhibir los planes de campaña.

8ª. Hacer efectiva la concurrencia de los Representantes en la época en que debe aparecer el Congreso; y convocar a éste para sesiones extraordinarias cuando lo estime conveniente; llamando, mientras se reúnen las Juntas preparatorias, á los suplentes de los propietarios que hayan fallecido.

9ª. Proponer amnistías al Congreso, cuando el bien público lo exija; y concederlas en receso de aquél.

10ª. Levantar toda la demás fuerza necesaria sobre la decretada por la ley. para repeler invasiones ó contener rebeliones; pudiendo en este único caso, si los recursos ordinarios no bastasen, preverse de los que necesite por un empréstito general, de cuya inversión dará cuenta al Congreso en su próxima congreso en reunión.

11ª. Expedir reglamentos y órdenes para la ejecución de las leyes.

12ª. Nombrar y remover a los Ministros del despacho y a los demás empleados de su libre nombramiento, admitir sus renuncias, y conceder retiro á los jefes y oficiales del ejército y marina, con arreglo á las leyes;

13ª. Nombrar á los Jueces de primera Instancia del fuero común á propuesta en terna de la Corte de Justicia; y admitir sus renuncias. No podrá en ningún caso devolver la terna presentada.

14ª. Nombrar asimismo los demás á otra autoridad. los demás empleados, cuya previsión no esté reservada

15ª. Cuidar que los Magistrados y Jueces asistan puntualmente á sus despachos, para que los asuntos no sufran retraso, pudiendo compelerlos en caso necesario.

16ª. Habilitar puertos y establecer aduanas marítimas y terrestres, y dar reglas para nacionalizar y matricular buques.

17ª. Hacer la guerra y celebrar tratados de paz, concordatos y cualesquiera sometiéndolas a la ratificación del Cuerpo Legislativo.

18ª. Dirigir y disponer de la fuerza armada, y mandar el ejército en persona si lo tuviese á bien; encargando en este caso el Ejecutivo á quien corresponda.

19ª. Conmutar las penas cuando el Tribunal superior que pronuncie la sentencia que causa ejecutoria contra el reo, recomiende la conmuta, expresándolo así en la propia sentencia, y por alguno de los motivos que la ley señale.

20ª. Vigilar sobre la exactitud de la moneda y computar el valor de la extranjera cuya circulación se permita.

21ª. Nombrar Ministros diplomáticos, Agentes y Cónsules, cerca de los demás Gobiernos; y admitir los nombrados por éstos.

22ª. Rehabilitar, durante el receso del Congreso, al que haya perdido los derechos de ciudadano.

23ª. Ejercer el derecho de patronato conforme al concordato celebrado con la Santa Sede.

24ª. Poner el pase, si lo tuviese á bien, á los títulos en que se confiera dignidad eclesiástica y a los nombramientos de Vicarios, Curas y Coadjutores, sin cuyo requisito los agraciados no pueden entrar en posesión. Concederlo igualmente á las letras pontificias y disposiciones conciliares, ó retenerlas. De esta formalidad solo quedan exceptuadas las que sean sobre dispensas para ordenes ó matrimonios y las expedidas por la Penitenciaría.

25ª. Todos los objetos de la policía y de orden; los establecimientos públicos de beneficencia, de ciencias, letras y artes; las cárceles y presidios, están bajo su dirección y suprema inspección, conforme a sus leyes y estatutos lo mismo que la formación de censos y estadísticas; y

26ª. Promover y proteger el desarrollo de la industria agrícola, fabril y comercial.

CAPÍTULO XI
DE LOS MINISTROS DEL DESPACHO

Art. 36º. El Poder Ejecutivo determinará el número de los Ministros y sus respectivos departamentos, no pudiendo aquellos ser menos de dos.

Art. 37º. Para ser Ministro se requiere ser natural de Centro América y vecino de la República, del estado seglar, tener treinta años de edad, notorias luces y buena conducta y poseer un capital libre que no baje de mil pesos.

Art. 38º. Las providencias del Poder Ejecutivo deben expedirse por el Ministerio respectivo; de otro modo no serán obedecidas.

Art. 39°. Los Ministros serán responsables solidariamente con el Presidente de las providencias que firmen contra la Constitución y las leyes; salvo en el caso que protesten.

CAPÍTULO XII
DEL PODER JUDICIAL

Art. 40°. El Poder Judicial lo ejerce una Corte dividida en dos Secciones, y los demás Tribunales que se establezcan.

Art. 41°. Las Secciones residirán una en esta ciudad y otra en la de Tegucigalpa. La ley demarcará su respectiva comprensión jurisdiccional.

Art. 42°. Cada Sección se compondrá por lo menos de tres Magistrados propietarios y dos suplentes.

Art. 43°. Para ser Magistrado se requiere ser Abogado de la República, de crédito y honradez, mayor de veinticinco años, y padre de familia:- ó no Letrado de treinta años arriba, con más que medianos conocimientos de jurisprudencia, dueño de un capital libre que no baje de mil pesos, y tener las demás cualidades requeridas para los Letrados. Serán inamovibles durante su buena conducta: pero si hicieren dimisión, se les admitirá á los dos años de haber tomado posesión.
Cuando todos ó algunos de los Magistrados estuviesen legalmente impedidos para conocer de un asunto, nombrarán colegas que desempeñen sus funciones, quienes reunirán las cualidades que se exigen para Magistrados. La ley reglamentará el modo de hacer estos nombramientos.

CAPÍTULO XIII
DE LAS ATRIBUCIONES DE LA CORTE

Art. 44°. Corresponde á cada Seccion;
1ª. Formar el reglamento para su régimen interior.

2ª.Conocer en segunda instancia de las causas civiles y criminales, en los casos y forma que la ley determinen; y en última, de las súplicas y demás recursos legales.

3ª. Dirimir las competencias de los Tribunales y Jueces de su jurisdicción, de cualquier fuero que sean.

4ª. Decidir las promovidas á los Tribunales y Jueces de su jurisdicción, por la otra Sección, sus Tribunales ó Jueces. La ley determinará el modo de resolver las que ocurran entre ambas Secciones.

5ª. Suspender, durante el receso del Congreso, á los Magistrados por faltas graves en el ejercicio de sus funciones.

6ª. Conocer de las causas de responsabilidad de los Jueces de Primera Instancia de su respectiva jurisdicción; pudiendo suspenderlos y destituirlos con conocimiento de causa y conforme á la ley.

7ª. Conocer de los recursos de fuerza y de los demás que le atribuya la ley.

8ª. Hacer el recibimiento de Abogados; suspenderlos por causas graves, y aun retirarles sus títulos por conducta notoriamente viciada, cohecho ó fraude, con conocimiento de causa.

9ª. Visitar por medio de un Magistrado los pueblos de su jurisdicción, para corregir los abusos que se noten en la administración de justicia. Las facultades del Magistrado, la duración de la visita y de conducentes al objeto, serán determinadas por la ley. demás circunstancias

10ª. Vigilar sobre la conducta de los Jueces inferiores, cuidando suministren pronta y cumplida justicia;

11ª. Manifestar al Congreso la inconveniencia de las leyes, ó las dificultades para su aplicación, indicando las reformas de quien sean susceptibles. La ley determinará las demás atribuciones del Poder Judicial.

CAPÍTULO XIV
DE LA FORMACIÓN, SANCIÓN Y
PUBLICACIÓN DE LA LEY

Art. 45º. La iniciativa de la ley es exclusivamente reservada á los Diputados, al Presidente por medio de los Ministros, y a la Corte de Justicia; más el Ejecutivo no podrá hacerla sobre impuestos ni contribuciones de ninguna clase.

Art. 46º. Todo proyecto de ley despúes de discutido y aprobado por el Congreso se pasará al Ejecutivo, el que no teniendo objeciones que hacerle, le dará su sanción y lo hará publicar como ley.

Art. 47º. Cuando el Ejecutivo encontrare inconvenientes para sancionar los proyectos de ley que se le pasen, podrá devolverlos dentro de diez días al Congreso, puntualizando las razones en que funde su opinión para la tira; y si dentro del término expresado no los objetase, se tendrán por sancionados y os publicará como leyes.

En el caso de devolución, el Congreso podrá reconsiderar y ratificar el proyecto con los dos tercios de votos, pasándolo al Ejecutivo, quien lo tendrá por ley que ejecutará y publicará.

Cuando el Congreso emita una ley en los últimos diez días de sus sesiones, y el Ejecutivo encuentre dificultades para su sanción, es obligado inmediatamente á dar aviso al Congreso para que permanezca reunido hasta que se cumpla el término expresado; y no haciéndolo se tendrá por sanciona da la ley.

Art. 48º. Cuando un proyecto de ley fuese desechado y no ratificado, no podrá proponerse en las mismas sesiones sino hasta en las de la Legislatura siguiente. En la devolución que haga el Ejecutivo de los proyectos de ley, las votaciones del Congreso para ratificarlos serán nominales deberán constar en el acta del día.

Art. 49º. Todo proyecto, de ley aprobado por el Congreso se extenderá por duplicado, se publicará en él; y firmados dos ejemplares por su Presidente y Secretarios, se pasará al Ejecutivo con esta fórmula: "Al Poder Ejecutivo". Si este no lo aprobare, lo devolverá al Congreso con esta fórmula: "Vuelva al Soberano Congreso".

Art. 50°. Recibido por el Ejecutivo un proyecto de ley, si no le encontrase objeciones que hacer, firmará los dos ejemplares, devolviendo uno al Congreso; y reservándose otro en su archivo, lo publicará como ley en el término de diez días.

Art. 51°. La publicación de la ley se hará en esta fórmula: "El Presidente de la República de Honduras á sus habitantes. Salud: que el Soberano Congreso ha decretado ó acordado lo siguiente: (aquí el texto y firmas) Por tanto: Ejecútese".

CAPÍTULO XV
DE LOS JUECES DE PRIMERA INSTANCIA

Art. 52°. La ley establecerá Jueces de Primera Instancia para que conozcan en lo civil y criminal; demarcará las jurisdicciones de cada uno, y la compensación proporcionada á su trabajo.

Art. 53°. Para ser Juez de primera Instancia se requiere ser Abogado de la República, de crédito y honradez-mayor de veinticinco años y padre de familia; ó no letrado de treinta años arriba, con más que medianos conocimientos en jurisprudencia, dueño de un capital libre que no baje de mil pesos y tener las demás cualidades requeridas para los letrados.

Art. 54°. Los Jueces de primera Instancia fallarán sin consulta, á no ser que la pida alguna de las partes. Su duración será de dos años, pudiendo ser reelectos sin interrupción; pero en este caso será voluntaria la aceptación del destino.

CAPÍTULO XVI
DEL GOBIERNO POLITICO DE
LOS DEPARTAMENTOS Y DEL REGIMEN MUNICIPAL

Art. 55º. En cada Departamento habrá un Gobernador propietario y un suplente, nombrado por el Ejecutivo. Serán de conocida honradez e instrucción, dueños de un capital libre que no baje de mil pesos, vecinos del departamento respectivo-y mayores de veinticinco años.

Art 56º. Las Comandancias departamentales podrán ser servidas por los Gobernadores, á juicio del Ejecutivo; mas los Comandantes no podrán servir las Gobernaciones políticas.

Art. 57º. Los Gobernadores políticos durarán dos años en sus funciones, pudiendo ser reelectos sin interrupción, si ellos admitieren, la ley designará sus atribuciones y la manera de ejercerlas.

Art. 58º. El Gobierno interior de los pueblos es á cargo de Municipalidades electas popularmente en el tiempo y número de individuos que la ley señale.

Art. 59º. Habrá Jueces de Paz que conocerán en los negocios de menor cuantía, delitos y faltas livianas. La ley determinará su nombramiento, cualidades y atribuciones.

CAPÍTULO XVII
DEL TESORO PÚBLICO

Art. 60º. Forman el Tesoro público todos los bienes muebles, raíces créditos activos de la República; todos los impuestos, contribuciones, tallas y tasas que pagan los hondureños ó en adelante pagaren por sus personas, industria ó bienes; y todos los derechos que satisface el comercio con arreglo á las leyes.

Art. 61°. Habrá un Tesorero general de la República, y en los departamentos Intendentes. La ley demarcará sus funciones y cualidades, y establecerá los demás empleados que administren, lleven y glosen la cuenta y razón.

Art. 62°. La jurisdicción de hacienda será privativa de sus empleados, y demás jueces especiales que se establezcan. La ley demarcará su extensión y el modo de ejercerla.

CAPÍTULO XVIII
DE LA FUERZA PÚBLICA

Art. 63°. La Fuerza Pública se compone de la milicia nacional y del ejército de tierra y mar. Es instituida para defender el Estado contra los enemigos exteriores, y para el mantenimiento del orden y la ejecución de las leyes.

Art. 64° La organización de la milicia nacional y del ejército se regulará la ley.

Art. 65°. La fuerza pública es esencialmente obediente. Ningún cuerpo armado puede deliberar. Empleada para mantener el orden en el territorio, no habrá sino por el requerimiento de las autoridades constituidas, según las reglas determinadas por la ley. Ningún militar en actual servicio podrá ser electo Presidente ni Diputado.

Art. 66°. Queda establecido el fuero de guerra para los oficiales generales, y para cualquier otro militar que pertenezca a cuerpo organizado.

Art. 67°. La Comandancia general, que es á cargo del Ejecutivo, se ejercerá por conducto del Ministerio de la Guerra.

CAPÍTULO XIX
DE LA RESPONSABILIDAD DE
LOS FUNCIONAROS PÚBLICOS

Art. 68°. Todo funcionario ó empleado al posesionarse de su destino, prestará juramento de ser fiel a la República, de cumplir y hacer cumplir las leyes y atenerse á su texto, cualesquiera que sean las ordenes resoluciones que las contraríen; y por sus infracciones serán responsables con sus personas y sus bienes, hasta que transcurra un tiempo igual al que sirvieron.

Art. 69°. No podrá juzgarse a los individuos de los Supremos Poderes, Secretarios del despacho y agentes diplomáticos de la República, por delitos oficiales, sin que proceda declaratoria de haber lugar a formarles causa; mas por los delitos comunes, quedan sin restricción alguna sujetos á los Tribunales a cuyo fuero pertenezcan.

Art. 70°. El Presidente de la República podrá ser juzgado por traición, venalidad y usurpación del Poder; por atentar contra las garantías, impedir las elecciones o violentarlas; por impedir la reunión del Poder Legislativo; y por los demás delitos oficiales que cometa. Pero no podrá acusársele, ni ser sometido á juicio sino hasta después de terminado su período.

Tampoco podrá ser aprobada su conducta oficial, mientras esté en ejercicio del Poder.

Art. 71°. La instrucción de la causa contra los individuos de los altos Poderes, Ministros del despacho y agentes diplomáticos de la República, se verificará en el Congreso por tres de sus miembros electos por la suerte; y el pronunciamiento se hará colectivamente, debiendo concurrir los dos tercios de los presentes para que haya sentencia. Esta se contraerá á disponer del destino al acusado y declararle incapaz de obtener otros honoríficos, lucrativos o de confianza, por cierto tiempo o a perpetuidad; mas si la causa diere mérito, quedará sujeto el culpado a los resultados de un procedimiento ordinario ante los Tribunales comunes.

Art. 72°. Desde que se declare en el Congreso, que se dá por admitida la acusación, el acusado queda desde este acto suspenso del ejercicio de sus funciones oficiales; y por ningún motivo podrá permanecer más en su puesto, sin hacerse responsable del crimen de usurpación, y ningún individuo deberá obedecerle.

Art. 73°. Los decretos, autos y sentencias pronunciadas por el Congreso deben ser cumplidas y ejecutadas sin necesidad de confirmación ni sanción alguna.

Art. 74°. Las opiniones de los diputados en lo relativo a su destino, no pueden ser interpretadas criminalmente en ningún tiempo, ni con motivo alguno; ni ellos pueden ser demandados ó ejecutados por deudas desde el llamamiento a sesiones, hasta quince días después de concluidas.

Art. 75°. Para declarar por mayoría de votos cuando ha lugar a formación de causa contra el Tesorero general, Contadores mayores, Administra dores de aduanas, Intendentes, Comandantes departamentales, de puertos y fronteras y Gobernadores Políticos por delitos oficiales, se organizará un Tribunal compuesto del Presidente de la respectiva Sección judicial y dos diputados electos por la suerte, entre los tres que componen la Representación de los departamentos de Comayagua ó Tegucigalpa. El Tribunal de justicia respectivo, hará el sorteo en Corte plena. Hecha la declaratoria con audiencia del acusado, este quedará suspenso y será juzgado por los Tribunales comunes.

Art. 76°. Los empleados que sirvan su destino en la demarcación jurisdiccional de la Sección Suprema de justicia de Tegucigalpa, sufrirán allí el juicio de responsabilidad; los demás en esta ciudad. La acusación se presentará ante inmediatamente procederá al sorteo el Tribunal de la Sección respectiva, quien inmediatamente antes establecido.

CAPÍTULO
GARANTÍAS INDIVIDUALES

Art. 77°. La República reconoce el derecho de Habeas Corpus. La ley determinará la manera de poner en práctica este derecho.

Art. 78°. El presunto delincuente puede ser detenido por cualquier autoridad, que tenga facultad de arrestar; y el infraganti, por cualquiera persona para el efecto de presentarlo al juez.

Art. 79°. La detención para inquirir no pasará de seis días; durante este término deberá la autoridad practicar la justificación del caso; y según su mérito librar por escrito la orden de prisión, ó poner en libertad al detenido.

Art. 80°. No podrá librarse aquella sin que preceda justificación de haberse cometido un delito que merezca pena más que correccional y sin que resulte, al menos por semiplena prueba, quien sea el delincuente. Sin embargo, es permitida la prisión ó arresto por pena ó apremio, en los casos y por término que la ley disponga, mejor.

Art. 81°. Ninguno podrá ser preso ni detenido sino en los lugares públicos designados á este efecto. Los ciudadanos y otros conforme a su voluntad determinándolo la ley.

Art. 82°. El arresto, prisión ó reclusión, por pena correccional, no podrá pasar de treinta días, ni de veinticinco pesos de multa.

Art. 83°. Cuando alguno no estuviese incomunicado por orden del Juez, trascrita en el registro del Alcaide, no podrá este impedir su comunicación con las personas. Después de la confesión no puede prohibirse aquélla, y el juicio es público.

Art. 84°. Aun con auto de prisión decretado, ninguno puede ser llevado á la cárcel, ni detenido en ella, si presentare fianza cuando al respectivo delito sea aplicable pena pecuniaria.

Art. 85º. Ningún ciudadano ó habitante podrá ser obligado á declarar en materias criminales contra sí mismo, ni contra sus parientes dentro del cuarto grado de consanguinidad y segundo de afinidad.

Art. 86º. Las penas deben ser proporcionadas á la naturaleza y gravedad del delito. El apremio ó tortura que no sea necesario para mantener en seguridad á las personas, es atroz y no debe consentirse.

Art. 87º. La pena de muerte queda abolida en materia política; y solamente se establece por los delitos de asesinato, homicidio premeditado y seguro, asalto o incendio si se siguiere muerte, y por el parricidio en los casos que determine la ley. Los militares en servicio quedan sujetos á las penas las ordenanzas del ejército.

Art. 88º. Todos los habitantes de la República tienen derechos incontestables para conservar su vida y libertad; para adquirir, poseer y disponer de sus bienes; y para procurar su felicidad sin daño de tercero.

Art. 89º. Ningún habitante puede ser inquietado, molestado ni perseguido por sus opiniones, de cualquier naturaleza que sean, con tal que por un acto directo y positivo no perturbe el orden ó infrinja la ley.

Art. 90º. Las acciones privadas que no ofendan directamente el orden público, ni produzcan daño de tercero, están fuera de la competencia de la ley.

Art. 91º. La casa de todo habitante es un asilo que solo puede allanar la autoridad en los casos siguientes:
1ª. En persecución actual de un delincuente:
2ª. Persiguiendo al reo a quien se haya proveído auto de prisión; y;
3ª. Cuando por reclamo del interior de ella o por desorden escandaloso se exija su allanamiento. También puede ser allanada

aquélla en que se halle refugiado un delincuente, ó se oculten efectos hurtados, prohibidos cados; precediendo al menos semiplena prueba de estos hechos.

La ley determinará la forma y casos en que pueda allanarse por trasgresiones de policía.

Art. 92°. Solamente los Tribunales establecidos con anterioridad por la ley, juzgará y conocerán en las causas civiles y criminales de los hondureños; si lo hicieren, el Cuerpo Legislativo tomándose facultades que no lo competen, ó declarando delincuente, ó castigando á un individuo que debe ser juzgado por sus Jueces naturales, se declara que tales Poderes atacan la presente Carta, y que por su infracción responderán con sus personas y bienes.

Art. 93°. Todo habitante libre de responsabilidad puede emigrar a donde le parezca y volver cuando le convenga.

Art. 94°. La propiedad de cualquier calidad que sea, no podrá pada, sino es por causa de interés público, legalmente comprobada, previamente indemnizado su valor a justa tasación.

Art. 95°. La correspondencia epistolar es inviolable. La sustraída de las estafetas ó de cualquier otro lugar, no hace fé contra ninguno.

Art. 96°. Todo habitante puede libremente expresar su pensamiento por la prensa sin previa censura, haciéndose solamente responsable por el abuso que haga de este derecho; pero no se podrán publicar escritos injuriosos contra determinadas personas, sin que se suscriban por el autor y se publique su nombre. La ley determina la manera de calificar las injurias de esta especie.

Art. 97°. Las leyes, ordenes, providencias ó sentencias retroactivas, proscriptivas, confiscatorias, condenatorias sin juicio y que hacen trascendental la infamia, son injustas, opresivas y nulas. Las autoridades que cometen semejantes violaciones responderán con sus personas y bienes á la reparación del daño inferido.

Art. 98°. Ni el Poder Legislativo, ni el Ejecutivo, ni ningún Tribunal o autoridad podrá restringir, alterar ó violar ninguna de las garantías enunciadas; y cualquier Poder que las infrinja, será responsable individualmente al perjuicio inferido en los mismos términos del artículo anterior.

CAPÍTULO XXI
DISPOSICIONES GENERALES

Art. 99°. Sólo por los medios constitucionales se asciende al Poder Supremo Si alguno le usurpare por medio de la fuerza ó de la sedición popular, es reo del crimen de usurpación: todo lo que obrare será nulo y las cosas volverán al estado que tenían antes, luego que se establezca el orden constitucional.

Art. 100°. La ley, bien sea que proteja, ó bien que castigue, será igual para todos, y recompensará a cada uno en proporción de sus méritos. No podrá ser relajada, ó dispensada en favor de ningún individuo, corporación ó pueblo; salvo el caso de indulto ó amnistías.

Art. 101°. Todo ciudadano puede ser admitido á los cargos públicos civiles, políticos y militares, sin otra diferencia que sus talentos y virtudes.

Art. 102°. Es nula toda resolución, decreto, orden, acuerdo ó sentencia de los Poderes constitucionales en que interviniese coacción ocasionada por la fuerza pública, ó por el pueblo en tumulto.

Art. 103°. Las causas de cualquier género que sean se fenecerán dentro del territorio de Honduras; no podrán correr más que tres instancias; y ningún habitante podrá sustraerse por motivo alguno, del conocimiento de la autoridad que la ley señala.

Art. 104º. Ningún Juez puede serlo en dos diversas instancias; avocar causas pendientes para conocer de ellas, ni abrir juicios fenecidos.

Art. 105º. No podrán ser Representantes al Congreso los Ministros del despacho; y recayendo la elección en otro empleado de nombramiento del Ejecutivo, vacará en su destino.

Art. 106º. La policía de seguridad solo podrá ser confiada á las autoridades civiles, en la forma que la ley establezca.

Art. 107º. Todos los hondureños pueden reunirse pacíficamente y en buen orden para tratar cuestiones de interés público, ó dirigir peticiones á las autoridades constituidas; más los autores de estas reuniones, responderán personalmente de cualquier desorden que se cometa.

Art. 108º. El régimen judicial y gobierno interior ó local de las Islas de la Bahía en el Atlántico, y las del Golfo de Fonseca en el Pacífico, pueden ser distintos de los adoptados en esta Constitución para los demás pueblos de la República. Lo mismo se establece respecto ó las tribus aún no civilizadas de las costas del Norte.

Art. 109º. No es necesaria la confirmación o sanción del Poder Ejecutivo en los actos ó resoluciones legislativas siguientes: en las que tengan por objeto las elecciones que el Congreso haya de hacer, y las renuncias que deba oír; en los acuerdos para trasladar su residencia de un punto á otro; en los presupuestos generales de gastos que vote; y en los reglamentos que emita para su régimen interior.

CAPÍTULO XXII
DE LAS REFORMAS DE LA CONSTITUCIÓN

Art. 110°. La reforma parcial ó absoluta de esta Constitución solo podrá acordarse por los dos tercios de votos de los Representantes electos al Congreso. Esta resolución se publicará por la prensa, y volverá á tomarse en consideración en la próxima Legislatura. Si esta la ratifica, se convocará una Asamblea Constituyente para que decrete las reformas. Pero no se propondrán ellas, sino es hasta pasados ocho años después de promulgada esta Constitución.

Art. 111°. La presente Constitución no obsta para que concurra Honduras á la formación de un Gobierno nacional con las otras Secciones de Centro América; ó á la de un pacto federativo, si aquél no pudiese tener efecto.

La adopción del nuevo régimen ó pacto que se celebre, será ratificada con dos tercios de votos de los Diputados al Congreso; y este hecho se tendrá como reformada esta Constitución, sin embargo de lo establecido en este capítulo.

Art. 112°. Queda abolida la carta fundamental de 4 de febrero de 1848, y vigentes las leyes que rigen actualmente en la República, en lo que no se opongan á la presente Constitución.

Dada en la ciudad de Comayagua, á los veintiocho días del mes de septiembre del año del Señor de mil ochocientos sesenta y cinco, XLIV de la Independencia.

FLORENCIO ESTRADA,
Presidente, Diputado por el departamento de Comayagua.

ANACLETO MADRID,
Vicepresidente, Diputado por el departamento de Gracias.

GUILLERMO BUSTILLO,
Diputado por el departamento de Olancho.

CARLOS MEMBREÑO,
Diputado por el departamento de Tegucigalpa.

PONCIANO LEIVA,
Diputado por el departamento de Santa Bárbara.

FRANCISCO MEDINA,
Diputado por el departamento de Olancho.

JOSÉ MARIA ROJAS,
Diputado por el departamento de Choluteca.

JUAN VILARDEBO,
Diputado por el departamento de Olancho.

JOAQUÍN MEJÍA,
Diputado por el departamento de Gracias.

MANUEL COLINDRES,
Diputado por el departamento de Choluteca.

ROSENDO AGÜERO
Diputado por el departamento de Tegucigalpa.

NORBERTO MARTÍNEZ,
Diputado por el departamento de Yoro

JULIÁN HERNÁNDEZ,
Diputado por el departamento de Gracias

MARIANO ÁLVAREZ,
Diputado por el departamento de Yoro.

CELEO ARIAS,
Diputado por el departamento de Comayagua.

TEODORO AGUILUZ,
Diputado por el departamento de Comayagua.

BERNARDO INESTROZA,
Diputado por el departamento de Tegucigalpa.

LUCIO ALVARADO,
Decreto Diputado por el departamento de Gracias.

MIGUEL BUSTILLOS,
Diputado por el departamento de Yoro.

JESÚS ESPINO,
Diputado por el departamento de Choluteca.

JERÓNIMO ZELAYA,
Diputado por el departamento de Santa Bárbara.

SATURNINO BOGRÁN,
Diputado por el departamento de Santa Bárbara.

SANTIAGO ARRIOLA,
Secretario, Diputado por el departamento de Comayagua.

VALENTIN DURÓN,
Secretario, Diputado por el departamento de Tegucigalpa.

Dado en Comayagua. en la Casa de Gobierno á 29 de septiembre de 1865.

Por tanto: promúlguese, imprímase y cúmplase.

JOSÉ MARÍA MEDINA.

CRESCENCIO GOMEZ.
Ministro de Hacienda y Guerra

FRANCISCO CRUZ.
Ministro de Relaciones

DECRETO POR EL CUAL SE RECONOCEN Y GARANTIZAN CIERTOS DERECHOS, AL ABROGARSE LA CONSTITUCIÓN DE 1865

(Boletín Oficial N° 13. Comayagua, Noviembre 16 de 1872)

MINISTERIO DE GOBERNACIÓN

El Presidente Provisorio de la República

CONSIDERANDO: que el orden público está establecido en toda la Nación, y que es indispensable proveer, asimismo, a la completa seguridad y confianza de todos los habitantes de Honduras.

CONSIDERANDO: que no obstante el carácter anómalo y la naturaleza de todo Gobierno provisional, es conveniente adaptarlo, en cuanto sea posible, a los principios republicanos liberales hasta que cumpla este mismo Gobierno su importante misión.

CONSIDERANDO: que la promesa solemne que contiene el programa de la revolución debe cumplirse por el Gobierno con toda probidad,

DECRETA:

Artículo 1° —Abrogada la Constitución Nacional de 19 de septiembre de 1865 por la revolución popular que país, gobierno Provisorio, mientras tanto se expide la que deba regir el de su conducta y hará observar a todas las autoridades, como regla invariable pública, las prescripciones que a continuación se expresan.

Art. 2°. —Son derechos que el Estado reconoce y garantiza á todos los que se encuentren en su territorio, los siguientes:

1ª. **La vida;** o sea el derecho a, en virtud del cual la pena de muerte no podrá imponerse en la República por delitos posteriores a la fecha de este decreto.

2ª. **La libertad personal;** o sea el desconocimiento de todo título de propiedad sobre el individuo humano.

3ª. **La igualdad;** que consiste en no conceder privilegios o distinciones que hagan a los agraciados de mejor condición ante la ley que los demás, ni imponer obligaciones que empeoren la condición de los que quedaren sujetos a ellas.

4ª. **La seguridad;** en virtud de la cual nadie podrá ser por particulares ni por impunemente atacado por particulares ni por la autoridad pública; ni ser preso o detenido sino por motivo de pena o corrección de policía; ni juzgado por comisiones especiales o jueces extraordinarios, sino por los juzgados y tribunales establecidos por la ley.

5ª. **La propiedad,** de cual no podrá ser privada ninguna persona, sino por pena o contribución con arreglo á las leyes, o por causa de expropiación por utilidad pública reconocida legalmente. En caso de guerra el Gobierno puede decretar contribuciones forzosas y empréstitos.

6ª. **La inviolabilidad del domicilio y de la correspondencia y escritos privados;** no pudiendo ser aquél allanado, ni éstos interceptados, detenidos o registrados sino por una autoridad competente, y por motivo criminal con las formalidades legales.

7ª. **La libertad de transitar** el territorio de la República sin necesidad de pasaporte.

8ª. **La libertad de asociarse sin armas** para cualquier objeto licito.

9º. **La libertad de imprenta,** a virtud de la cual todos pueden expresar su pensamiento por medio de ella, sin previa censura, pero quedando sujeto, por el abuso que de ella hiciere, a la responsabilidad de la ley en los únicos casos que lo determina.

10ª. El derecho de acusar a los funcionarios públicos, y exigir de ellos copia, según lo establecido en derecho, de los documentos de sus oficinas, se destinen para fundar la acusación o para publicarlos.

11ª. **El derecho de petición,** que podrá ejercerse por escrito individual o colectivamente.

Art. 3º—. En el caso de que el orden público sea perturbado por un movimiento de gente armada, o de que haya inminente peligro de su perturbación, el Presidente Provisorio, oyendo el Consejo de Gobierno, que para el efecto lo formarán sus Ministros de Estado. podrá suspender las garantías 4a, 6a., 7a., Sa. y 9a. por tiempo limitado, y aun circunscribiéndose a determinadas y localidades y mientras sea indispensable para restablecer el orden perturbado o evitar el peligro de su perturbación.

Art. 4º—. Los Gobernadores y Comandantes de los Departamentos ni ninguna otra autoridad, podrán ejercer facultades extraordinarias, ni otras atribuciones que las que les confiere la ley, con excepción del caso en que obren como comisionados del Gobierno Supremo, en ejecución de las facultades que él se reserva por el artículo 30.

Art. 5—º. Este decreto será promulgado por bando en todas las poblaciones de la República, y se publicará en el Boletín Oficial.

Dado en Comayagua en la Casa de Gobierno a 15 de Noviembre de 1872.

CELEO ARIAS.

El Ministro de Hacienda y de
Relaciones Exteriores
JUAN N. VENERO.

El Ministro de Gobernación
Justicia y Culto
MIGUEL DEL CID

El Ministro de la Guerra,
ANDRÉS VAN SEVEREN.

CONSTITUCIÓN POLÍTICA DE LA REPÚBLICA DE HONDURAS
de 23 de Diciembre de 1873

En el nombre de Dios y en ejercicio de la soberanía nacional la Asamblea Constituyente del pueblo hondureño, instalada con el objeto de emitir la Carta Fundamental de la República decreta y sanciona la siguiente

Constitución Política

CAPÍTULO I
DE LA REPÚBLICA Y LA SOBERANÍA

Art. 1º. El pueblo hondureño se constituye en República, soberana, libre é independiente; y por lo mismo, le pertenece el derecho exclusivo de gobernarse y establecer sus leyes.

Art. 2º. La soberanía reside en la universalidad de los ciudadanos hondureños. La ejercerán directamente en el acto de sufragar conforme á las leyes; y en todo lo demás, por medio de los poderes que establece la presente Carta. Es inalienable é imprescriptible.

Ningún individuo, ninguna fracción del pueblo, puede atribuirse su ejercicio.

Art. 3º. Todo poder político emana del pueblo. Los funcionarios públicos son sus delegados y agentes; y no tienen otras facultades que las que expresamente les da la ley. Por ella ordenan, juzgan y gobiernan; por ella se les debe obediencia y respeto; y conforme a ella deben dar cuenta de sus operaciones.

CAPÍTULO II
DEL TERRITORIO

Art. 4°. La República comprende todo el territorio que, durante la dominación española, se conoció con el nombre de provincia, circunscrito en los límites siguientes: por el Este, Sudeste y Sur con la República de Nicaragua: por el Este, Nordeste y Norte con el Océano Atlántico: por el Oeste con Guatemala: por el Sur, Sudeste y Oeste con el Salvador; y por el Sur con la ensenada de Conchagua en el Pacífico y las islas adyacentes a sus costas en ambos mares.

Una ley demarcará especialmente los límites del territorio de la República.

Art. 5°. La división del territorio de la República se hará por una general con los datos necesarios mientras esto se verifica, permanecerán los departamentos de Comayagua, Tegucigalpa, Olancho, Yoro, Santa Bárbara, Copán, Gracias, La Victoria, Choluteca, La Mosquitia e Islas de la Bahía como están actualmente, quedando el de La Paz asumido en el de Comayagua. ley

CAPÍTULO III
DEL GOBIERNO Y DE LA RELIGIÓN

Art. 6°. El gobierno de la República es popular, representativo, y se ejercerá por tres poderes distintos: Legislativo, Ejecutivo y Judicial.

Art. 7°. La Religión de la República es la cristiana, católica, apostólica, romana, con exclusión del ejercicio público de cualquiera otra. El Gobierno la protege; pero ni éste, ni autoridad alguna tendrán intervención en el ejercicio privado de otras que se establezcan en el país, si éstas no tienden á deprimir la dominante y alterar el orden público. El Congreso ordinario podrá permitir el ejercicio público de otros cultos, cuando la conveniencia social lo demande.

CAPÍTULO IV
DE LOS HONDUREÑOS, SUS DERECHOS Y OBLIGACIONES

Art. 8°. Son Hondureños:

1ª. Todas las personas nacidas en el territorio de la República.

2ª. Los hijos de padres y madres hondureños nacidas en país extranjero, con comisión del gobierno ó ausentes temporalmente.

3ª. Los Centroamericanos que hayan ganado vecindario de un año en cualquier pueblo de la República ó que manifiesten ante el respectivo municipio de su designio de ser considerados como tales.

4ª. Los extranjeros naturalizados.

Art. 9°. Los extranjeros se naturalizan:

1ª. Por obtener del cuerpo Legislativo carta de naturaleza. 2ª. Por adquirir bienes raíces en el país, con valor de mil pesos, y vecindario de un año. 3ª. Por contraer matrimonio con hondureña ó vecindario de un año. 4ª. Por abrir en el país un establecimiento de comercio al por menor y vecindario de un año. 5ª. Por simple vecindario de dos años.

Art. 10°. Son derechos de los hondureños:

1ª. La libertad individual, que no tiene más límites que la libertad de otro individuo, es decir, la facultad de hacer u omitir todo aquello de ejecución u omisión no resulte daño a otro individuo ni á la comunidad. 2ª. La igualdad ante la ley. 3ª. Seguridad. 4°. La Propiedad.

Art. 11°. Los hondureños y los extranjeros naturalizados, son obligados:

1ª. A ser fieles á la Constitución, a obedecer las leyes y respetar las autoridades establecidas. 2ª. A contribuir en proporción de sus haberes para los gastos públicos; y 3ª. A defender la patria con las armas, cuando sean llamados por la ley.

Art. 12º. En ningún caso, ni bajo ningún concepto, los extranjeros podrán considerarse de mejor condición de los naturales hondureños y naturalizados; y no teniendo como extranjeros, derecho á tomar parte en las cuestiones políticas del país, su intervención en ellas, contrariando el orden público, los hace indignos de la hospitalidad que la nación les brinda, y podrán ser expelidos por el gobierno del territorio de la República, de la intervención aludida.

CAPÍTULO V
DE LA CIUDADANÍA

Art.13º. Son ciudadanos todos los hondureños mayores de veinte años que tengan oficio y propiedad que les asegure un modo de vivir honesta y decentemente. También son ciudadanos los mayores de diez y ocho años, que, con las cualidades expresadas, tengan grado literario o sean casados. Los extranjeros naturalizados deben ser considerados como ciudadanos, reuniendo las cualidades que quedan establecidas.

Ninguno de los contenidos en este articulo tendrán voto con arreglo á las leyes.

Art. 14º. Sólo los ciudadanos en ejercicio pueden obtener empleos la República; pero pierden la cualidad de ciudadanos:
1ª. Los sentenciados por delitos que merezcan pena mas que correccional, hasta obtener rehabilitación. 2ª. Los que admitan empleos de otros gobiernos, sin licencia del Congreso, son excepción de los de Centro América; y 3ª. Los que se naturalizan en país extranjero.

Art. 15º. Se suspenden los derechos de ciudadanos: 1ª. Por hallarse procesado criminalmente y tener decretado auto de prisión. 2ª. Por ser deudor fraudulento decretado, ó deudor á rentas públicas, requerido judicialmente de pago. 3ª. Por conducta conocidamente viciada ó vagancia calificada. 4ª. Por enajenación mental legalmente declarada; y 5ª. Por ser sirviente doméstico cerca de la

CAPÍTULO VI
DE LAS ELECCIONES

Art. 16º. Se dividirá el territorio de la República en distritos electorales que constarán de diez mil almas; y elegirán un diputado propietario y un suplente. Pero entre tanto se reúnen los datos estadísticos para formar a que la división, sufragarán por tres diputados propietarios y dos suplentes los departamentos de Comayagua, Tegucigalpa y Olancho; por dos propietarios y un suplente por cada uno de los de Yoro, Santa Bárbara, Copán, Gracias, La Victoria y Choluteca, y por un propietario y un suplente por cada uno de los de La Mosquitia y las Islas de la Bahía,

Art. 17º. Las elecciones serán directas y la ley reglamentará la manera de hacerlas, dividiendo los departamentos y distritos en cantones, disponiendo se formen registros de cada cantón, teniendo voto los inscritos únicamente.

Por ahora se harán las elecciones en la forma prevenida por la ley.

CAPÍTULO VII
DE LA ORGANIZACIÓN DEL PODER LEGISLATIVO

Art. 18º. El Poder Legislativo de la República se ejercerá por un Congreso de diputados electos en los términos que se ha dicho. Se reunirán cada dos años sin necesidad de convocatoria, del primero al quince de Marzo. Sus sesiones durarán cuarenta días, pudiendo cerrarlas antes, de acuerdo con el Ejecutivo. También las tendrá extraordinarias cuando sea convocado por el Ejecutivo, en cuyo caso solo se ocupará de las causas que motivan su reunión:

Art. 19º. Un número menor de representantes tiene facultad para tomar inmediatamente las medidas convenientes para hacer concurrir á los demás, hasta conseguir su plenitud; pudiendo llamar los suplentes en caso de muerte ó imposibilidad de concurrir los propietarios.

Art. 20º. El Congreso puede instalarse y deliberar con las dos terceras partes de los miembros electos. Para que haya resolución basta la mayoría absoluta de votos.

Art. 21º. El Congreso se reunirá en la capital de la República, pero él, ya instalado. podrá decretar su traslación á otro punto, por causas graves que él mismo calificará.

Art. 22. Las credenciales de los representantes durarán cuatro años, pudiendo ser reelectos una vez, pero á los dos años del primer período se renovará la mitad de los miembros del Congreso designados por sorteo, que hará él mismo al cerrar sus sesiones.

Art. 23. Para ser Diputado se requiere: ser mayor de treinta años- natural o vecino del departamento en que se hace la elección- padre de al o vecino del familia ciudadano en ejercicio de sus derechos de notoria honradez e instrucción y ser dueño de un capital libre y conocido que no baje de mil pesos, o Licenciado en cualquiera de las facultades mayores. La Mosquitia é Islas de la Bahía podrán sufragar en los ciudadanos vecinos de cualquier departamento de la República que reúnan las demás cualidades expresadas; y en caso de recaer en un sólo individuo, hará sus veces el respectivo suplente.

CAPÍTULO VIII
DE LAS ATRIBUCIONES DEL PODER LEGISLATIVO

Art. 24º. Corresponde al Poder Legislativo:

1ª. Calificar la elección de sus miembros y aprobar ó no sus credenciales. 2ª. Admitir las remuneraciones acciones que hagan por causas legítimamente comprobadas. 3. Formar su reglamento interior. 4ª. Decretar, interpretar, reformar y derogar las leyes. 5ª. Crear jurisdicciones y establecer en ellas tribunales y jueces, para que á nombre de Honduras conozcan, juzguen y sentencien en toda clase de asuntos civiles y criminales, que ocurran en la República. 6ª. Señalar las atribuciones de los diferentes funcionarios públicos.

7ª. Decretar reglamentos para el régimen interior de los demás poderes corporaciones. 8ª. Decretar tasas é impuestos en proporción á la riqueza pública. 9ª. Acordar empréstitos forzosos en circunstancias extraordinarias, consultando el haber de cada uno de sus habitantes. 10ª. Crear el ejército y la milicia de la república. 11ª. Determinar la fuerza permanente. 12ª. Declarar la guerra y hacer la paz, con presencia de los datos que comunique el ejecutivo y ratificar los tratados y negociaciones que él mismo haya ajustado si mereciesen su aprobación. 13ª. Procurar el desarrollo de la instrucción pública, decretando estatutos y métodos adecuados. 14ª. Crear y suprimir empleos, y asignar, aumentar ó disminuir sueldos. 15ª. Conceder premios honoríficos y gratificaciones compatibles con el sistema gobierno establecido por servicios relevantes á la patria ó por inventos en las ciencias ó artes. 16ª. Arreglar las pesas y medidas. Promover las vías de comunicación decretar las armas y pabellón de la República y determinar la ley, peso y tipo de moneda. 17ª. Conceder indultos amnistías. 18ª. Nombrar los Magistrados de la Suprema Corte de Justicia, y conferir los grados de Brigadier arriba inclusive. 19ª. Declarar que ha lugar á formación de causa contra los individuos de los Supremos Poderes, Ministros del despacho y Agentes Diplomáticos de la República. 20ª. Admitir las renuncias que hagan por causas graves de sus mismos oficios, los mismos empleados, y la dimisión de los grados de Brigadier arriba inclusive; y 21ª. Fijar, y decretar bienalmente los gastos de la administración en todos los ramos de la hacienda pública, arreglando su manejo e inversión: tomar cuenta de ella al Poder Ejecutivo y calificar y reconocer la deuda nacional e interior, designando fondos para su amortización.

La primera Legislatura no se disolverá sino cuando haya emitido las siguientes leyes:

1ª. La de elecciones.

2ª. La de hacienda.

3ª. La de justicia.

4ª. La de gobernadores políticos y municipalidades.

Art. 25ª. El Congreso, para casos de guerra exterior ó interior, podrá conferir al Ejecutivo las facultades extraordinarias que su prudencia juzgue indispensable para la pacificación, procurando armonizarlas con los principios del derecho público é internacional. Pero de ninguna manera autorizarlo para atacar la independencia y ejercicio de los demás poderes, para de- tenciones indefinidas, ni para proscribir ni confiscaron.

Art. 26ª. El Poder Legislativo puede delegar en el Ejecutivo las facultades siguientes:

1ª. Legislar sobre los ramos de policía, hacienda, guerra y marina.

2ª. Aprobar o decretar estatutos y ordenanzas de las corporaciones o que deben tenerlas, y proyectos los sobre creación de fondos que le presentasen. 3ª. Arreglar el sistema de pesos y medidas. 4ª. Promover las vías de comunicación ordinarias; y 5ª. Decretar los códigos civil, criminal, de procedimientos, de comercio y minería. De estas facultades sólo podrá hacer uso en receso del Poder Legislativo y con el voto ilustrativo de una comisión de personas competentes que el Congreso o el mismo Ejecutivo elegirá. Con la aparición del Congreso cesarán la delegación y las facultades extraordinarias; debiendo dar cuenta del uso que hubiese hecho de ellas.

Art. 27º. El Poder Legislativo no podrá conocer al Ejecutivo más facultades extraordinarias, ni ampliar las que quedan detalladas.

Art. 28º. El Congreso se ocupará de preferencia de los asuntos que comprenda la memoria del Ejecutivo.

Art. 29º. Cuando el Congreso hubiere de tratar de los intereses de la iglesia ó de cosas que se relacionan con ellos, podrá convocar al Prelado Diocesano para que por si, ó por medio de un delegado, concurra á la sesión, si lo tuviese á bien, con voto ilustrativo.

CAPÍTULO IX
DEL PODER EJECUTIVO

Art. 30º. El Poder Ejecutivo se ejercerá por un ciudadano que llevará el título de "Presidente de la República", nombrado directamente por el pueblo hondureño; pero cuando no resulte electo por mayoría absoluta de votos, el Congreso elegirá entre los tres ciudadanos que 1 de sufragios.

Art. 31º. Cuando el Presidente tuviese á bien depositar su autoridad por alguna causa, lo hará en uno de los tres Diputados que designará el Congreso para este objeto; y en caso de muerte, remoción, renuncia á impedimento de aquel funcionario, los Ministros del despacho asumirán el Ejecutivo, debiendo proceder inmediatamente á designar en sorteo público el Diputado que entre los designados debe ejercer el gobierno. Para este caso serán convocados los funcionarios públicos de mayor categoría que se en el lugar donde se practique. En falta de los Ministros del despacho recaerá el poder en el Diputado que entre los designados se hallare á menor distancia de aquellos; y estado á igual, recaerá en el primer designado, sucediendo los demás por el orden de su nombramiento.

Art. 32º. Para ser Presidente se requiere: ser padre de familia, mayor de treinta años, del estado seglar, natural de Centro América, con vecindario de cinco años en Honduras, de notoria honradez é instrucción y ser dueño de un capital en bienes raíces que no baje de cinco mil pesos, libre de todo gravamen y ubicado en el territorio de la República.

Art. 33º. Antes de proceder el Congreso á declarar ó hacer esta elección, se informará y calificará en sesión secreta si los candidatos reúnen las condiciones del artículo anterior; y desechando los que no las tengan, procederá en sesión pública á declarar ó verificar la elección, la cual se hará por cédulas que se recogerán en una urna.

Art. 34°. El período presidencial será de cuatro años sin poder prorrogar un día más por ninguna causa ni pretexto. Comenzará el día primero de Abril del año, de la renovación.

Art. 35°. El Presidente de la República no podrá ser reelecto para el período inmediato siguiente, en ningún caso, ni por ningún pretexto, y si prevaliéndose de aclamaciones ó actas populares ó de cualquier otro medio, se conservase en el poder, se tendrá por el mismo hecho como usurpador; y tanto el ejército, como las autoridades de cualquier género y jerarquía que sea, y los pueblos, no obedecerán más que al designado por la ley, so pena de incurrir en el delito de traición contra la patria.

Art. 36°. El Presidente de la República es Comandante en Jefe del ejército y armada.

CAPÍTULO X
ATRIBUCIONES DEL PODER EJECUTIVO

Art. 37°. Corresponde al Poder Ejecutivo:

1ª. Mantener ilesa la soberanía é independencia de la República y la integridad de su territorio.

2ª. Conservar la paz y tranquilidad interior conforme a las leyes.

3ª. Publicarlas y hacerlas ejecutar y usar del veto del modo establecido.

4ª. Proponer al Congreso por medio del Ministerio los proyectos de ley que crea conveniente, con las restricciones del artículo 47.

5ª. Presentar al Congreso por el mismo órgano, á los cinco días de abiertas las sesiones ordinarias un informe circunstanciado de todos los ramos de la administración pública, con los proyectos que juzgue oportunos para su conservación ó mejora; y una cuenta exacta del bienio vencido, con el presupuesto de gastos del venidero y medios para llenarlo.

Y si dentro del término expresado, los Ministros no cumplen esta obligación, quedarán por el mismo hecho destituidos de sus empleos. El puesto no excederá al producto de las rentas ordinarias.

6ª. Publicar anualmente un estado de ingresos y egresos de las rentas públicas.

7ª. Dar al Congreso los informes que le pida, pudiendo retener los documentos de los asuntos que demandan reserva, a menos que sea para exigirle la responsabilidad. Durante la guerra, no es obligado a exhibir los planos de campaña.

8ª. Hacer efectiva la concurrencia de los representantes en la época en que debe aparecer el Congreso; y convocar á éste para sesiones extraordinarias, cuando lo estime conveniente, llamando, mientras se reúnan las juntas preparatorias, á los suplentes de los propietarios que hallan fallecido.

9ª. Proponer amnistías al Congreso cuando el bien público lo exija; y conocerlas por sí en el receso de aquél.

10ª. Levantar toda la demás fuerza necesaria sobre la decretada por la ley para retener invasiones o contener rebeliones; pudiendo en este único caso, si los recursos ordinarios no bastasen, proveerse de los que necesite por un empréstito general, de inversión dará cuenta al Congreso en su próxima reunión.

11ª. Expedir reglamentos y órdenes para la ejecución de las leyes.

12ª. Nombrar y remover los Ministros del despacho, y a los demás empleados de su libre nombramiento, admitir sus renuncias y conceder retiro a los jefes y oficiales del ejército y marina, con arreglo a las leyes.

13ª. Nombrar los jueces de primera instancia del fuero común á propuesta en terna de la Corte de Justicia y admitir sus renuncias. No podrá en ningún caso devolver la terna presentada.

14ª. Nombrar asimismo los demás empleados cuya provisión no esté reservada á otra autoridad.

15ª. Cuidar que los Magistrados y Jueces asistan puntualmente a sus despachos, para que los asuntos no sufran retraso pudiendo compelerlos en caso necesario y á excitación de la Corte respectiva.

16ª. Habilitar puertos y establecer Aduanas marítimas y terrestres y dar reglas para nacionalizar y matricular buques.

17ª. Hacer la guerra y celebrar un tratado de paz y concordatos en armonía con la presente constitución y cualesquiera otras negociaciones, sometiéndolo todo a la ratificación del cuerpo Legislativo.

18ª. Dirigir y disponer de la fuerza armada y mandar el ejército en persona, si los tuviese a bien, encargando en este caso el Ejecutivo a quien corresponde.

19ª. Conmutar las penas cuando el Tribunal superior que pronuncia la sentencia que causa ejecutoria contra el reo, recomienda la conmuta, expresándolo así en la propia sentencia, y por alguno de los motivos que la ley señale,

20ª. Vigilar sobre la exactitud de la moneda, computar el valor de la extranjera cuya circulación se permita.

21ª. Nombrar Ministros Diplomáticos, Agentes Consulares cerca de los gobiernos, y admitir los nombrados por estos, pudiendo retirarles el exequatur conforme al derecho de gentes.

22ª. Rehabilitar durante el receso del Congreso, al haya perdido los derechos de Ciudadano.

23ª. Ejercer el derecho de patronato conforme á los concordatos con la Santa Sede.

24ª. Poner el pase si lo tuviese a bien, a los títulos en que en que se confiera dignidad eclesiástica, y á los nombramientos de Vicarios, Curas Coadjutores, sin cuyo requisito los agraciados no pueden entrar en posesión: concederlo igualmente a las letras pontificias y disposiciones conciliares, ó retenerlas. De esta formalidad sólo quedan exceptuadas las que sean sobre dispensas para órdenes o matrimonios, y las expedidas por las penitenciarías.

25ª. Todos los objetos de policía y de orden: los establecimientos públicos de beneficencia, de ciencias, letras y artes: las cárceles y presidios, están bajo su dirección y suprema inspección, conforme á sus leyes y estatutos, lo mismo que la formación de censos y estadísticas; y

26ª. Promover y proteger el desarrollo de la industria agrícola, fabril y comercial.

CAPÍTULO XI
DE LOS MINISTROS DEL DESPACHO

Art. 38ª. El Poder Ejecutivo determinará el número de Ministros y sus respectivos departamentos, no pudiendo aquellos ser menos de dos.

Art. 39ª. Para ser Ministro se requiere: Ser natural de Centro América con vecindario de dos años, tener treinta años de edad, notorias luces y buena conducta y poseer un capital libre que no baje de mil pesos.

Art. 40ª. Las providencias del Poder Ejecutivo deben expedirse por el Ministerio respectivo; de otro modo no serán obedecidas.

Art. 41ª. Los Ministros serán responsables. solidariamente con el Presidente de las providencias que firmen contra la Constitución y las leyes.

CAPÍTULO XII
DEL PODER JUDICIAL

Art. 42ª. El Poder Judicial lo ejerce una Corte dividida en dos secciones los demás tribunales que se establezcan.

Art. 43ª. Las Cortes residirán, una en esta ciudad y la otra en Tegucigalpa. La ley demarcará su respectiva comprensión jurisdiccional.

Art. 44ª. Cada Corte se compondrá por lo menos de tres Magistrados propietarios y dos suplentes; pero en las causas contra los eclesiásticos, el tribunal se organizará en armonía con los concordatos.

Art. 45ª. Para ser Magistrado se requiere: ser Abogado de la República —de crédito y honradez— mayor de veinticinco años y padre de familia-; ó no Letrado de treinta años arriba con más que medianos conocimientos en jurisprudencia, dueño de un capital libre que no baje de mil pesos, y tener las demás cualidades requeridas para los Letrados. Serán inamovibles, durante su buena conducta; pero si hicieren dimisión se les admitirá a los dos años de haber tomado posesión.

Cuando todos ó algunos de los Magistrados estuviesen legalmente impedidos para conocer de un asunto, nombrarán colegas que desempeñen sus funciones, quienes reunirán las cualidades que se exigen para Magistrados.

La ley reglamentará el modo de hacer estos nombramientos.

CAPÍTULO XIII
DE LAS ATRIBUCIONES DE LA CORTE

Art. 46ª. Corresponde á cada seccion:

1ª. Formar el reglamento para su régimen interior. 2ª. Conocer en segunda instancia de las causas civiles y criminales, en los casos y formas que la ley determina; y en última, de las súplicas y demás recursos legales. 3 Dirimir las competencias de los Tribunales y Jueces de su jurisdicción, de cualquier fuero que sean. 4ª. Decidir las promovidas a los Tribunales y Jueces de su por la otra sección, sus Tribunales y Jueces. La ley determinará el modo de resolver las secciones. 5ª. Suspender durante el receso del Congreso, a los magistrados por faltas graves en el ejercicio de sus funciones. 6ª. Conocer de las causas de responsabilidad de los Jueces de primera Instancia de su respectiva jurisdicción, pudiendo suspenderlos y destituirlos con conocimiento de causa conforme á la ley. 7ª. Conocer de los recursos de fuerza y de los demás que le atribuya la ley. 8ª. Hacer el recibimiento de Abogados, suspenderlos por causas graves, y aún retirarles sus títulos por conducta notoriamente viciada, venalidad, venalidad, cohecho y fraude con conocimiento de causa. 9ª. Visitar, por medio de un Magistrado los pueblos de su jurisdicción, para corregir los abusos que se noten en la administración de justicia. Las facultades del Magistrado, la duración de la visita y demás circunstancias conducentes al objeto serán determinadas por la ley. 10ª. Vigilar sobre la conducta de los jueces inferiores, cuidando que ministren pronta y cumplida justicia. 11ª. Vigilar para que los reos confinados cumplan debidamente su condena, dirigiéndose al Ejecutivo cuando los Comandantes de presidio sean remisos en la observancia de sus deberes; y 12ª. Manifestar al Congreso la inconveniencia de las leyes, ó las dificultades para su aplicación, indicando las reformas de que sean susceptibles. La ley determinará las demás atribuciones del Poder Judicial.

CAPÍTULO XIV
DE LA FORMACIÓN, SANCIÓN Y
PUBLICACIÓN DE LA LEY

Art. 47ª. La iniciativa de la ley es exclusivamente reservada á los diputados, al presidente por medio de los Ministros y á la Corte de Justicia; más el Ejecutivo no podrá hacerla sobre impuestos ni contribuciones de ninguna clase.

Art. 48ª. Todo proyecto de ley, después de discutido y aprobado por el Congreso, se pasará al Ejecutivo, el que no teniendo objeciones que hacerle, le dará su sanción y lo hará publicar como ley.

Art. 49ª. Cuando el Ejecutivo encuentre inconvenientes para sancionar los proyectos de ley que se le pasan, podrá devolverlos dentro de diez días al Congreso, puntualizando las razones en que funda su opinión para la negativa; y si dentro del término expresado no los objetase se tendrán por sancionados y los hará publicar como ley. En caso de devolución, el Congreso podrá reconsiderar y ratificar el proyecto, con los dos tercios, pasando al Ejecutivo, quien lo tendrá como ley que ejecutará y publicará.

Cuando el Congreso emita en los últimos diez días de sus sesiones y el Ejecutivo encuentre dificultades para su sanción, es obligado á dar aviso inmediatamente al Congreso para que permanezca reunido hasta que se cumpla el término expresado; y no dándolo se tendrá por sancionada la ley.

Art. 50ª. Cuando un proyecto de ley fuese desechado y no ratificado no podrá proponerse en las mismas sesiones sino hasta en las de la Legislatura siguiente.

En la devolución que haga el Ejecutivo de los proyectos de ley, las votaciones del Congreso, para ratificarlos, serán nominales y deberán constar en las actas del día.

Art. 51ª. Todo proyecto de ley aprobado por el Congreso, se extenderá por duplicado, se publicará en él, y firmados dos ejemplares por su Presidente y Secretarios se pasará al Ejecutivo con esta fórmula: "Al Poder Ejecutivo". Si éste no lo aprobase, lo devolverá al Congreso con esta fórmula:

"Vuelva al Soberano Congreso".

Art. 52º. Recibido por el Ejecutivo un proyecto de ley, si no le encontrase objeciones que hacer firmará los dos ejemplares, devolviendo uno al Congreso, y reservándose otro en su archivo, lo publicará como ley en el término de diez días.

Art. 53º. La publicación de la ley se hará en esta fórmula. "El Presidente de la República de Honduras a sus habitantes —Sabed: que el Soberano Congreso ha decretado ó acordado la siguiente: (aquí el texto: y firmas) por tanto: Ejecútese".

CAPÍTULO XV
DE LOS JUECES DE PRIMERA INSTANCIA

Art. 54ª. La ley establecerá jueces de primera instancia para que conozcan en lo civil y criminal, demarcará la jurisdicción de cada uno y la compensación proporcionada a su trabajo.

Art. 55ª. Para ser juez de primera instancia se requiere: ser Abogado de la República, de crédito y honradez, mayor de veinticinco años y padre de familia; ó no Letrado, de treinta años arriba con mas que medianos conocimientos en jurisprudencia, dueño de un capital libre que no baje de mil pesos, tener las demás cualidades requeridas para los Letrados.

Art. 56º. Los jueces de primera instancia fallarán sin consulta, á no ser que la pida alguna de las partes. Su duración será de dos años, pudiendo ser reelectos sin interrupción; pero en este caso será voluntaria la del destino.

CAPÍTULO XVI
DEL GOBIERNO POLÍTICO DE LOS DEPARTAMENTOS Y DEL REGIMEN MUNICIPAL

Art. 57º. En cada departamento habrá un Gobernador propietario y un suplente, nombrados por el Ejecutivo. Serán de reconocida honradez é instrucción, dueños de un capital libre y conocido que no baje de mil pesos; ó Licenciado en cualquiera de las facultades mayores vecinos del departamento respectivo, o naturales de la República y mayores de treinta años.

Art. 58º. Las Comandancias departamentales, sólo en tiempo de guerra podrán ser servidas por los Gobernadores, a juicio del Ejecutivo; más los Comandantes no podrán asumir las gobernaciones políticas.

Art. 59º. Los Gobernadores políticos durarán dos años en sus funciones, pudiendo ser reelectos sin interrupción, si ellos admitiesen. La ley demarcará sus funciones y maneras de ejercerlas.

Art. 60º. El gobierno interior de los pueblos es a cargo de las municipalidades, electas popularmente en el tiempo y número de individuos que la ley señale.

Art. 61º. Habrá jueces de paz que conocerán de los asuntos de menor cuantía, delitos y faltas livianas. La ley determinará su nombramiento, cualidades y atribuciones.

CAPÍTULO XVII
DEL TESORO PÚBLICO

Art. 62°. Formarán el tesoro público todos los bienes muebles, raíces, y créditos activos de la República: todos los impuestos. contribuciones, tallas y tasas que paguen los hondureños ó en adelante pagaren por sus personas, industrias ó bienes: todos los derechos que satisface el comercio con arreglo á las leyes.

Art. 63°. Habrá un Tesorero general de la República, y en los departamentos Intendentes, pudiendo suprimirse este empleo en la Capital y anexarse a la Tesorería General a juicio del Ejecutivo.
La ley demarcará sus funciones y cualidades, ya establecerá los demás empleados que administren, lleven y glosen la cuenta y razón.

Art. 64°. La jurisdicción de hacienda será privada de sus empleados y demás jueces especiales que se establezcan. La ley demarcará su extensión y el modo ejercerla.

CAPÍTULO XVIII
DE LA FUERZA PÚBLICA

Art. 65°. La fuerza pública se compone de la milicia nacional y del ejército de tierra y mar. Es instituida para defender al Estado contra los enemigos exteriores, y para el mantenimiento del orden y ejecución de las leyes.

Art. 66°. La organización de la milicia nacional y del ejército se regulará por la ley.

Art. 67°. La fuerza pública es esencialmente obediente. Ningún cuerpo armado puede deliberar. Empleada para mantener el orden en el interior, no obrará sino por el requerimiento de las autoridades constituidas, reglas determinadas por la ley.

Art. 68°. Se establece el fuero de guerra para los jefes de Coronel efectivo arriba inclusive; y para todos los militares en actual servicio, ó que pertenezcan a cuerpo organizado. En los delitos de policía y en los otros casos que la ley determine, quedan sujetos al fuero común.

Art. 69°. La Comandancia general, que es a cargo del Presidente de la República, se desempeñará por conducto del Ministro de la guerra, pudiendo en tiempos anormales ejercerse directamente.

CAPÍTULO XIX
DE LAS RESPONSABILIDADES
DE LOS FUNCIONARIOS PÚBLICOS

Art. 70°. Todo funcionario ó empleado, al tomar posesión de su destino, prestará juramento de ser fiel á la República, de cumplir y hacer cumplir las leyes y atenerse a su texto, cualesquiera que sean las ordenes o resoluciones que las contraríen; y por sus infracciones serán responsables con sus personas y sus bienes; durante ocho años desde la comisión del delito, respecto a la acción criminal; más por lo civil quedan sujetos al tiempo de la prescripción ordinaria.

Art. 71°. No podrán juzgarse a los individuos de los Supremos Poderes, Secretario del despacho y agentes diplomáticos de la República por delitos oficiales, sin que proceda declaratoria de haber lugar á formarles causa más por los delitos comunes, quedan sin restricción alguna, sujetos a los tribunales a cuyo fuero pertenezcan.

Art. 72°. El Presidente de la República podrá ser juzgado por traición, venalidad, y usurpación del poder; por atentar contra las garantías, impedir las elecciones ó violentarlas: por impedir la reunión del Poder Legislativo; y por los demás delitos oficiales que cometa. Pero no podrá acusársele, ni ser sometido á juicio, sino hasta después de terminado su período. Tampoco podrá ser aprobada su conducta oficial, mientras esté en ejercicio del poder.

Art. 73°. La instrucción de la causa contra los individuos de los Altos Poderes, Ministros del despacho y Agentes diplomáticos de la República, se verificará en el Congreso por tres de sus miembros, electos por la suerte, y el pronunciamiento se hará colectivamente, debiendo concurrir los dos tercios de los presentes para que haya sentencia. Esta se contraerá á deponer del destino al acusado y declararle incapaz de obtener otros honoríficos, lucrativos o de confianza, por cierto tiempo; mas si la causa diere méritos para un juicio criminal escrito quedará sujeto el culpado á los resultados de un procedimiento ordinario, ante los tribunales comunes.

Art. 74°. Desde que se declare en el Congreso que se ha por admitida la acusación el acusado queda desde este acto suspenso del ejercicio de sus funciones; por ningún motivo podrá permanecer más en su puesto, sin hacerse responsable del crimen de usurpación, y ningún individuo deberá obedecerle.

Art. 75°. Los decretos, autos y sentencias pronunciadas por el Congreso, deben ser cumplidas y ejecutadas sin necesidad de confirmación ni sanción alguna.

Art. 76°. Las opiniones de los diputados en lo relativo a su destino, no pueden ser interpretadas criminalmente en ningún tiempo ni con motivo alguno. ni ellos pueden ser demandados ó ejecutados por deudas, desde el llamamiento a sesiones, hasta quince días después de concluidas.

Art. 77°. Para declarar por mayoría de votos cuando ha lugar á formación de causa contra el Tesorero general, Contadores Mayores Administradores de Aduanas, Intendentes, Comandantes expedicionarios, departamentales, de puertos y fronteras y Gobernadores políticos por delitos oficiales, se organizará un tribunal compuesto del Presidente de la respectiva sección judicial y dos diputados electos por la suerte, entre los tres que componen la representación de los departamentos de Comayagua y Tegucigalpa. El tribunal de Justicia respectivo hará el sorteo en corte plena. Hecha la declaratoria con informe del acusado, este quedará suspenso y será juzgado por los tribunales a cuyo fuero pertenezca. La ley determinará la autoridad que debe juzgar á dichos Comandantes.

Art. 78º. Los empleados que sirven su destino en la demarcación jurisdiccional de la Sección Suprema de Tegucigalpa, sufrirán allí el juicio de responsabilidad. La acusación se presentará ante el tribunal de la sección respectiva, quien inmediatamente procederá en sorteo antes establecido.

CAPÍTULO XX
GARANTÍAS INDIVIDUALES

Art. 79º. La República reconoce el derecho de "Habeas Corpus". La ley determinará la manera de ponerlo en práctica.

Art. 80º. El presunto delincuente puede ser detenido por cualquiera autoridad que tenga facultad de arrestar; y el infraganti por cualquier persona, para el efecto de presentarlo al juez.

Art. 81º. La detención para inquirir no pasará de seis días: durante este término deberá la autoridad practicar la justificación del caso y según su mérito, librar escrito la orden de prisión, o poner en libertad al detenido.

Art. 82º. No podrá librarse aquella sin que proceda justificación de haberse cometido un delito que merezca pena más correccional y sin que resulte, al menos por semiplena prueba quien sea el delincuente. Sin embargo es permitida la prisión ó arresto, por pena, ó apremio, en los casos y por el término que la ley disponga.

Art. 83º. Ninguno podrá ser preso ni detenido, sino en los lugares públicos designados al efecto. Los ciudadanos y las mujeres pueden serlo en otros conforme á su voluntad determinándolo la ley.

Art. 84°. El arresto, prisión ó reclusión, por pena correccional no podrá pasar de treinta días, ni veinticinco pesos de multa.

Art. 85°. Cuando alguno no estuviese incomunicado por orden del juez, trascrita en el registro del Alcalde, no podrá éste impedir su comunicación con las personas. —Después de la confesión no puede prohibirse aquélla y el juicio es público.

Art. 86°. Aun con auto de prisión, decretado ninguno puede ser llevado á la cárcel ni detenido en ella, si presentase fianza cuando al respectivo delito sea aplicable pena pecuniaria.

Art. 87°. Ningún ciudadano ó habitante podrá ser obligado á declarar en materia criminal, contra si mismo, ni contra sus parientes, dentro del cuarto grado de consanguinidad o segundo de afinidad, según la computación civil.

Art. 88°. Las penas deben ser proporcionadas á la naturaleza y gravedad del delito; y ninguna corporal pasará de diez años. El apremio ó tortura, que no sea necesario para mantener en seguridad á las personas, es atroz y no debe consentirse.

Art. 89°. Siendo la inviolabilidad de la vida humana una de las garantías individuales, la pena de muerte queda abolida en materia política; y solamente se establece por los delitos de asesinato, homicidio premeditado y seguro, asalto o incendio, si se requiere muerte, y por el parricidio que los casos que determine la ley-Los militares en servicio quedan sujetos á las penas de las ordenanzas del Ejército.

Art. 90°. Ningún habitante puede ser molestado, inquietado ni perseguido por sus opiniones, de cualquier naturaleza que sean, con tal que por algún acto directo y positivo no perturbe el orden 6 infrinja la ley.

Art. 91°. Las acciones privadas que no ofendan diferentemente el orden público, ni produzcan daños de tercero están fuera de la competencia de la ley.

Art. 92°. La casa de todo habitante es un asilo que solo puede allanar la autoridad en los casos siguientes y en los demás que determine la ley.

1ª. En persecución actual de un delincuente.

2ª. Persiguiendo al reo á quien se haya provisto auto de prisión; y

3ª. Cuando por reclamo del interior de ella, ó por desorden escandaloso se exija su allanamiento.

También puede ser allanada aquélla en que se halle refugiado un delincuente, o se oculten objetos hurtados, prohibidos o estancados, procediendo al menos semiplena prueba de los hechos.

Art. 93°. Solamente los tribunales establecidos con anterioridad por la ley, juzgarán y conocerán en las civiles y criminales de los hondureños. Si lo hiciere el Cuerpo Legislativo, fuera de los casos que se deban señalados, ó el Poder Ejecutivo, tomándose facultades que no le competen ó declarando delincuente o castigando a un individuo que debe ser juzgado por sus jueces naturales, se declara que tales poderes atacan la presente Carta que por su infracción, responderán con sus personas y personas y bienes.

Art. 94°. Todo habitante, libre de responsabilidad, puede emigrar á donde le parezca y volver cuando le convenga; pero en caso de guerra, aun los extranjeros lo verificarán con pasaporte, mediante el decreto gubernativo al efecto.

Art. 95°. La propiedad de cualquier, no podrá ser ocupada sino por ca causa de intereses públicos. legalmente comprobada y previamente indemnizado su valor y justa tasación.

Art. 96º. La correspondencia epistolar es inviolable. La sustraída de las estafetas ó de otro lugar, no hace fé contra ninguno.

Art. 97º. Todo habitante puede libremente expresar su pensamiento por prensa, sin previa censura haciéndose solamente responsable por el abuso la que haga de este derecho; pero no se podrá publicar escritos injuriosos contra determinadas personas, sin que se suscriban por el autor y se publiquen por su nombre. La ley determinará la manera de calificar las injurias de esta especie.

Art. 98º. Las leyes, ordenes, providencia o sentencias retroactivas, proscriptivas, confiscatorias, condenatorias, sin juicio y que hacen trascendental la infamia son injustas, opresivas y nulas. Las autoridades, que cometan semejantes violaciones, responderán con sus personas y bienes a la reparación del daño inferido.

Art. 99º. Ni el Poder Legislativo, ni el Ejecutivo, ni ningún tribunal o autoridad, podrá restringir, alterar o violar ninguna de las garantías consignadas en esta Carta; y cualquier poder que la infrinja será responsable individualmente al perjuicio inferido, en los mismos términos del artículo anterior.

CAPÍTULO XXI
DISPOSICIONES GENERALES

Art. 100º. Solo por los medios constitucionales se asciende al Poder Supremo. Si alguno lo usurpase por medio de la fuerza ó de la sedición popular, es reo del crimen de usurpación. Todo lo que obrare será nulo, las cosas volverán al estado que tenían antes, luego que se establezca el orden constitucional.

Art. 101º. Llegado el tiempo en que deben practicarse las elecciones populares de Presidente de la República, mientras ellas duren, este funcionario depositará el mando en uno de los designados por el Congreso, quedando reducida la fuerza nacional á las guarniciones ordinarias.

Art. 102º. La ley, bien sea que proteja, o bien que castigue será igual para todos, y recompensará á cada uno en proporción á sus méritos, No podrá ser relajada o dispensada en favor de ningún individuo, corporación ó pueblo salvo el caso de indultos o amnistías.

Art. 103º. Todo ciudadano puede ser admitido a los cargos públicos, civiles, políticos y militares sin más diferencia que sus talentos y virtudes, llenando las condiciones establecidas.

Art. 104º. Es nula toda resolución, decreto, orden, acuerdo ó sentencia de los poderes constitucionales, en que intervienen coacción ocasionada por la fuerza pública ó por el pueblo en tumulto.

Art. 105.-Ningún juez puede serlo en dos diversas; diversas instancias, evocar causas pendientes para conocer de ella, ni abrir juicios fenecidos.

Art. 106º. Ningún militar en actual servicio podrá ser electo Presidente ni Diputado. Tampoco podrán ser Representantes al Congreso los Ministros del despacho; recayendo la elección en otro empleado de libre nombramiento del Ejecutivo, vacará en su destino; y mientras sea representante, no podrá obtener ningún empleo de gobierno.

Art. 107º. La policía de seguridad sólo podrá ser confiada á las autoridades civiles, en la forma la ley establezca.

Art. 108º. La República no reconoce dentro de su territorio ningún individuo con derecho a sustraerse a la acción de las leyes y del juicio de los tribunales instancias que ellas establezcan; y las causas no podrán correr más que tres instancias.

Art. 109º. Todos los hondureños pueden reunirse pacíficamente y en orden para tratar de cuestiones de interés público, o dirigir peticiones a las autoridades constituidas; mas los autores de estas reuniones responderán personalmente de cualquier desorden que se cometa.

Art. 110º. El período de los representantes al Congreso comenzará el 1º de Marzo; y el Presidente de la República desde el 19 de Abril, como queda establecido, sin que para ello obste que por algún inconveniente legítimo no pueda funcionar todo el tiempo ordinario.

Art. 111º. No es necesaria la confirmación ó sanción del Poder Ejecutivo en los actos o resoluciones legislativas siguientes: en las que tengan por objeto las elecciones que el Congreso haya de hacer las renuncias que debe oír; en los acuerdos para trasladar su residencia de un punto á otro; en los presupuestos generales de gastos que vote; y en los reglamentos que emita para su régimen interior.

Art. 112º. El régimen judicial y gobierno interior o local de las Islas de la Bahía en el Atlántico, y las del golfo de Fonseca en el Pacífico, pueden ser distintos de los adoptados en esta Constitución para los demás pueblos de la República. Lo mismo se establece respecto de las tribus aun no civilizadas de la costa Norte.

CAPÍTULO XXII
DE LAS REFORMAS DE LA CONSTITUCIÓN

Art. 113º. La reforma parcial ó absoluta de esta Constitución solo podrá acordarse por los dos tercios de votos de los Representantes al Congreso. Esta resolución se publicará por la prensa y volverá á tomarse en consideración en la próxima Legislatura ordinaria.

Si ésta la ratifica, se convocará una Asamblea Constituyente para que decrete las reformas. Pero no se propondrán aquéllas, sino hasta pasados ocho años después de promulgada ésta.

Art. 114°. La presente Constitución no obsta para que concurra Honduras a la formación de su gobierno nacional con las otras secciones de Centro América, o a la de un pacto federativo, si aquél no pudiese tener efecto. La adopción de un nuevo régimen o pacto que se celebre será ratificado con dos tercios de votos de los Diputados al Congreso; y por este hecho, se tendrá como reformada esta Carta, sin embargo de lo establecido en el artículo anterior.

Art. 115°. Queda derogada la Constitución de Septiembre de 1865, y vigentes provisionalmente las leyes que rigen actualmente en la República, en lo que no se oponga a la presente Carta.

RAMÓN MIDENCE,
Diputado Presidente por el Departamento de Tegucigalpa.

J. MIGUEL BUSTILLO,
Diputado Vice Presidente por el Departamento de Gracias.

GUILLERMO BUSTILLOS,
Diputado propietario por el Departamento de Olancho.

MIGUEL BUSTILLOS,
Diputado por Yoro

MIGUEL DEL CIDA
Diputado por el Departamento de Gracias.

PEDRO RIVERA BUSTILLO,
Diputado propietario por el Departameno de Comayagua.

MARTÍN UCLÉS,
Diputado por el Departamento de Tegucigalpa.

FAUSTINO DÁVILA,
Diputado suplente por Tegucigalpa.

JESÚS MARÍA RODRÍGUEZ,
Diputado propietario por el Departamento de Copán.

TEODORO FUNES.
Diputado propietario por el Departamento de Santa Bárbara.

MIGUEL CUBAS,
Diputado por el Departamento de Yoro.

SANTIAGO MEZA,
Diputado propietario por el Departamento de Olancho.

TRINIDAD HERNÁNDEZ,
Diputado por el Departamento de Comayagua.

MANUEL SEBASTIÁN LÓPEZ,
Diputado por el Departamento de Santa Bárbara.

FRANCISCO LÓPEZ,
Diputado por el Departamento de Comayagua.

JUAN BUSTILLO.
Diputado por el Departamento de la Mosquitia.

MANUEL RECARTE,
Diputado por el Departamento de Santa Bárbara.

APOLINARIO FLORES,
Diputado por el Departamento de Comayagua.

TORIBIO ZELAYA,
Diputado por el Departamento de Olancho.

SANTIAGO CERNA,
Diputado por el Departamento de la Mosquitia.

FRANCISCO FIALLOS,
Diputado por el Departamento de Copán.

JUAN ORDÓÑEZ,
Diputado por el Departamento de Olancho.

TIBURCIO HERNÁNDEZ,
Secretario, Diputado por el Departamento de Yoro.

MÁXIMO GÁLVEZ.
Secretario, Diputado por el Departamento de Tegucigalpa.

Por tanto: promúlguese, imprimase y cúmplase.

Dada en Comayagua, á veintitrés días del mes de Diciembre del año del Señor de mil ochocientos setentitrés, LII de la independencia.

CELEO ARIAS.

El Ministro de Guerra y Relaciones Exteriores.
JEREMÍAS CISNEROS.

El Ministro accidental de Gobernación y Hacienda,
MARIANO RUBÍ.

Los Diputados que compusieron la comisión para formar el proyecto de esta Constitución fueron los siguientes:

Licenciado Don Máximo Gálvez, Licenciado Don Martin Uclés, Licen ciado Don Teodoro Funes, Licenciado don Santiago Cerna, Presbítero, Don Miguel Bustillos y Don Tiburcio Hernández.

CONSTITUCIÓN POLÍTICA DE LA REPÚBLICA DE HONDURAS
de 1º. de Noviembre de 1880

PARTE PRIMERA

DECLARACIONES, PRINCIPIOS, DERECHOS Y GARANTIAS FUNDAMENTALES

CAPÍTULO PRIMERO
DECLARACIONES Y PRINCIPIOS

Art. 1º. Honduras se considera como una Sección disgregada de la República de Centro América. En consecuencia, reconoce como un principal deber y su más urgente necesidad, volver a la unión con las demás Secciones de la República disuelta. Para alcanzar este capital objeto, no obsta la presente Constitución, que puede ser reformada o abolida el ratificar los pactos, tratados y convenciones que tienden a dar, congreso, para o tengan por resultado la reconstrucción nacional de Centro América.

Art. 2º. La Nación hondureña es República soberana, libre é independiente.

Art. 3º. Todo poder público emana del pueblo. Los funcionarios del Estado son sus delegados, y no tienen más facultades que las que expresamente les da la ley. Por ella legislan, administran y juzgan y conforme a ella deben dar cuenta de sus funciones.

Art. 4º. El Gobierno de la República es democrático, representativo, alternativo y responsable; y se ejercerá legislativo, Ejecutivo y Judicial. Jos por tres departamentos distintos.

Art. 5º. Los límites de la República y su división territorial serán objeto de una ley.

CAPÍTULO SEGUNDO

Art. 6º. La Constitución garantiza á todos los habitantes de la República, sean hondureños o extranjeros, la inviolabilidad de la vida humana, la seguridad individual, la libertad, la igualdad y la fraternidad.

Seguridad individual

Art. 7º. —1º. La República reconoce la garantía del Habeas Corpus.

2º No es legal la orden de arresto que no emane de autoridad competente. La detención para inquirir no pasará de seis días, y el juez de instrucción está obligado á dentro de este término, decretar la libertad ó prisión del indiciado.

3º. El delincuente infraganti puede ser aprendido por cualquier persona para el efecto de entregarlo inmediatamente á la autoridad que tenga facultad de arrestar.

4º. Aun con auto de prisión ninguno puede ser llevado á la cárcel, ni detenido en ella, si presentare fianza cuando por el delito no debe aplicarse pena aflictiva.

5º. Nadie puede ser condenado. sin juicio previo fundado en ley anterior al hecho que motiva el proceso.

6º. Ninguno puede ser juzgado por comisiones especiales, ni sustraído de los Jueces designados por la ley antes del hecho que origina la causa.

7º. Nadie puede ser obligado en materia criminal á declarar contra sí mismo, ni contra sus parientes en el cuarto grado de consanguinidad o segundo de afinidad.

8º. El derecho de defensa es inviolable.

9º. El tormento es abolido para siempre. Las prisiones que no sean absolutamente necesarias para la seguridad de los presos, no deben emplearse.

10º. La incomunicación de los detenidos ó presos no podrán tener lugar sino por orden escrita del Juez de la causa, por un breve término y por motivos calificados. Ninguno podrá ser preso ni detenido sino en los lugares públicos designados al efecto.

11°. El domicilio es inviolable. Son inviolables la correspondencia epistolar y telegráfica, los papeles privados y los libros de comercio.

12°. Ningún habitante puede ser inquietado ni perseguido por sus opiniones de cualquier naturaleza que sean, con tal que, por un acto directo y positivo, no perturbe el orden ó infrinja la ley.

13°. Las leyes, órdenes, providencias sentencias retroactivas, proscripticas, condenatorias sin juicio é infamantes, son injustas, opresivas y nulas. Las autoridades que cometan tales violaciones serán responsables con sus personas y bienes el daño inferido; y por

14°. La policía de seguridad sólo podrá ser confiada á las autoridades civiles.

Art. 8°. El esclavo que pise el territorio hondureño queda libre. El tráfico de esclavos es un crimen.

Art. 9°. Todos tienen libertad:
1ª. De ejercer profesión, oficio o industria. 2ª. De disponer de sus propiedades, sin restricción alguna, por venta, donación, testamento o cualquiera otro título legal. 3ª. De profesar cualquier culto. El Estado no contribuirá al sostenimiento de ningún culto. Los cultos se sostendrán con lo que voluntariamente contribuyan los particulares. El Estado ejercerá el de suprema inspección sobre los cultos, conforme a la ley y a los reglamentos de policía relativos. 4ª. De ejercer su profesión, oficio o industria. 5ª. De asociarse y reunirse pacíficamente y sin armas. Se prohíbe el establecimiento de toda clase de asociaciones monásticas. 6ª. De ejercitar el derecho de petición. 7ª. De enseñar. 8ª. De transitar por el territorio de la República, de permanecer en y de salir sin pasaporte; 9ª. De ejercer la navegación y el comercio.

Igualdad

Art. 10°. —1°. Ante la ley no hay fueros ni privilegios personales. 2ª. Todos los hondureños podrán desempeñar cargos públicos, sin requerirse más condición que la de su idoneidad. Los Ministros de las diversas sociedades religiosas no podrán ejercer cargos públicos. 3ª. La igualdad es la base de los impuestos; 4ª. La ley civil no reconoce diferencia entre nacionales y extranjeros.

Propiedad

Art. 11º. —1ª. La propiedad es inviolable. Nadie puede ser privado de ella, sino en virtud de ley ó de sentencia fundada en ley. La expropiación por causa de utilidad pública debe ser calificada por ley o sentencia fundada en ley, y no se verificará sin previa indemnización. 2ª. Sólo el Congreso impone contribuciones. 3ª Ningún servicio personal es exigible, sino en virtud de ley ó de sentencia fundada en ley. 4ª. La confiscación se declara abolida para siempre. 5ª. Todo autor ó inventor goza de la propiedad exclusiva de su obra ó descubrimiento; y 6ª. Ningún cuerpo armado puede hacer requisiciones.

Art. 12º. Las leyes reglan el uso de estas garantías de derecho público; pero no podrá darse ley que, con ocasión de reglamentar u organizar su ejercicio, las disminuya, restrinja o adultere en su esencia.

CAPÍTULO TERCERO
DERECHO PÚBLICO DIFERIDO A LOS EXTRANJEROS

Art. 13º. 1º. —Ningún extranjero es más privilegiado que otro. Todos gozan de los derechos civiles del hondureño. En consecuencia, pueden comprar, vender, local, ejercer industrias y profesiones, poseer toda clase de propiedades, y disponer de ellas en la forma prescrita por la ley; entrar al país y salir de él con dichas propiedades; frecuentar con sus buques tras al publica, y navegar en sus mares y ríos. Están libres anche extraordinarias; se les garantiza entera libertad de conciencia, y pueden construir templos y cementerios en cualquier lugar de la República. Sus contratos matrimonia- les no pueden ser invalidados por no estar de conformidad con los requisitos religiosos de cualquiera creencia si estuviesen legalmente celebrados. 2º. No están obligados a admitir la naturalización. 3º. Pueden optar a los destinos públicos según las condiciones de la ley, que en ningún caso los excluirá por el sólo motivo de su origen; 4º. Obtienen naturalización residiendo un año continuo en el país la obtienen sin este requisito los colonos; los que se establezcan en lugares habitados por indígenas o en tierras despobladas; los que emprenden y realizan importantes trabajos de utilidad general; los que introducen valiosas fortunas al país, y los que se recomienden por invenciones o aplicaciones de grande utilidad para la República.

Art. 14º. Los extranjeros desde su llegada al territorio de la República, están obligados a respetar las autoridades y observar las leyes. También están obligados a la observancia de las disposiciones y reglamentos de policía, y a pagar los impuestos locales y las contribuciones establecidas por razón de comercio, industria, profesión, propiedad o posesión de bienes, y las que por el mismo motivo se establezcan en adelante, bien sea aumentando o disminuyendo las anteriores.

Art. 15º. Las leyes y los tratados reglan el uso de estas garantías, sin poder disminuirlas ni alterarlas.

CAPÍTULO CUARTO
GARANTÍAS DE ORDEN Y DE PROGRESO

Art. 16º. El servicio militar es obligatorio. Todo hondureño de diez y ocho a treinta años es soldado del Ejército activo, y de treinta y cinco a cuarenta es soldado de la reserva. Se exceptúan por diez años los hondureños naturalizados. La organización del Ejército será reglada por la ley.

Art. 17º. Se establece el fuero militar; la extensión de éste será determinada por el Código respectivo.

Art. 18º. La fuerza pública es esencialmente obediente; ningún cuerpo armado puede deliberar,

Art. 19º. Toda persona ó reunión de personas que asuma el título de representación del pueblo, se arrogue sus derechos, o represente en su nombre, comete sedición.

Art. 20º. Toda autoridad usurpada es ilegal; sus actos son nulos. Toda decisión acordada por intimación directa ó indirecta de un cuerpo armado, ó de una reunión de pueblos es nula de derecho y no tendrá efectos legales,

Art. 21º. Declarada la República, o un lugar de la República en estado de sitio, queda suspenso el imperio de la Constitución en la localidad á que se refiera la declaración de estado de sitio.

Art. 22º. Ni los hondureños ni los extranjeros podrán, en ningún caso, reclamar al Estado indemnización alguna por daños o perjuicios que a sus personas ó bienes causaren las facciones.

Art. 23º. El Presidente de la República, los Magistrados de la Corte Suprema, los Secretarios de Estado y los Agentes Diplomáticos pueden ser acusados ante el Congreso, por los delitos de traición, concusión, dilapidación y violación de la Constitución y de las leyes. El juicio político, o de responsabilidad, se limita a deponer de su empleo al acusado, y entregarlo a los tribunales comunes.

Art. 24º. El Estado tiene el primordial deber de fomentar y proteger la instrucción pública en sus diversos ramos: la instrucción primaria es obligatoria, laica y gratuita. Será también laica la instrucción media y superior. Ningún Ministro de un sociedad religiosa podrá dirigir establecimientos de enseñanza sostenidos por el Estado.

Art. 25º. El Estado proveerá todo lo conducente al bienestar y adelanto del país, fomentando el progreso de la agricultura, de la industria y del comercio; de la inmigración, de la colonización de tierras desiertas, y de la construcción de caminos y ferrocarriles de planteamiento de nuevas industrias del establecimiento de instituciones de crédito, de la importación de capitales extranjeros, y de la explotación y canalización de los ríos y lagos, por medio de leyes protectoras de estos fines, y de concesiones temporales de privilegios y recompensas de estímulo.

Art. 26°. La navegación de los ríos es libre para todas las banderas.

Art. 27°. La presente Constitución puede reformarse. La necesidad de reformarla será declarada por el Congreso ordinario; pero sólo se efectuará la reforma por una Asamblea Nacional Constituyente, convocada al efecto. Es ineficaz la proposición de reforma que no está apoyada por las dos terceras partes del Congreso. Se exceptúa de estos requisitos el caso previsto en el artículo 1°

Art. 28°. Todo empleado ó funcionario de la República, al tomar posesión de su destino, hará la promesa siguiente; "Prometo que cumpliré y haré cumplir la Constitución y las leyes, ateniéndome a su texto cualesquiera que sean las ordenes que las contraríen y la autoridad de que emanen".

CAPÍTULO QUINTO
DE LA NACIONALIDAD, DE LA CIUDADANÍA Y DE LAS ELECCIONES

Art. 29°. Son hondureños las personas que nacen en el territorio de la República, y las que se naturalizan en el país conforme a la ley.

Art. 30°. Son hondureños por nacimiento.
1ª. Todas las personas que hayan nacido ó nacieren en el territorio de la República. La nacionalidad de los hijos de extranjeros nacidos en territorio hondureño, y la de los hijos de hondureños nacidos en territorio extranjero, serán determinados por los tratados. Cuando no haya tratados, los hijos nacidos en

Honduras, de padres extranjeros domiciliados en el país, son hondureños; y

2ª. Se consideran como hondureños naturales los hijos de las otras Repúblicas de Centro América, por el hecho de hallarse en cualquier punto del territorio hondureño, á no ser que ante la autoridad correspondiente, manifiesten el propósito de conservar su nacionalidad.

Art. 31°. Son hondureños por naturalización:

1°. Los hispanoamericanos domiciliados en la República, si no se reservan su nacionalidad. 2°. Los extranjeros que se hallen en los casos del inciso 4°, artículo 13, siempre que se inscriban en el registro cívico en la forma determinada por la ley. 3°. Los que obtengan carta de naturalización de la autoridad que designe la ley.

Art. 32°. Son ciudadanos: 1ª. Todos los hondureños naturales ó naturalizados mayores de veintiún años, que tengan profesión, oficio, renta o propiedad que les aseguren la subsistencia. 2ª. Los hondureños naturales o naturalizados, mayores de diez y ocho años, que sepan leer y escribir o sean casados.

Art. 33°. Se suspenden los derechos de ciudadanía: 1ª. Por hallarse procesado criminalmente y tener decretado auto de prisión. 2ª. Por conducta notoriamente viciosa o por vagancia legalmente declarada. 3ª. Por enajenación mental judicialmente declarada; y 4ª. Por sentencia de inhabilitación para el ejercicio de derechos políticos.

Art. 34°. Pierden sus derechos de ciudadanos los hondureños que admiten empleos de otro Gobierno sin licencia del Congreso ó del Ejecutivo. De esta regla se exceptúan los hondureños que admiten empleos de los Gobiernos de Centro América, salvo el caso en que den servicio ó acepten despachos militares sin previa licencia del Poder Ejecutivo.

Art. 35°. El voto activo es irrenunciable obligatorio, y corresponde a los ciudadanos en ejercicio de sus derechos. El sufragio es público y directo. Las elecciones se practicarán en la forma que prescriba la ley.

Art. 36°. Sólo los ciudadanos en ejercicio de sus derechos pueden obtener voto pasivo con arreglo a la ley.

PARTE SEGUNDA
DEPARTAMENTO DEL GOBIERNO

CAPÍTULO SEXTO

Del Departamento Legislativo

SECCIÓN PRIMERA
DE SU ORGANIZACIÓN

Art. 37°. El Poder Legislativo se ejerce por un Congreso de Diputados que se reunirá de derecho en la Capital de la República, cada dos años, del 19 al 15 de enero, sin necesidad de convocatoria. Sus sesiones durarán hasta sesenta días prorrogables pudiendo cerrarlas antes de acuerdo con el Ejecutivo. También las tendrá extraordinarias, cuando sea convocado por éste, en cuyo caso, sólo se ocupará de los asuntos que motiven su reunión.

Art. 38°. Un número de Diputados, que no baje de cinco, tiene facultad para tomar las medidas convenientes á fin de hacer concurrir á los demás hasta obtener su instalación. El Congreso puede instalarse y deliberar con las dos terceras partes de los Diputados electos, y para que haya resolución basta por regla general la mayoría absoluta de votos.

Art. 39°. Los Diputados serán elegidos por cuatro años, y pueden ser reelectos indefinidamente. A los dos años del primer período se renovarán por mitad, por sorteo que hará el Congreso al cerrar sus sesiones. La renovación sucesiva se hará el orden de antigüedad.

Art. 40º. Para ser electo Diputado se requiere ser ciudadano en ejercicio de sus derechos, y haber cumplido veinticinco años de edad.

Art. 41º. No pueden ser Diputados: 1ª. Los Secretarios de Estado. 2ª. Los militares en servicio; y 3ª. Los Gobernadores Políticos Administradores de Rentas por el departamento ó distrito electoral en que ejerzan sus funciones.

Art. 42.-El Diputado es inviolable. En ningún tiempo será responsable por las ideas que, de palabra ó por escrito, exponga en desempeño de su mandato de legislador.

Art. 43. Para elegir Diputados al Congreso, se dividirá el territorio de la República en distritos electorales que constarán de diez mil habitantes. Cada distrito elegirá un Diputado propietario y un suplente. Pero entre tanto se hace esta división, cada departamento elegirá tres Diputados propietarios y dos suplentes. Los departamentos de las Islas de la Bahía y la Mosquitia elegirán, cada uno, un Diputado propietario y un suplente.

SECCIÓN SEGUNDA
ATRIBUCIONES DEL CONGRESO

Art. 44º. Corresponden al Congreso las atribuciones siguientes;

En el Departamento de lo Interior

1ª. Calificar la elección de sus miembros. 2ª. Llamar a los suplentes en caso de muerte o legítimo impedimento de los propietarios. 3ª. Admitir las renuncias que unos y otros presenten por causas legalmente comprobadas. 4ª. Formar su reglamento de régimen interior. 5ª. Decretar, interpretar, reformar y derogar las leyes. 6ª. Crear y suprimir empleos, fijar sus atribuciones, dar pensiones, decretar honores: conceder amnistías 6 indultos generales ó particulares, cuando la conveniencia pública lo exija, ó el solicitante tenga a su favor servicios relevantes prestados a la

Nación. 7ª. Elegir los Magistrados de la Corte Suprema de Justicia, y admitir o no sus renuncias. 8ª. Disponer todo lo concerniente a la seguridad y defensa de la República, y á su adelanto y prosperidad. 9ª. Reglar el comercio interior. 10ª. Declarar la elección de Presidente de la República legalmente practicada; hacerla en el caso del artículo 62; y admitir o no la renuncia del Presidente; y 11ª. Declarar con lugar a formación de causa al Presidente de la República, los Magistrados de la Corte Suprema de Justicia, a los Secretarios de Estado y á los agentes diplomáticos.

En el Departamento de Relaciones Exteriores

Art. 45º. 1ª. Proveer lo conveniente á la defensa y seguridad exterior del país. 2ª. Declarar la guerra y hacer la paz. 3ª. Aprobar ó improbar los tratados concluidos con las naciones extranjeras; 4ª. Reglar el comercio marítimo y terrestre.

En el Departamento de Hacienda

Art. 46º. 1ª. Aprobar ó improbar la cuenta de gastos públicos. 2ª. Fijar bienalmente el presupuesto de esos gastos. 3ª. Imponer ó suprimir contribuciones. 4ª. Contraer deudas nacionales, reglar de las existentes, y decretar empréstitos. 5ª. Habilitar puertos mayores, crear y suprimir aduanas; 6ª. Decretar el peso, ley y tipo de moneda nacional.

En el Departamento de la Guerra

Art. 47º. 1ª. Aprobar ó improbar las declaraciones de estado de sitio hechas durante su receso. 2ª. Fijar bienalmente el número de fuerzas de mar y tierra que ha de mantenerse en pie. 3ª. Aprobar ó improbar la declaración de guerra que haya hecho el Poder Ejecutivo.

4ª. Permitir la salida de tropas nacionales fuera de la República, y con- ceder el tránsito ó permanencia de tropas extranjeras en el territorio, guardando en todo caso las leyes de neutralidad; y 5ª. Declarar en estado de sitio la República, ó una parte de la

República, en los casos de agresión extraña, de conmoción interior, o de hallarse amenazada la tranquilidad pública.

Art. 48°. El Congreso puede delegar en el Ejecutivo facultades para legislar en los ramos de Policía, Hacienda, Guerra, Marina, Instrucción Pública y Fomento.

SECCIÓN TERCERA
DE LA FORMACIÓN, SANCIÓN Y PROMULGACIÓN DE LA LEY

Art. 49°. Las leyes pueden ser iniciadas por cualquiera de sus miembros del Congreso, por el Presidente de la República, y por la Corte Suprema de Justicia en materias de su competencia. Los diputados presentarán los proyectos de ley por medio de una proposición escrita, el Presidente por un mensaje, y la Corte Suprema de Justicia por medio de una exposición.

Art. 50°. Ningún proyecto de ley, salvo el caso de urgencia calificada por el Congreso, será definitivamente votado sino después de tres deliberaciones. Toda proposición, que tenga por objeto declarar la urgencia de una ley, debe ir precedida de una exposición de los motivos en que ella se funda.

Art. 51°. Todo proyecto de ley después de discutido y aprobado por el Congreso se pasará al Ejecutivo, quien, no teniendo objeciones que hacerle le dará su sanción y lo hará promulgar como ley.

Art. 52. Cuando el Ejecutivo encontrare inconvenientes para sancionar un proyecto de ley lo devolverá al Congreso dentro de diez días; puntualizando las razones en que funde su desacuerdo. Si dentro del término expresado no lo objetare, se tendrá por sancionado y lo promulgará como ley. En el caso de devolución el Congreso reconsiderará el proyecto, y si fuere ratificado con los dos tercios de votos, volverá a pasarlo al Ejecutivo, quien lo tendrá por ley.

Art. 53º. Cuando el Congreso vote un sesiones, y el Ejecutivo encuentre dificultades para su sanción, está obligado á dar inmediatamente aviso al Congreso, para que permanezca reunido hasta diez días contados desde la fecha del proyecto, y no haciéndolo, éste se tendrá por sancionado.

Art. 54º. Cuando un proyecto de ley fuese desechado o no ratificado, no podrá proponerse en las mismas sesiones, sino hasta en la Legislatura siguiente.

Art. 55º. Cuando el Ejecutivo devuelva al Congreso un proyecto de ley, las votaciones para ratificarlo serán nominales, y deberán constar en el acta del día.

Art. 56. No es necesaria la sanción del Ejecutivo en los actos ó resoluciones siguientes:

1ª. En las elecciones que el Congreso haga o declare, y en las renuncias que admita ó deseche. 2ª. En las declaraciones que haga sobre lugar a formación de causa; y 3ª. En los reglamentos que emita para su régimen interior.

Art. 57º. Todo proyecto de ley aprobado por el Congreso, se extenderá por duplicado, y se pasará al Ejecutivo con esta fórmula: "Al Poder Ejecutivo". Si éste no lo aprobare, lo devolverá al Congreso con esta fórmula: "Vuelva al Congreso Nacional".

Art. 58º. Recibido por el Ejecutivo un proyecto de ley, si no le hiciere objeciones, lo sancionará, devolviendo un ejemplar al Congreso y reservando otro para promulgarlo como ley, en el término de diez días.

Art. 59º. La promulgación de la ley se hará con esta fórmula: "El Presidente de la República de Honduras, á sus habitantes, sabed: que el Congreso Nacional ha ordenado lo siguiente: (aquí el texto y firmas). Por tanto, ejecútese".

CAPÍTULO SÉPTIMO
DEL DEPARTAMENTO EJECUTIVO

SECCIÓN PRIMERA
DE SU ORGANIZACIÓN

Art. 60°. El Poder Ejecutivo se ejerce por un ciudadano que se denomina Presidente de la República.

Art. 61°. El Presidente de la República debe ser hondureño natural, ciudadano en ejercicio de sus derechos y mayor de treinta años.

Art. 62°. El Presidente de la República es elegido popularmente y declarada su elección por el Congreso, según queda prescrito. Pero cuando hecho el escrutinio de votos no resultare electo por mayoría absoluta, el Congreso procede a elegirlo entre los tres candidatos que hayan obtenido mayor número de sufragios. En este caso la vocación será pública y nominal, y la elección debe quedar concluida en una sola sesión,

Art. 63°. El período constitucional en que el Presidente ejerce su cargo dura cuatro años, y podrá ser reelecto para el período siguiente. Para ser elegido por tercera vez, deberá mediar, entre ésta y la segunda elección el espacio de cuatro años. El período presidencial comienza el primero de Febrero del año de la renovación,

Art. 64°. El Presidente de la República tiene para el despacho de los negocios uno o más Secretarios de Estado, y les designa sus respectivos departamentos.

Art. 65°. Para ser Secretario de Estado se requiere ser mayor de veinticinco años, y ciudadano en ejercicio de sus derechos.

Art. 66°. El Secretario de Estado refrenda los actos del Presidente de sin cuyo requisito carecen de legalidad; pero no ejerce autoridad responsable de los actos que legalice, y solidariamente de los que acuerda con sus colegas, salvo el caso en que proteste.

Art. 67°. Los Secretarios de Estado presentarán al Congreso, al comenzar sus sesiones ordinarias, informes detallados y comprobados sobre los actos del Ejecutivo, en cada uno de los respectivos ramos de la administración pública. Estos informes servirán de base al Congreso para que juzgue de la conducta del Ejecutivo en todo aquello que por la Constitución le corresponda aprobarla o improbarla.

Art. 68°. Los Secretarios de Estado presentarán bienalmente al Congreso el presupuesto de gastos de sus departamentos respectivos; y la cuenta de la inversión dada a los fondos botados en bienio precedente.

Art. 69°. Pueden los Secretarios de concurrir á las sesiones del Congreso, y tomar parte en sus debates, pero no votar. Tienen el deber de responder á las interpelaciones que les dirija cualquier Diputado sobre los asuntos de competencia del Congreso, salvo los de Guerra y de Relaciones Exteriores, cuando el Presidente de la República juzgue necesaria la reserva.

Art. 70°. Cuando el Presidente de la República mandare personalmente la fuerza armada, ó cuando por enfermedad, ausencia del territorio, ú otro grave motivo no pudiese ejercer su cargo, le subrogará á su elección, el Consejo de Secretarios de Estado o uno de los Secretarios de Estado mientras subsista la causa de impedimento. En los casos de muerte del Presidente, aceptación de su renuncia ú otra clase de imposibilidad absoluta que no pudiese cesar antes de cumplirse el tiempo que falta para completar los cuatro años de su período constitucional, el Secretario de la Guerra subrogará al Presidente de la República, debiendo, en el perentorio término de diez días convocar a los pueblos por medio de un decreto para que elijan presidente conforme á lo prevenido en la Constitución. El Presidente electo, por el expresado motivo, durará cuatro años en el desempeño de su cargo.

SECCIÓN SEGUNDA
DE LAS ATRIBUCIONES DEL PODER EJECUTIVO

Art. 71º. El Presidente de la República es el Jefe Supremo de la Nación; tiene á su cargo la administración general del país, y sus atribuciones son las siguientes:

En el Departamento de lo Interior

Art. 72º. 1ª. Ejecuta y hace cumplir las leyes, expidiendo los decretos y ordenes conducentes a este objeto, cuidando de no alterar su espíritu con excepciones reglamentarias. 2ª. Nombra los Magistrados de las Cortes de Apelaciones, á propuesta de la Corte Suprema de Justicia, y á los Jueces de Letras, en la forma que prescriba la ley. 3ª. Admite en receso del Congreso, las renuncias de los Magistrados de la Corte Suprema de Justicia, y en este caso, nombra interinamente los Magistrados que deban de sustituirlos. Igual nombramiento hará en los casos de muerte ó impedimento absoluto de los individuos de la Corte Suprema de Justicia. 4ª. Nombra los empleados del departamento Ejecutivo, conforme a la ley. 5ª. Vigila sobre la pronta y cumplida administración de justicia y sobre la conducta ministerial de los empleados del ramo. 6ª. Remueve y destituye a los empleados de su libre nombramiento. 7ª. Concede, en receso del Congreso, amnistías é indultos ó particulares, cuando la conveniencia pública lo exija, ó el solicitante tenga á su favor servicios relevantes prestados á la Nación. 8ª. Conmuta las penas cuando el Tribunal Superior que pronuncia la sentencia que causa ejecutoria contra el reo, recomiende la conmutación, expresándolo así en la misma sentencia, y por alguno de los motivos que la ley señala. 9ª. Concede a sus empleados licencia, jubilaciones, retiros y goce de montepíos, conforme à las leyes. 10ª. Prorroga las sesiones ordinarias del Congreso, y lo convoca a extra- ordinarias cuando un grave interés nacional lo requiera; y 11ª. Da cuenta en un mensaje al Congreso, al abrir sus sesiones ordinarias, del estado general de la administración pública y del uso que haya hecho de las facultades que se le hubiesen delegado.

En el Departamento de Relaciones Exteriores

Art. 73º. 1ª. Concluye y firma tratados de paz, de comercio, de navegación, de alianza, de neutralidad, y las demás negociaciones requeridas para el mantenimiento y cultivo de las buenas relaciones internacionales; y 2ª. Nombra los Agentes diplomáticos y consulares de la República, recibe los Ministros y admite los Cónsules de las naciones extranjeras.

En el Departamento de Hacienda

Art. 74º. 1ª. Hace recaudar y administra las rentas de la República, y decreta su inversión con arreglo a la ley y, 2ª. Decreta, en los casos de invasión ó rebelión, si los recursos del Erario no basten, una contribución extraordinaria general, de cuya inversión dará cuenta al Congreso en sus próximas sesiones.

En el Departamento de Guerra

Art. 75º. 1ª. El Presidente es el Comandante General y General en Jefe de las fuerzas de mar y tierra de la República. 2ª. Provee todos los empleados militares. Por sí solo confiere grados hasta el de Coronel efectivo; confiere los de General de Brigada y de División con acuerdo del Congreso; y sin este requisito podrá conferirlos en el campo de batalla. 3ª. Dispone de las fuerzas militares, y le corresponde su organización, y distribución, según las necesidades del Estado. 4ª. Declarar la guerra, con receso del Congreso, y concede patentes de corso y cartas de represalia; 5ª. Declara, en receso del Congreso á la República, ó una parte de la República en estado de sitio, en los casos de agresión extraña, de conmoción, interior ó si estuviere amenazada la tranquilidad del país.

CAPÍTULO OCTAVO
DEL DEPARTAMENTO JUDICIAL

Art. 76°. El Poder Judicial de la República se ejerce por una Corte Suprema de Justicia, compuesta de cinco Magistrados, y por los Tribunales supriores e inferiores que la ley establezca.

Art. 77°. Para ser Magistrado de la Corte Suprema de Justicia se requiere ser ciudadano en ejercicio de sus derechos, mayor de veinticinco años y abogado de la República.

Art. 78°. La facultad de juzgar y ejecutar lo juzgado pertenece exclusivamente a los Tribunales de Justicia. Ni el Congreso, ni el Presidente de la República pueden, en ningún caso, ejercer funciones judiciales, ni avocarse causas pendientes. Ningún poder público podrá revivir procesos fenecidos.

Art. 79°. Los Magistrados de la Corte Suprema de Justicia ejercerán su empleo durante cuatro años, prorrogables de derecho hasta el nombramiento de sus sucesores.

Art. 80°. La ley regla la organización y atribuciones de los Tribunales.

Art. 81°. La administración de justicia será gratuita en la República.

PARTE TERCERA
DEL GOBIERNO MUNICIPAL

CAPÍTULO NOVENO
DEL MUNICIPIO Y DE LAS MUNICIPALIDADES

Art. 82°. Podrán constituir municipios las poblaciones que tengan, por lo menos, quinientos habitantes.

Art. 83°. El Municipio es autónomo, y será representado por Municipalidades electas directamente por el pueblo. El número, condiciones y atribuciones de los municipales, se determinarán por una ley especial.

Art. 84°. Las atribuciones de las Municipalidades se limitan al Gobierno local de sus correspondientes demarcaciones administrativas.

DISPOSICIONES TRANSITORIAS

Art. 85°. Mientras se establece el régimen penitenciario, podrá imponerse la pena de muerte en los casos que designa la ley; y

Artículo final. —La presente Constitución comenzará á regir el 1° de Diciembre del corriente año.

Dada en la ciudad de Tegucigalpa, á 1° de Noviembre del año de 1880, sexagésimo de la Independencia de Centro América.

MANUEL GAMERO, M
Presidente, Diputado por el Departamento de El Paraíso.

JOSÉ MANUEL ZELAYA,
Vicepresidente, Diputado por el Departamento de Olancho.

ROSENDO AGUERO,
Diputado por el Departamento de Tegucigalpa,

FAUSTINO DÁVILA,
Diputado por el Departamento de Tegucigalpa.

JOSÉ ESTEBAN LAZO,
Diputado por el Departamento de Tegucigalpa.

CELEO ARIAS,
Diputado por el Departamento de Comayagua.

LUCAS CALDERÓN,
Diputado por el Departamento de Comayagua.

RAFAEL ALVARADO,
Diputado por el Departamento de La Paz.

FRANCISCO CRUZ,
Diputado por el Departamento de La Paz.

FRANCISCO FIALLOS,
Diputado por el Departamento de Gracias.

RAFAEL VILLAMIL
Diputado por el Departamento de Gracias.

TRINIDAD FERRARI,
Diputado por el Departamento de Gracias.

VICTORIANO CASTELLANOS,
Diputado por el Departamento de Copán.

CONSTANTINO GUIRST.
Diputado por el Departamento de Copán,

SALVADOR DÍAZ,
Diputado por el Departamento de Copán

MANUEL SEBASTIÁN LOPEZ
Diputado por el Departamento de Santa Bárbara.

JESÚS MANUEL GONZÁLEZ,
Diputado por el Departamento de Santa Bárbara.

TRANQUILINO BONILLA,
Diputado por el Departamento de Yoro.

CARLOS ALBERTO UCLÉS,
Diputado por el Departamento de Yoro.

ADOLFO ZÚNIGA,
Diputado por el Departamento de Olancho.

CORNELIO MONCADA,
Diputado por el Departamento de Olancho.

CRESCENCIO GÓMEZ
Diputado por el Departamento de El Paraíso.

BRUNO ARRIAGA.
Diputado por el Departamento de El Paraíso, a

PONCIANO PLANAS,
Diputado por el Departamento de Choluteca.

MIGUEL AUGUSTO LARDIZÁBAL,
Diputado por el Departamento de Choluteca.

ABEL CUBERO.
Diputado por el Departamento de Choluteca.

JOHN DACUS Mc. LEAN,
Diputado por las Islas de la Bahía.

SALOMÓN ORDÓÑEZ,
Diputado por el Departamento de La Mosquitia.

LUIS BOGRÁN.
Secretario, Diputado por el Departamento de Yoro.

JERÓNIMO ZELAYA,L
Secretario, Diputado por el Departamento de Santa Bárbara,

Casa de Gobierno, Tegucigalpa, 19 de Noviembre de 1880.

Promúlguese.

MARCO AURELIO SOTO.

El Secretario de Estado en el Despacho de Relaciones Exteriores,
Instrucción Pública y Guerra.
RAMON ROSA.

El Secretario de Estado en el Despacho de Gobernación,
Justicia y Fomento.
ENRIQUE GUTIÉRREZ.

El Secretario de Estado en el Despacho de Hacienda
y Crédito Público,
ABELARDO ZELAYA

CONSTITUCIÓN POLÍTICA DE LA REPÚBLICA DE HONDURAS
de 14 de Octubre de 1894

Nosotros, los Representantes del Pueblo Hondureño, reunidos para dar la Ley Fundamental de la Nación, decretamos y sancionamos la siguiente

CONSTITUCIÓN POLÍTICA

TÍTULO I
DE LA NACIÓN

Art°. 1.-Honduras es un estado disgregado de la República de Centro América. En consecuencia, reconoce como una necesidad primordial volver á la unión con las demás secciones de la República disuelta. A este efecto, queda facultado el Poder Legislativo para ratificar definitivamente los tratados que tiendan á realizarla con uno ó más Estados de la antigua Federación.

Art. 2°. Honduras es Nación libre, soberana é independiente.

Art. 3°. La soberanía nacional reside esencialmente en la universalidad de los hondureños.

Art. 4°. Todo poder público emana del pueblo. Los funcionarios del Estado no tienen más facultades que las que expresamente les da la ley. Todo acto que ejecuten fuera de la ley es nulo.

Art. 5°. Los límites de Honduras y su división territorial serán determinados por la ley.

TÍTULO II
DE LOS HONDUREÑOS

Art. 6°. Los hondureños son naturales ó naturalizados.

Art. 7°. Son naturales.
1ª. Los nacidos en Honduras de padres hondureños. 2ª. Los hijos nacidos en Honduras de extranjeros domiciliados, y los hijos de padre ó madre hondureños nacidos en el extranjero, que opten por la nacionalidad hondureña. Los tratados pueden modificar las disposiciones de este último número, con tal que haya reciprocidad.

Art. 8°. Se consideran como naturales los hijos de las otras Repúblicas de Centro América que manifiesten ante la primera autoridad política departamental, su deseo de ser hondureños.

Art. 9°. Son naturalizados:
1ª. Los hispano americanos que tengan un año de residencia en el país, y que manifiesten su deseo de naturalizarse en él ante la autoridad respectiva. 2ª. Los demás extranjeros que tengan dos años de residencia en el país, que manifiesten el deseo de naturalizarse en él ante la autoridad referida. 3ª. Los que obtengan carta de naturaleza acordada por la autoridad designe la ley.

TÍTULO III
DE LOS EXTRANJEROS

Art. 10°. La República de Honduras es sagrado para toda persona que se refugie en su territorio.

Art. 11°. Los extranjeros están obligados, desde su llegada al territorio de la República, á respetar las autoridades y á observar las leyes.

Art. 12°. Los extranjeros gozan en Honduras de todos los derechos civiles de los hondureños.

Art. 13°. Pueden adquirir toda clase de bienes en el país; pero quedarán sujetos, en cuanto á estos bienes, á todas las cargas ordinarias, y á las extraordinarias de carácter general, á que estén obligados los hondureños.

Art. 14°. No podrán hacer reclamaciones, ni exigir indemnización alguna del Estado, sino en los casos y en la forma que pudieran hacerlo los hondureños.

Art. 15°. Los extranjeros no podrán ocurrir a la vía diplomática, sino en los casos de denegación de justicia. Para este efecto no se entiende por denegación de justicia que un fallo ejecutorio no sea favorable al reclamante. Si contraviniendo esta disposición, no terminaren amistosamente las reclamaciones, y se causaren perjuicios al país perderán el derecho de habitar en él.

Art. 16°. La extradición sólo podrá otorgarse en virtud de ley o de tratados, por delitos comunes graves; nunca por delitos políticos. aunque por consecuencia de éstos resulte un delito común.

Art. 17°. Las leyes podrán establecer la forma y casos en que puede negarse al extranjero la entrada al territorio de la Nación, ú ordenarse su expulsión por considerarlo pernicioso.

Art. 18°. Las leyes y tratados reglamentarán el uso de estas garantías, sin poder disminuirlas ni alterarlas.

Art. 19°. Las disposiciones de este Título no modifican los tratados existentes entre Honduras y otras naciones.

TÍTULO IV
DE LOS CIUDADANOS

Art. 20°. Son ciudadanos todos los hondureños mayores de veintiún años, y los mayores de diez y ocho que sean casados o sepan leer y escribir.

Art. 21º. Son derechos del ciudadano, ejercer el sufragio, optar a los cargos públicos y tener y portar armas; todo con arreglo á la ley.

Art. 22º. Se suspenden los derechos del ciudadano:
1ª. Por auto de prisión ó declaratoria de haber lugar á formación de causa. 2ª. Por vagancia legalmente declarada. 3ª. Por enajenación mental, judicialmente declarada. 4ª. Por sentencia de inhabilitación para el ejercicio de derechos políticos, durante el término de la condena. 5ª. Por estar declarado deudor fraudulento, mientras no obtenga rehabilitación judicial. 6ª. Por sentencia que imponga pena más que correccional. 7ª. Por admitir empleo de naciones extranjeras, sin licencia de la autoridad respectiva. Las Repúblicas de Centro América no se consideran como naciones extranjeras.

Art. 23º. El voto activo es irrenunciable y obligatorio para los ciudadanos.

Art. 24º. El sufragio será directo y secreto. Las elecciones se verificarán en la forma prescrita por la ley, y ésta dará la representación corres pendiente á las minorías.

Art. 25º. Sólo los ciudadanos mayores de veintiún años, que se hallen en el ejercicio de sus derechos, son elegibles.

TÍTULO V
DE LOS DERECHOS Y GARANTÍAS

Art. 26º. La Constitución garantiza a todos los habitantes de Honduras, sean nacionales o extranjeros, la inviolabilidad de la vida humana, la seguridad individual, la libertad, la igualdad y la propiedad.

INVIOLABILIDAD DE LA VIDA HUMANAL

Art. 27°. La pena de muerte queda absolutamente abolida en Honduras.

SEGURIDAD INDIVIDUAL

Art. 28°. La Constitución reconoce la garantía del Hábeas Corpus. En consecuencia, toda persona ilegalmente detenida, ó cualquiera otra en su nombre, tiene derecho para recurrir al Tribunal, verbalmente ó por escrito, pidiendo la exhibición de la persona.

Art. 29°. Toda persona tiene derecho para requerir amparo contra cualquier atentado o arbitrariedad de que sea víctima, y para hacer efectivo el ejercicio de todas las garantías que esta Constitución establece, cuando sea indebidamente coartada en el goce de ellas, por leyes o actos de cualquiera autoridad, agente ó funcionario público.

Art. 30°. La orden de arresto que no emane de autoridad competente, que se haya dictado sin las formalidades legales, es atentatoria.

Art. 31°. La detención para inquirir no podrá pasar de seis días.

Art. 32°. La incomunicación del detenido no podrá pasar de veinticuatro horas.

Art. 33°. No podrá proveerse auto de prisión, sin que proceda plena prueba de haberse cometido un hecho punible con pena más que correccional, y in que resulte, al menos por presunción grave, quién sea su autor:

Art. 34°. Es permitida la prisión o arresto, por pena o apremio, en los casos y por el término que disponga la ley. El apremio no podrá exceder de treinta días.

Art. 35º. El delincuente infraganti puede ser aprehendido por cualquiera persona, para el efecto de entregarlo inmediatamente a la autoridad que tenga facultad de arrestar

Art. 36º. Ninguno puede ser preso ó detenido sino en los lugares que determina la ley.

Art. 37º. Aun con auto de prisión, ninguno puede ser llevado a la cárcel, ni detenido en ella, si presentase fianza suficiente, cuando por el delito no deba aplicarse pena que pase de tres años.

Art. 38º. Ninguno puede ser juzgado por comisiones especiales, ni por otros Jueces que los designados por la ley.

Art. 39º. Se prohíbe la prisión, por deudas.

Art. 40º. El derecho de defensa es inviolable.

Art. 41º. Nadie puede ser obligado en materia criminal a declarar contra sí mismo, ni contra su cónyuge y parientes dentro del cuarto grado de consanguinidad ó segundo de afinidad.

Art. 42º. Ninguno puede ser inquietado ni perseguido por sus opiniones. Las acciones privadas que no alteren la moral ó el orden público, ó que no causen daño á tercero, estarán siempre fuera de la acción de la ley.

A Art. 43º. Se prohíbe absolutamente la fustigación ó aplicación de palos, y toda especie de tormentos. Se prohíben también las prisiones innecesarias y todo rigor indebido.

Art. 44º. La habitación de todo individuo es un asilo sagrado, que no podrá allanarse sino por la autoridad, en los casos siguientes:
1ª. Para extraer un criminal sorprendido infraganti. 2ª. Por cometerse delito en el interior de la habitación, por desorden escandaloso que exija pronto remedio, ó por reclamación del

interior de la casa. 3ª. En caso de incendio, terremoto, inundación, epidemia ú otro análogo. 4ª. Para libertar una persona secuestrada ilegalmente. 5ª. Para extraer objetos perseguidos en virtud de un proceso, precediendo semiplena prueba por lo menos, de la existencia de dichos objetos, o para ejecutar una disposición judicial legalmente decretada. 6ª. Para aprehender á un reo, á quien se haya proveído auto de prisión ó detención, precediendo al menos semiplena prueba de que se oculta en la casa que debe allanarse. En los dos últimos casos, no se podrá verificar el allanamiento sino con orden escrita de autoridad competente.

Art. 45º. Siempre que el domicilio que haya de allanarse no sea el del reo a quien se persigue, la autoridad o sus agentes solicitarán previamente el permiso del morador.

Art. 46º. El allanamiento de domicilio, en los casos en que se requiere orden escrita, no se puede verificar desde las siete de la noche hasta las seis de la mañana.

Art. 47º. Son inviolables la correspondencia epistolar y telegráfica, los papeles privados y los libros de comercio. En ningún caso el Poder Ejecutivo ni sus agentes podrán sustraer, abrir ni detener la correspondencia epistolar ó telegráfica. La sustraída de las estafetas ó de cualquier otro lugar no hace fe contra ninguno.

Art. 48º. La correspondencia particular, papeles y libros privados, sólo podrán ocuparse en virtud de auto de Juez competente, en los asuntos criminales y civiles que la ley determine; debiendo registrarse a presencia del poseedor, ó en su defecto de dos testigos, y devolverse los que no tengan relación con lo que se indaga,

Art. 49º. Se prohíbe dar leyes proscriptivas, confiscatorias, ó que establezcan penas infamantes ó perpetuas. La duración de las penas no podrá exceder de quince años.

Art. 50º. Las leyes no pueden tener efecto retroactivo, excepto en materia penal, cuando la nueva ley sea favorable al delincuente.

Art. 51º. La policía de seguridad sólo podrá ser confiada a las autoridades civiles.

Art. 52º. No se impondrá ninguna pena más que correccional, sin que proceda declaración del Jurado sobre la responsabilidad del presunto delincuente.

LIBERTAD

Art. 53º. El esclavo que pise el territorio hondureño queda libre. El tráfico de esclavos es un crimen.

Art. 54º. Se garantiza el libre ejercicio de todas las religiones, sin más límite el trazado que para la moral y el orden público.

Art. 55º. No podrá someterse el estado civil de las personas a una creencia religiosa determinada.

Art. 56º. La emisión del pensamiento por la palabra hablada ó escrita, es libre, y la ley no podrá restringirla. Tampoco podrá impedir la circulación de los impresos nacionales y extranjeros. Los delitos cometidos medio de la prensa, serán previamente calificados por un jurado.

Art. 57º. Se garantiza la libre enseñanza. La que se costee con fondos públicos será laica, y la primaria será además gratuita, obligatoria y subvenida por el Estado. La ley reglamentará la enseñanza sin restringir su libertad, ni la independencia de los profesores.

Art. 58º. Se garantiza la libertad de reunión sin armas, y la de asociación para cualquier objeto lícito. Se prohíbe el establecimiento de toda clase de asociaciones monásticas.

Art. 59º. Toda industria es libre. Sólo podrán estancarse en provecho de la Nación, el aguardiente, la pólvora, el salitre el tabaco.

Art. 60º. Los monopolios, privilegios y concesiones sólo podrán establecerse, por tiempo limitado, para fomentar la introducción ó perfeccionamiento de nuevas industrias la colonización ó inmigración, las instituciones de crédito y la apertura de vías de comunicación institución.

Art. 61º. Todo individuo es libre para disponer de sus propiedades, conforme al derecho civil, por venta, donación, testamento o cualquiera otro título legal.

Art. 62º. Son prohibidas las vinculaciones, y toda institución en favor de establecimientos religiosos.

Art. 63º. Toda persona o reunión de personas, tiene derecho de dirigir sus peticiones a las autoridades legalmente establecidas, de que se resuelvan y se le hagan saber la resolución correspondiente.

Art. 64º. Todos tienen libertad para entrar, permanecer, transitar y salir del territorio de la Nación, sin pasaporte.

Art. 65º. Ante la ley no hay fueros ni privilegios personales. Los ministros de las diversas sociedades religiosas no podrán ejercer cargos públicos.

Art. 66º. La proporcionalidad será la base de las contribuciones directas.

PROPIEDAD

Art 67º. Nadie puede ser privado de pronunciarse sino en virtud de lev ó de sentencia fundada en ley. La expropiación, por causa de necesidad y utilidad pública, debe ser calificada por la ley ó por sentencia fundada en ley, y no se verificará sin previa indemnización.

En caso de guerra no es indispensable que la indemnización sea previa.

Art. 68°. Todo autor ó inventor goza de la propiedad exclusiva de su obra o descubrimiento, por el tiempo que determine la ley.

Art. 69°. El derecho de reivindicar los bienes confiscados prescribe en cincuenta años,

Art. 70°. Solo el Congreso impone contribuciones nacionales.

Art. 71°. Ningún servicio personal es exigible sino en virtud de ley, de sentencia fundada en ley.

DISPOSICIONES GENERALES

Art. 72°. La enumeración de derechos y garantías que hace esta Constitución, no excluye otros derechos y garantías no enumerados, pero que nacen del principio de la soberanía del pueblo y de la forma republicana de gobierno.

Art. 73°. Las leyes que reglamenten el ejercicio de estas garantías, serán ineficaces en cuanto las disminuyan, restrinjan o adulteren.

Art. 74°. En el caso de guerra exterior, podrá decretarse el estado de sitio de toda la República o parte de ella. El estado de sitio durará todo el tiempo que exijan las circunstancias que lo motivan; pero no podrán pasar de setenta días sin nueva declaratoria, y jamás podrá alterar las garantías consignadas en los artículos 27, 43 y 49. También podrá decretarse el estado de sitio en los casos de conmoción interior, circunscribiéndose al lugar ó territorio donde exista la perturbación del orden; pudiendo extenderse si así lo exige la seguridad de la República.

Art. 75°. En casos de epidemia, podrán dictarse disposiciones sanitarias que contraríen ó restrinjan las garantías contenidas en los artículos 44, 47, en lo relativo á detención de la correspondencia, 58, 64 y 71.

TÍTULO VI
DE LA FORMA DE GOBIERNO

Art. 76º. El Gobierno de Honduras es republicano, democrático y representativo. Se ejerce por tres Poderes independientes: Legislativo, Ejecutivo y Judicial.

Art. 77º. Ninguno de los Poderes constituidos podrá ejecutar actos en que altere la forma de Gobierno establecido o se menoscabe la integridad del territorio ó la soberanía nacional.

TÍTULO VII
DEL PODER LEGISLATIVO

Art. 78º. El Poder Legislativo se ejerce por un Congreso de Diputados, que se reunirá en la capital de la República el 19 de enero de cada año, sin necesidad de convocatoria.

Art. 79º. Sus sesiones durarán sesenta días, prorrogables hasta por cuarenta más, cuando lo exijan asuntos de interés actual.

Art. 80º. El Congreso tendrá también sesiones extraordinarias cuando sea convocado por el Ejecutivo, y en ese caso sólo tratará de los asuntos expresados en el decreto de convocatoria.

Art. 81º. Instalado el Congreso en la capital podrá acordar trasladarse á otra población.

Art. 82º. El 21 de diciembre de cada año se reunirán los Diputados en juntas preparatorias. y con la concurrencia de cinco, por lo menos, organizarán el Directorio, á fin de dictar las providencias necesarias para la instalación del Congreso.

Art. 83°. Dos terceras partes de los miembros de que se compone el Congreso, serán suficientes para celebrar sesiones.

Art. 84°. Un número de cinco Diputados podrá convocar extraordinariamente al Congreso para cualquier lugar de la República cuando el Ejecutivo haya impedido sus sesiones ó lo haya disuelto.

Art. 85°. Los Diputados serán electos por cuatro años, y pueden ser reelectos indefinidamente. Cada dos años se renovarán por mitad. La primera renovación se hará por sorteo, y las sucesivas por orden de antigüedad.

Art. 86°. No pueden ser electos Diputados:
1ª. Los Secretarios y Subsecretarios de Estado. 2ª. Los empleados del Poder Ejecutivo que ejerzan jurisdicción general ó departamental. 3ª. Los Militares en servicio. 4ª. Los contratistas de obras ó servicios públicos que se costeen con fondos de dos del Estado, y los que por tales contratas tengan reclamaciones de interés propio. 5ª. Los deudores morosos á la Hacienda pública, y los que tengan pendientes cuentas por administración de fondos de la misma. 6ª. Los parientes del Presidente de la República, dentro del cuarto grado de consanguinidad ó segundo de afinidad.

Art. 87°. Los Diputados, desde el día de su elección, gozarán de las siguientes prerrogativas: 1ª. Inmunidad personal para no ser acusados ni juzgados, si el Congreso no los declara previamente con lugar á formación de causa. 2ª. No ser demandados civilmente desde treinta días antes, hasta quince días después de las sesiones ordinarias ó extraordinarias del Congreso salvo el caso de reconvención. 3ª. No ser llamados al servicio militar sin su consentimiento, desde la elección hasta terminar su período. 4ª. No ser extrañados de la República ni confinados, durante el período para que han sido electos. 5ª. No ser responsables por sus opiniones ó iniciativa parlamentaria.
Art. 88°. Los Diputados no están obligados á aceptar empleos del Ejecutivo. Si voluntariamente aceptaren alguno de los

comprendidos en el artículo 86, dejan por el mismo hecho de ser Diputados y se repondrá su elección.

Art. 89º. La elección de Diputado al Congreso se hará bajo la base de un Diputado propietario y un suplente, por cada diez mil habitantes. Si hubiere fracciones, su representación será determinada por la ley.

TÍTULO VIII
DE LAS ATRIBUCIONES DEL PODER LEGISLATIVO

Art. 90º. Corresponde al Congreso las atribuciones siguientes:

1º. Abrir y cerrar sus sesiones, calificar la elección de sus miembros, con vista de las credenciales, y recibirles la promesa de ley. 2º. Llamar la atención a los respectivos suplentes, en caso de falta absoluta ó de legítimo impedimento de los propietarios. y mandar reponer las va cantes que ocurran. 3º. Admitir las renuncias de sus miembros, por causas legales debidamente comprobadas. 4º. Formar su reglamento interior. 5º. Decretar, interpretar, reformar y derogar las leyes. 6º. Crear y suprimir empleos, establecer pensiones, y decretar honores. 7º. Conceder indultos y amnistías, y conmutar las penas. 8º. Disponer todo lo conveniente á la seguridad y defensa de la República. 9º. Hacer el escrutinio de votos para Presidente y Vicepresidente de la República y Magistrados de la Corte Suprema de Justicia, y declarar electos á los ciudadanos que hubieren obtenido mayoría absoluta. 10ª. En caso de no haber mayoría absoluta, hacer la elección de Presidente, Vicepresidente y Magistrados, entre los ciudadanos que hubieren obtenido para cada cargo mayor número de sufragios populares. 11ª. Cuando concurran en un mismo individuo diversas elecciones, será determinada la preferencia en el orden siguiente: 1º. Presidente: 2º. Vicepresidente: 3º. Diputado: 4º. Magistrado. La acción de propietario prefiere a la de suplente. 12º. Recibir la promesa constitucional á los funcionarios que elija o declare electos, y admitirles ó no sus renuncias. 13º. Designar anualmente tres ciudadanos para ejercer por el orden de su elección el Poder Ejecutivo, en los casos de falta de Presidente y

Vicepresidente, a los Diputados, Magistrados de la Corte Suprema, Secretarios de Estado y Agentes Diplomáticos, durante sus funciones. 14°. Declarar con lugar a formación de causa de Presidente, al Vicepresidente, a los Diputados, Magistrados de la Corte Suprema, Secretarios de Estado y Agentes Diplomáticos, durante sus funciones. 15°. Cambiar la residencia de los Supremos Poderes por causas graves. 16 Decretar premios y conceder privilegios temporales á los autores é inventores; y á los que hayan introducido ó perfeccionado industrias nuevas de utilidad general. 17°. Decretar subsidios para promover nuevas industrias ó mejorar las existentes. 18°. Acordar subvenciones para objetos de utilidad pública. 19°. Conceder ó negar permiso á los hondureños para aceptar empleos de otra nación. 20°. Aprobar ó improbar la conducta del Ejecutivo. 21°. Aprobar, modificar ó improbar las contratas celebradas por el Ejecutivo, en los casos del artículo 60, ó cuando hayan de prolongar sus efectos al siguiente período presidencial. 22°. Aprobar, modificar ó improbar los tratados celebrados con las demás naciones. 23°. Reglamentar el comercio marítimo y terrestre. 24°. Aprobar ó improbar las cuentas de los gastos públicos. 25°. Fijar anualmente el Presupuesto de gastos, tomando por base los ingresos probables. 26°. Imponer contribuciones. 27°. Reglamentar el pago de la deuda nacional. 28°. Decretar la enajenación de los bienes nacionales, ó su aplicación á usos públicos. 29°. Decretar empréstitos. 30°. Habilitar puertos, crear y suprimir aduanas. 31°. Decretar el peso, ley y tipo de la moneda nacional. 32°. Declarar la guerra y hacer la paz. 33°. Fijar en cada reunión ordinaria el número de fuerzas del ejército permanente. 34°. Permitir ó negar el tránsito de tropas de otro país, por el territorio de la República. 35°. Declarar en estado de sitio la República ó parte de ella, conforme á la ley. 36°. Conferir grados de General de Brigada y de División, a iniciativa del Ejecutivo. 37°. Conceder cartas de naturalización á los extranjeros. 38°. Nombrar los miembros del Tribunal de Cuentas y el Fiscal General de Hacienda.

Art. 91.-El Poder Legislativo no podrá suplir ó declarar el estado civil de las personas, ni conceder títulos académicos y literarios.

Art. 92. Las facultades del Poder Legislativo son indelegables, excepto que se refieren á dar posesión á los altos funcionarios. las

TÍTULO IX
DE LA FORMACIÓN, SANCIÓN
Y PROMULGACIÓN DE LA LEY

Art. 93°. Tienen exclusivamente la iniciativa de ley, los Diputados, el Presidente de la República por medio de los Secretarios de Estado, y la Corte Suprema de Justicia en asuntos de su competencia.

Art. 94°. Ningún proyecto de ley será definitivamente votado, sino después de tres deliberaciones efectuadas en distintos días salvo el caso de urgencia calificada por dos tercios de votos. Toda proposición que tenga por objeto declarar la urgencia de una ley, debe ir precedida de una exposición de los motivos en que aquella se funda.

Art. 95°. Todo proyecto de ley, una vez aprobado por el Congreso, se pasará al Ejecutivo, á más tardar dentro de tres días de haber sido votado, a fin de que le dé su sanción y lo haga promulgar como ley.

Art. 96°. La promulgación de la ley, se hará con esta fórmula: Por tanto: ejecútese.

Art. 97°. Si el Poder Ejecutivo encontrare inconvenientes para sanciona el proyecto de ley, lo devolverá al Congreso dentro de diez días, con esta fórmula: Vuelva al Congreso; exponiendo las razones en que funde su desacuerdo. Si en el término expresado no lo objetare, se tendrá por sancionado y lo promulgará como ley. Cuando el Ejecutivo devolviese el proyecto, el Congreso lo sujetará a una nueva deliberación; y si fuere ratificado con dos tercios de votos, lo pasará de nuevo al Ejecutivo, con esta fórmula: Ratificado constitucionalmente; y aquél lo publicará sin tardanza.

Art. 98º. Cuando el Congreso vote un proyecto de ley al terminar sus sesiones, y el Ejecutivo crea inconveniente sancionarlo, está obligado á dar aviso inmediatamente al Congreso, para que permanezca reunido hasta diez días, contados desde la fecha en que aquel recibió el proyecto; y no haciéndolo tendrá la ley por sancionada.

Art. 99º. No es necesaria la sanción del Ejecutivo en los actos o resoluciones siguientes: 1ª. En las elecciones que el Congreso haga o declare, o en las renuncias que admita y deseche. 2ª. En las declaraciones de haber lugar á formación de causa. 3ª. En la Ley de Presupuesto. 4ª. En los decretos que se refieren a la conducta del Ejecutivo. 5ª. En los reglamentos que expida para su régimen interior. 6ª. En los acuerdos para trasladar su residencia a otro lugar temporalmente, y para suspender o prorrogar sus sesiones. 7ª. En los tratados ó contratas que impruebe el Congreso.

Art. 100º. Siempre que un proyecto de ley, que no proceda de iniciativa de la Corte Suprema de Justicia, tenga por objeto reformar ó derogar cualquiera de las disposiciones contenidas en los Códigos de la República, no podrá discutirse sin oír la opinión de aquel Tribunal. La Corte emitirá su informe en el término que el Congreso le señale. Esta disposición no com. prende las leyes del orden político. económico y administrativo.

TÍTULO X
DEL PODER EJECUTIVO

Art. 101º. El Poder Ejecutivo se ejerce por un ciudadano que se denomina Presidente de la República; en su defecto, por un Vicepresidente y a falta de éste, por uno de los de los Designados, según su orden.

Art. 102º. El Presidente, el Vicepresidente y los Designados deben ser ciudadanos en ejercicio de sus derechos, mayores de veinticinco años y naturales de Honduras.

Art. 103º. El Presidente y el Vicepresidente de la República, serán electos popular y directamente, y su elección será declarada por el Congreso, como queda prescrito.

Art. 104. El período presidencial será de cuatro años y comenzará el 1º de febrero. El ciudadano que hubiere ejercido la Presidencia en propiedad, no podrá ser reelecto ni electo Vicepresidente para el siguiente período. Tampoco podrán ser electos Presidentes ó Vicepresidentes sus parientes dentro del cuarto de consanguinidad o segundo de afinidad.

Art. 105º. No podrá ser electo Presidente el ciudadano que hubiere ejercido la Presidencia constitucional en los últimos seis meses del período, ni sus parientes dentro de los grados que expresa el artículo anterior.

Art.106º. En caso de absoluta del Presidente de la República, el Poder Ejecutivo quedará a cargo del Vicepresidente; y en defecto de éste, el Designado que corresponda por el orden de su elección. El Designado concluirá el período presidencial, si la falta ocurriere dentro del último año; y si acaeciere antes de transcurrir los tres primeros años, deberá procederse, un mes después de la vacante, a nueva elección presidencial. En caso de impedimento temporal, ejercerá las funciones del Presidente el Vicepresidente, y los designados por su orden.

Art. 107º. Mientras recibe la Presidencia el llamado por la ley, ejercerá el Poder Ejecutivo el Consejo de Ministros; y éste llamará inmediatamente al nuevo funcionario para darle posesión, si no estuviese reunido el Congreso.

TÍTULO XI

DE LOS DEBERES Y ATRIBUCIONES
DEL PODER EJECUTIVO

Art. 108º. El Presidente de la República tiene la administración del país. Son sus atribuciones: 1ª. Ejercer el mando en Jefe de las fuerzas de tierra y mar. 2ª. Defender la independencia, el honor de la Nación y la integridad de su territorio. 3ª. Ejecutar y hacer cumplir las leyes, expidiendo al efecto los decretos y ordenes conducentes, sin alterar el espíritu de aquéllas. 4ª. Nombrar los Secretarios y Subsecretarios de Estado, y los demás empleados del Departamento Ejecutivo, conforme a la ley. 5ª. Conservar la paz y seguridad interior de la República, y repeler todo ataque y agresión exterior. 6ª. Dar a los funcionarios del Poder Judicial los auxilios y fuerzas que necesiten para hacer efectivas sus providencias. 7ª. Remover a los empleados de su libre nombramiento. 8ª. Velar porque todos los empleados de la República cumplan los deberes que la ley les impone, sin intervenir en el ejercicio de sus funciones. 9ª. Conceder, en receso del Congreso, amnistías, cuando lo exija la conveniencia pública. 10ª. Conmutar las penas en receso del Congreso, de conformidad con la ley. 11ª. Convocar al Congreso a sesiones extraordinarias, o proponerle la prórroga de las ordinarias. 12ª. Declarar la guerra y hacer la paz, y permitir o negar el tránsito de tropas de otro país, por el territorio de la República, cuando las circunstancias no permitan la reunión del Congreso para que lo resuelva. 13ª. Presentar por medio de los respectivos Secretarios de los primeros ocho días de la instalación del Congreso, un informe ó memoria circunstanciada de todos los ramos de administración. 14ª. Celebrar tratados y cualesquiera otras negociaciones diplomáticas, so- metiéndolos a la ratificación del Congreso en las próximas sesiones. 15ª. Dirigir las relaciones exteriores, nombrar los Agentes diplomáticos y consulares de la República, recibir los Ministros y admitir los Cónsules de las naciones extranjeras. 16ª. Hacer que se recauden las rentas del Estado y reglamentar su inversión, con arreglo a la ley. 17ª. Decretar, en los empréstito general proporcional, voluntario o casos de os de invasión o rebelión, si los recursos del Estado fueren insuficientes, forzoso, de cuya inversión dará cuenta al

Congreso en sus próximas sesiones. 18ª. Conferir grados militares desde Subteniente hasta Coronel, y los de General de Brigada y de División en el campo de batalla, a los militares que tengan una conducta distinguida; sometiendo los de General la aprobación del Congreso en sus próximas sesiones. 19ª. Disponer de las fuerzas militares, organizadas y distribuirlas de con- formidad con la ley, según las necesidades de la República. 20ª. Conceder patentes de corso y cartas de represalia. 21ª. Declarar en estado de sitio la República o parte de ella, en receso del Congreso, de conformidad con la ley; debiendo dar cuenta al Congreso en su primera del uso que hubiere hecho de esta facultad. 22ª. Conceder cartas de naturalización conforme á la ley. 23ª. Conceder o negar permiso a los hondureños, en receso del Congreso, para admitir empleos de otra nación. 24ª. Dirigir y fomentar la instrucción pública y difundir la enseñanza popular. 25ª. Sancionar las leyes, usar del veto en los casos que corresponde, y promulgar sin demora aquellas disposiciones legislativas que no necesiten de la sanción del Ejecutivo. 26ª. Mandar reponer las vacantes de Diputados y Magistrados de la Corte y Suprema en receso del Congreso, de conformidad con la ley, a más tardar un mes después de haber ocurrido. 27ª. Nombrar interinamente, en receso del Congreso, los miembros del Tribunal de Cuentas y el Fiscal de Hacienda. 28ª. Publicar mensualmente el estado de ingresos y egresos d tas públicas. 29ª. Vigilar sobre la exactitud legal de la moneda, a, y c de pesas y medidas. 30ª. Ejercer la suprema dirección de la policía de seguridad.

Art. 109º. Las providencias del Poder Ejecutivo que no se expidan por el Ministerio correspondiente, no deben cumplirse. El Presidente y los Ministros serán responsables solidariamente, por las disposiciones que dicten en contravención a la Constitución y las leyes.

Art 110º. Siempre que el Presidente de la República juzgue conveniente ponerse al frente del ejército, encargará del Poder Ejecutivo al ciudadano que debe sustituirlo constitucionalmente; y quedará investido sólo del carácter de General en Jefe, y con las atribuciones de Comandante General.

TÍTULO XII
DE LOS SECRETARIOS DE ESTADO

Art. 111º. Habrá de tres a seis Secretarios de Estado, y el Ejecutivo distribuirá entre ellos el despacho de los tribuirá entre ellos el despacho de los negocios.

Art. 112º. Los Secretarios de Estado deben ser hondureños, naturales o naturalizados, y mayores de veintiún años.

Art. 113º. No pueden ser Secretarios de Estado los contratistas de obras o servicios públicos por cuenta de la Nación; los que por tales contratos tengan reclamaciones de interés propio; los deudores de la Hacienda Pública, y los que tengan cuentas pendientes a favor de la misma, por administración de fondos.

Art. 114º. Los Secretarios de Estado pueden asistir, sin voto, á las deliberaciones del Congreso; y deberán concurrir siempre que se les llame, y contestar las interpelaciones que les haga cualquier Diputado, referentes a asuntos de la Administración; exceptuando los de los ramos de Guerra y Relaciones Exteriores, cuando juzguen necesaria la reserva, a menos que congreso les ordene contestar.

Art. 115º. Los Subsecretarios de Estado deben tener las mismas condiciones que los Secretarios y sustituirán a éstos por ministerio de la ley.

TÍTULO XIII
DEL PODER JUDICIAL

Art. 116º. El Poder Judicial de la República se ejercerá por una Corte Suprema de Justicia, compuesta de cinco Magistrados, que residirán en la capital, y por los Tribunales y Jueces inferiores que la ley establece.

Art. 117°. Para ser Magistrado se requiere ser abogado y mayor de veinticinco años.

Art. 118°. Los Magistrados de la Corte Suprema serán electos popularmente, y podrán ser reelectos.

Art. 119°. Se elegirán igualmente tres Magistrados suplentes, que sustituirán a los propietarios y que deberán reunir las mismas condiciones que éstos. Si la falta fuere absoluta, el Poder Ejecutivo convocará a elecciones para reponer al propietario; y la elección será declarada por la Corte Suprema.

Art. 120°. La Corte Suprema de Justicia nombrará los Magistrados de las Cortes de Apelaciones, los Jueces Departamentales y Seccionales, y los Oficiales del Ministerio Público, de conformidad con la ley. Los Jueces de Paz serán electos popularmente en el respectivo término municipal.

Art. 121°. No podrán ser Magistrados ni Jueces en un mismo tribunal las personas ligadas por parentesco, dentro del cuarto grado de consanguinidad o segundo de afinidad. Si resultaren electos dos o más parientes en dichos grados, se preferirá a que hubiere obtenido mayor número de votos; y en caso de igualdad, al abogado más antiguo. La elección de los demás se repondrá.

Art. 122°. El período de los Magistrados, Jueces Departamentales o seccionales y Oficiales del Ministerio Público, será de cuatro años, y tomarán posesión el 19 de febrero.

Art. 123°. La Corte Suprema admitirá o no las renuncias de los funcionarios de su nombramiento, y concederá licencia tanto a éstos como a sus propios miembros. Los Jueces Departamentales y Seccionales admitirán o no las renuncias y concederán licencia a los Jueces de Paz.

Art. 124º. La ley reglamentará la organización y atribuciones de los Tribunales de Justicia.

Art. 125º. La facultad de juzgar y ejecutar lo juzgado pertenecerá las Cortes y demás Tribunales de Justicia. A ellos corresponde la aplicación de las leyes en casos concretos que legalmente se sometan a su conocimiento, y negarles cumplimiento cuando sean contrarias a la Constitución.

Art. 126º. Se establece el Jurado de calificación en donde hubiere Jueces departamentales o seccionales, para toda clase de delitos que requiera en juicio escrito. La ley reglamentará esta institución.

Art. 127º. La Corte Suprema de Justicia, además de las atribuciones que la ley le confiere ejercerá las siguientes: 1ª. Hacer su reglamento interior. 2ª. Conocer de los delitos oficiales y comunes de los altos funcionarios, cuando el Congreso los haya declarado con lugar a formación de causa. 3ª. Autorizar a los abogados y notarios, recibidos dentro o fuera de la República, para el ejercicio de su profesión, salvo lo estipulado en los tratados y suspenderlos con arreglo a la ley. 4ª. Declarar que ha lugar a formación de causa contra los miembros del Tribunal de Cuentas, Fiscal General de Hacienda, y contra los principales empleados nacionales y departamentales que la ley determine, por los delitos que cometan. 5ª. Conocer de las causas de presas, de extradición y demás que juzgarse con arreglo al Derecho Internacional.

Art. 128º. Podrá también establecerse directamente ante la Corte Suprema de Justicia, el recurso de inconstitucionalidad de una ley que se refiera a asuntos no ventilables ante los Tribunales, por toda persona que al serle aplicada en un caso concreto, sea perjudicada en sus legítimos derechos. La ley reglamentará el uso de este recurso.

Art. 129º. La administración de justicia es gratuita en la República.

Art. 130º. Los miembros de los Tribunales de Justicia durante su período, no podrán ejercer ningún otro empleo que lleve anexa jurisdicción.

Art. 131º. Los Tribunales de Justicia podrán requerir el auxilio de la fuerza armada para el cumplimiento de sus resoluciones, y si les fuere negado o no la hubiere disponible, podrán exigirlo de los ciudadanos. El funcionario que indebidamente se negare á dar auxilio, incurrirá en responsabilidad.

Art. 132º. Ninguna persona que tenga la libre administración de sus bienes, puede ser privada del derecho de terminar sus asuntos civiles por transacción o arbitramento.

Art. 133º. Un mismo Juez no puede serlo en diversas instancias en una misma causa.

Art. 134º. Ningún poder ni autoridad puede avocarse causas pendientes, ni abrir juicios fenecidos.

TÍTULO XIV
DEL PRESUPUESTO

Art. 135º. El Presupuesto será votado por el Congreso, en vista del proyecto que presente el Poder Ejecutivo.

Art. 136º. El proyecto de Presupuesto será presentado por el respectivo Ministro, dentro de los quince días subsiguientes a la instalación del Congreso.

Art. 137º. Todo gasto que se haga fuera de la ley es ilegal, y serán responsables solidariamente por la cantidad gastada, el Presidente, el Ministro respectivo, los miembros del Tribunal de Cuentas, y los empleados que en él intervinieren, si faltaren á sus respectivos deberes.

Art. 138°. El Presupuesto de gastos ordinarios de la Administración pública, no podrá exceder de los ingresos probables, calculados por el Congreso Nacional.

TÍTULO XV
DEL TESORO PÚBLICO

Art. 139°. Forman el Tesoro Público de la Nación. 1ª. Todos sus bienes, muebles ó raíces. 2ª. Todos sus créditos activos. 3ª. El producto de los derechos, impuestos y contribuciones.

Art. 140°. El Poder Ejecutivo no podrá celebrar contratas de importancia que comprometan el Tesoro Nacional, sin previa publicación de la propuesta en el período oficial, y licitación pública. Exceptúense las que tengan por objeto proveer a las necesidades de la guerra y a las que por su naturaleza no puedan celebrarse si no es con persona determinada.

Art. 141°. Para fiscalizar la administración del Tesoro Nacional, habrá una Contaduría Mayor o Tribunal Superior de Cuentas, cuyas atribuciones serán: examinar, aprobar o improbar las cuentas de los que administran fondos públicos, y devolver al Ejecutivo las ordenes que no estuvieren arregladas a la ley para los efectos que ésta determine.

Art. 142°. Los miembros de este Tribunal deberán ser mayores de veintiún años, y no ser acreedores ni deudores de la Hacienda Pública ni tener cuentas pendientes con ella. Su número, organización y atribuciones serán determinadas por la ley.

Arto. 143. Habrá un Fiscal General para que represente los intereses de la Hacienda Pública. Sus atribuciones se determinarán por la ley.

TÍTULO XVI
DEL EJÉRCITO

Art. 144°. La fuerza pública está instituida para asegurar los derechos de la Nación, el cumplimiento de la ley y el mantenimiento del orden público.

Art. 145°. Ningún cuerpo armado puede deliberar. La obediencia militar será arreglada a la ley y ordenanza militares.

Art. 146°. El servicio militar es obligatorio. Todo hondureño de veintiuno a treinta años es soldado del ejército activo, y de treinta a cuarenta años, de la reserva. La ley hará la organización de las milicias, y establecerá las causas de la exención del servicio. Los militares que tengan grado en el ejército, tienen derecho después de cumplir los cuarenta años, á renunciar sus despachos y quedar separados del servicio.

Art. 147°. Se establece el fuero de guerra para los delitos militares.

TÍTULO XVII
DEL GOBIERNO DEPARTAMENTAL

Art. 148°. Para la administración pública se divide el territorio de la Nación, en departamentos, cuyo número y límites fijará la ley. En cada uno de ellos habrá los funcionarios que la misma ley determine.

Art. 149°. En el Gobierno departamental un mismo individuo no podrá ejercer a la vez funciones políticas, militares y de hacienda, si no es interinamente y por un término que no exceda de tres meses.

TÍTULO XVIII
DEL GOBIERNO MUNICIPAL

Art. 150°. El Municipio es autónomo y será representado por Municipalidades electas directamente por el pueblo. La ley reglamentará la organización y atribuciones de las Municipalidades. El número de los municipales será proporcional á la población. Las atribuciones de las municipalidades serán puramente económicas administrativas.

Art. 151°. Las Municipalidades decretarán conforme a la ley, las contribuciones locales, y administrarán los fondos y bienes de la comunidad en provecho de la misma, rindiendo cuenta de su administración ante el Tribunal, que establezca la ley. Deberán publicar anualmente un informe detallado de los ingresos y egresos de sus fondos.

Art. 152°. Las Municipalidades nombrarán libremente los empleados de su dependencia y los agentes de policía que costeen de sus propios fondos.

Art. 153°. En el ejercicio de sus funciones privativas, serán absolutamente independientes de otros Poderes, sin contrariar en ningún caso las leyes generales del país; y serán responsables por los abusos que cometan, colectiva o individualmente, ante los Tribunales de una les Justicia.

Art. 154°. Las municipalidades tienen la facultad de conmutar conforme a la ley, penas impuestas por faltas. Las Municipalidades también tienen derecho de emitir acuerdos sobre Policía, Higiene e Instrucción Pública, sin contrariar la Constitución y las leyes generales.

Art. 155°. Ningún miembro de las Municipalidades podrá ser obligado a aceptar otro nombramiento, ni ser llamado al servicio militar.

TÍTULO XIX
DE LAS RESPONSABILIDADES
DE LOS EMPLEADOS PÚBLICOS

Art. 156º. Todo empleado o funcionario público, al tomar posesión de su destino, hará la siguiente promesa: "Prometo ser fiel a la República, cumplir y hacer cumplir la Constitución y las leyes".

Art. 157º. Todo funcionario público es responsable por sus actos.

Art. 158º. El Presidente de la República, los Diputados, los Magistrados de la Corte Suprema de Justicia, los Secretarios de Estado y los Ministros Diplomáticos, responderán ante el Congreso por los delitos que cometan en el ejercicio de sus funciones. El Congreso previos los trámites que determine su reglamento, declarará si ha lugar a la formación de causa contra ellos, para el efecto de poner el reo a disposición del Tribunal competente. Igual declaratoria será necesaria para proceder contra el Presidente de la República, los Secretarios de Estado y los Magistrados de la Corte Suprema, por delitos comunes.

Art. 159º. No obstante la aprobación que dé el Congreso a la conducta del Ejecutivo, el Presidente y los Secretarios de Estado podrán ser acusados por delitos oficiales. Esta acción prescribirá hasta cinco años después de haber cesado en sus funciones, permaneciendo en el país.

Art. 160º. Los empleados públicos que violaren cualquiera de los derechos y garantías consignadas en esta Constitución, serán responsables civil y criminalmente. Pueden ser acusados sin necesidad de fianza de calumnia. No pueden obtener indultos ni conmuta en el período constitucional, ni en el siguiente. Los delitos y penas en que incurran no prescribirán sino después de dichos períodos.

Art. 161º. Cuando un funcionario público á quien se hubiere declarado con lugar á formación de causa, fuere absuelto volverá al ejercicio de sus funciones.

TÍTULO XX
DE LAS LEYES CONSTITUTIVAS

Art. 162º. Son leyes Constitutivas: la de Imprenta, la de Estado de Sitio, la de Amparo y la de Elecciones.

TÍTULO XXI
DE LAS REFORMAS A LA CONSTITUCIÓN Y LEYES CONSTITUTIVAS

Art. 163º. La reforma de esta Constitución sólo podrá acordarse por dos tercios de votos de los Representantes al Congreso, en sesiones ordinarias, determinando el artículo o artículos que necesiten reformarse, o si la reforma ha de ser absoluta. Decretada la reforma, el Congreso convocará una Asamblea Constituyente para que lo verifique; debiendo insertarse en el decreto de convocatoria, el que contenga las reformas propuestas.

Art. 164º. La Asamblea Constituyente será electa en la misma forma que el Congreso, y tendrá el mismo número de Representantes, con las mismas inmunidades.

Art. 165º. En ningún caso podrá decretarse la reforma de los artículos constitucionales que prohíben la reelección del Presidente ó de constituye, y que establecen la duración del período presidencial, para que produzca sus efectos en el período en curso o en el siguiente.

Art. 166º. Las Leyes Constitutivas podrán ser reformadas del mismo modo que la Constitución, o por dos Congresos ordinarios, con dos tercios de votos.

Art. 167º. La Asamblea Nacional Constituyente confía el depósito de esta Constitución, y de los derechos los hondureños. que ella consagra, al patriotismo de todos

ART. FINAL. La presente Constitución empezará a regir el 19 de enero de 1895; quedando derogada en esa fecha la emitida el 19 de noviembre de 1880. Dada en Tegucigalpa, en el Salón de Sesiones, a 14 de octubre de 1894, de la Independencia.

CARLOS ALBERTO UCLÉS,
Diputado por el departamento de Valle, Presidente.

JOAQUIN SANSÓN,
Diputado por el departamento de Valle, Vicepresidente.

SANTOS SOTO,
Diputado por el departamento de Valle.

CÉSAR LAGOS.
Diputado por el departamento de Yoro.

MARIANO VÁSQUEZ,
Diputado por el departamento de Copán.

TEODORO FUNES
Diputado por el departamento de Intibucá.

GONZALO MEJÍA NOLASCO,
Diputado por el departamento de Santa Bárbara.

PEDRO H. BONILLA,
Diputado por el departamento de Comayagua.

ROSENDO GÓMEZ,
Diputado por el departamento de Santa Bárbara.

RAMÓN M. NOLASCO,
Diputado por el Departamento de Intibucá.

NICOLÁS OCHOA VELÁSQUEZ,
Diputado por el departamento de La Paz.

JULIÁN BAIRES,
Diputado por el departamento de Comayagua.

MIGUEL A. RUIZ,
Diputado por el departamento de La Paz.

MARCOS FIGUEROA,
Diputado por el departamento de Gracias.

ANTONIO S. MARADIAGA.
Diputado por el departamento de Cortés.

J. TOMÁS IDIAQUEZ,
Diputado por el departamento de El Paraíso.

HIPÓLITO MONCADA.CAM
Diputado por el departamento de Colón.

E. CONSTANTINO FIALLOS,
Diputado por el departamento de Colón.

J. SANTOS DEL VALLE,
Diputado por el departamento de Gracias.

DIONISIO GUTIÉRREZ,
Diputado por el departamento de El Paraíso,

CARLOS BULNES,
Diputado por el departamento de Colón.

DOMINGO ZAMBRANO,
Diputado por el departamento de Choluteca.

JULIO CÉSAR DURON,
Diputado por el departamento de El Paraíso.

FRANCISCO LEIVA,
Diputado por el departamento de Cortés.

TERENCIO SIERRA,
Diputado por el departamento de Tegucigalpa.

JOSÉ MARÍA OCHOA V.,
Diputado por el departamento de La Paz.

ANTONIO MIDENCE,
Diputado por el departamento de Choluteca.

R. MEZA,
Diputado por el Departamento de Comayagua.

SAMUEL GÓMEZ E.,
Diputado por el departamento de Yoro.

B. GUILLÉN.
JESÚS Diputado por el Departamento de Choluteca.

PERFECTO ALDANA.
Diputado por el departamento de Copán.

L. IRÍAS.
Diputado por el departamento de Las Islas

CARLOS TORRES,
Diputado por el departamento de Yoro.

MAXIMILIANO HERNÁNDEZ,
Diputado por el Departamento de Gracias.

FRANCISCO ARGUETA VARGAS,
Diputado por el departamento de Olancho.

ÁNGEL UGARTE,
Diputado por el departamento de Tegucigalpa.

F. CALIX H.,
Diputado por el Departamento de Olancho.

JUAN E. PAREDES,
Diputado por el departamento de Santa Bárbara. Secretario.

R. MALDONADO.
Diputado por el departamento de Intibucá, Secretario.

GREGORIO REYES,
Diputado por el Departamento de Olancho, Vicesecretario.

MIGUEL O. BUSTILLO,
Diputado por el departamento de Tegucigalpa, Vicesecretario.

Palacio Nacional: Tegucigalpa, 14 de octubre de 1894.

Cúmplase.

POLICARPO BONILLA

El Secretario de Estado en el Despacho de la Gobernación,
JUAN A. ARIAS.

El Secretario de Estado en el Despacho de la Guerra,
MANUEL BONILLA.

El Secretario de Estado en el Despacho
de Hacienda y Crédito Público,
MIGUEL R. DÁVILA.

El Secretario de Estado en los Despachos de Relaciones Exteriores,
Fomento, Justicia e Instrucción Pública,
CÉSAR BONILLA.

CONSTITUCIÓN POLÍTICA PARA LOS ESTADOS UNIDOS DE CENTRO AMÉRICA
del 27 de agosto de 1898

Nosotros, los Representantes del Pueblo de los Estados de Honduras, Nicaragua y El Salvador, reunidos en Asamblea General, Decretamos y Sancionamos la siguientes:

TÍTULO I
DE LA NACIÓN Y DE LAS BASES DE UNIÓN DE LOS ESTADOS

Artículo 1°. Los Estados de Honduras, Nicaragua y El Salvador se constituyen en República Federal, con el nombre de ESTADOS UNIDOS DE CENTRO AMÉRICA.

Art. 2°. Los Estados son iguales como entidades y conservan la soberanía no delegada en esta Constitución.

Art. 3°. Los Estados quedan comprometidos:

I. A dar al Gobierno Nacional los auxilios que éste les pida para repeler toda agresión que dañe la independencia de la República o la integridad de su territorio.

II. A organizar en cada uno de ellos un Gobierno democrático representativo, de acuerdo con los principios y garantías de la Constitución de República, y a hacer efectiva la alternabilidad en el Poder.

III. A no enajenar a otra Nación parte de su territorio, ni a implorar su protección.

IV. A ceder gratuitamente a la Nación el territorio que sea conveniente para el Distrito Federal, lo mismo que para los fuertes, arsenales y demás obras públicas que el Gobierno Federal construya y los edificios del Estado que aquélla necesite.

V. A someterse a la decisión que los Poderes Federales dicten dentro de la órbita de sus atribuciones en todas las controversias que se susciten entre ellos.

VI. A no hacerse ni declararse la guerra entre sí, en ningún caso.

VII. A no celebrar alianza, tratado o coalición con otro Estado ni con Nación, y a no separarse de la República.

VIII. A cumplir y hacer que se cumplan la Constitución y las leyes de la República, y los decretos y ordenes que el Ejecutivo Nacional expidiere en uso de sus facultades, y las decisiones de los Tribunales de la Unión,

IX. A no permitir enganches o levas de ninguna especie, ni la introducción o tránsito de fuerzas, de elementos de guerra, y, en general, ningún acto de hostilidad recíproca, o en contra de cualquier Nación.

X. A no prohibir el consumo de sus productos, salvo en lo que cierne a los artículos

XI. A no establecer aduanas.

XII. A no tener en ningún tiempo tropa permanente, ni buques de guerra, ni almacenes con elementos o pertrechos.

XIII. A establecer entre sí el libre cambio de sus productos y demás mercaderías, sin gravarlas con impuestos de ninguna clase por la importación y exportación de un Estado a otro, excepto las especies estancadas.

XIV. A entregarse los criminales que, conforme a la conforme a la ley, reclamen las autoridades respectivas.

Art. 4º. En cada Estado harán fe los documentos públicos y auténticos procedentes de los Estados.

Art. 5º. Los Poderes de la República repelerán toda invasión o violencia exterior y restablecerán el orden alterado por una sublevación, revolución o rebelión interior.

Art. 6º. Se establece la perfecta igualdad de derechos políticos y civiles entre los naturales de los diversos Estados de la Unión.

TÍTULO II
DE LA SOBERANÍA, TERRITORIO
Y FORMA DE GOBIERNO

Art. 7º. La Nación es soberana e independiente, y la soberanía reside en la universalidad de los ciudadanos.

Art. 8º. Los funcionarios públicos no tienen más facultades que las que expresamente les da la ley.

Art. 9º. Los límites de la República y su división territorial serán determinados por una ley.

Art. 10º. Los Estados de Nicaragua, Honduras y El Salvador conservan sus límites actuales, menos en la parte que corresponde al Distrito Federal.

Art. 11º. Además de la división general del territorio en Estados, podrá haber otro dentro de los límites de cada uno de éstos, para el régimen político, administrativo y judicial.

Art. 12º. El territorio nacional comprende el de los Estados éstos cedan para el Distrito Federal.

Art. 13º. El Distrito Federal se forma, por ahora, con los departamentos de Unión, Valle, Choluteca y Chinandega. El Poder Legislativo, cuando lo crea oportuno, determinará el territorio donde deba establecerse definitivamente, o lo organizará de manera distinta. definitiva.

El Poder Ejecutivo Provisional se instalará en Amapala, y podrá designar interinamente mute papa capital de la República cualquiera de las poblaciones comprendidas en el Distrito Federal, mientras se reúne el Poder Legislativo.

Art. 14º. El gobierno la Nación es democrático, representativo, y se divide en tres Poderes: Legislativo, Ejecutivo y Judicial, independientes entre sí.

TÍTULO III
DE LOS DERECHOS CIVILES Y GARANTÍAS SOCIALES

Art. 15º. La Constitución garantiza a los habitantes de la República la seguridad individual, el honor, la libertad, la igualdad y la propiedad.

Art. 16º. Toda persona es libre para disponer de sus propiedades, sin restricción alguna, por venta, donación, testamento, o cualquier otro título legal.

Art. 17º. El esclavo que pise el territorio de la República queda libre.

Art. 18º. Todos tienen derecho de entrar en la República y salir de ella, permanecer en su territorio y transitar por él, con estricta sujeción a las leyes.

Art. 19º. La extradición sólo podrá estipularse para los reos de delitos comunes graves; pero en ningún caso respecto de los nacionales, ni por delitos políticos, aunque a consecuencia de éstos resultare un delito común grave.

Art. 20°. Se garantiza el libre ejercicio de todas las religiones, sin más límite que el trazado por la moral y el orden público. Ningún acto religioso servirá para establecer el estado civil de las personas.

Art. 21°. Se garantiza la libertad de reunión sin armas, y la asociación para cualquier objeto lícito, sen éste religioso, moral, otra naturaleza. La ley no autoriza las asociación tífica, o de cualquier obliguen a una obediencia ciega, contraria á los derechos individuales, o que impongan votos de clausura perpetua. Tampoco autoriza convenios en que el hombre pacte su proscripción.

Art. 22°. Toda persona goza del derecho de tener y portar armas con arreglo a la ley.

Art. 23°. Toda persona tiene derecho de dirigir sus peticiones á las autoridades legalmente establecidas, y de que se resuelva y se le haga saber la resolución que sobre ellas se dicte.

Art. 24°. Se prohíbe la confiscación, ya como pena o en otro concepto, sea cualquiera la forma en que se haga.

Las autoridades que contravengan a esta disposición responderán en todo tiempo con sus personas y bienes por el daño inferido.

Art. 25°. La vida humana es inviolable, y la pena de muerte no se impondrá en ningún caso.

Art. 26°. Quedan prohibidas en la República las penas perpetuas, la fustigación y toda especie de tormento.

Art. 27°. Ninguna persona puede ser privada de su libertad, ni de su propiedad, sin ser previamente oída y vencida en juicio, conforme a las leyes; ni puede ser enjuiciada civil ni criminalmente dos veces por la misma causa.

Art. 28°. Nadie puede ser juzgado sino conforme a las leyes preexistentes al acto que se le impute, ante tribunal competente y con las formas propias del juicio respectivo.

Art. 29°. Ninguna autoridad podrá dictar orden de detención ni prisión, sino con arreglo a la ley. El término de la detención para inquirir no podrá pasar de ocho días.

Art. 30°. La correspondencia epistolar y telegráfica es inviolable. La correspondencia interceptada no hará fe ni podrá figurar en ninguna especie de actuación.

Art. 31°. El domicilio es inviolable, y no podrá decretarse su allanamiento, sino para la averiguación de los delitos, o en persecución de los delincuentes, en la forma y en los casos determinados por la ley.

Art. 32°. Unos mismos jueces no pueden conocer en diversas instancias de una misma causa.

Art. 33°. Todos los hombres son iguales ante la ley.

Art. 34°. Las leyes no pueden tener efecto retroactivo, excepto en materia penal, cuando favorezcan al delincuente.

Art. 35°. Toda persona puede libremente expresar, escribir, imprimir publicar sus pensamientos, sin previo examen, censura ni caución; pero será responsable ante el Jurado por los delitos que cometiere.

Art. 36°. La propiedad, de cualquiera naturaleza que sea, es inviolable. Ninguna persona puede ser privada de sus bienes, sino por causa de necesidad o utilidad pública legalmente comprobada, y previa una justa indemnización. En caso de expropiación motivada por la necesidad de la guerra, indemnización puede no ser previa.

Art. 37º. Se garantiza la libre enseñanza. La que se costee con fondos públicos será laica, y se organizará conforme a unos mismos sistemas educativos. La primaria será, además, gratuita y obligatoria.

Se prohíbe la inversión de fondos públicos en establecimientos particulares en que se dé determinada enseñanza religiosa.

Art. 38º. Toda industria es libre; pero la ley podrá estancar en provecho de la Nación, o de los Estados, los ramos que s ramos que se estime conveniente.

Art. 39º. No habrá monopolios de ninguna clase, ni prohibiciones a título de protección a la industria. Exceptuase la acuñación de moneda y los privilegios que por tiempo limitado se concedan a los inventores o perfeccionadores de alguna industria.

Art. 40º. Toda persona tiene derecho de pedir y obtener amparo contra cualquiera autoridad o individuo que restrinja el ejercicio de los derechos individuales garantizados por la presente Constitución. Una mentará la manera de hacer efectivo este derecho.

Art. 41º. Ningún poder ni autoridad tiene facultad para restringir ni alterar las garantías constitucionales, las que sólo podrán suspenderse en los casos de guerra exterior, rebelión o sedición.

La Ley de Estado de Sitio determinará las garantías que pueden suspenderse y el tiempo y forma en que esa suspensión deba tener lugar.

Art. 42º. Los derechos y garantías que declara esta Constitución no excluyen otros derechos y garantías no enumeradas en ella, pero que nacen del principio de la soberanía del pueblo y de la forma republicana de gobierno adoptada.

Art. 43º. Se establece el juicio por Jurados para lo criminal. La ley organizará y reglamentará esta institución.

TÍTULO IV
DE LOS NACIONALES Y EXTRANJEROS

Art. 44°. Son naturales de los Estados Unidos de Centro América:

I. Los nacidos en territorio de la República, excepto los hijos de extranjeros no naturalizados. II. Los hijos de padre o madre natural de la República, que nacieron en el extranjero, si no optaren por otra nacionalidad... III. Los hijos de las Repúblicas de Guatemala y Costa Rica que ante la primera autoridad departamental manifiesten su deseo de ser nacionales. IV. Los hijos legítimos de madre natural y padre extranjero si nacieren en el territorio de la República, y optaren por la nacionalidad de los Estados Unidos de Centro América.

Art. 45. Son naturalizados en los Estados Unidos de Centro América: I. Los hispanoamericanos que lo soliciten de la primera autoridad del departamento, comprobando su buena conducta y un año de residencia en el país. II. Los extranjeros que hagan la misma solicitud, comprobando su buena conducta y la residencia de dos años continuos en la República. III. Los extranjeros que acepten cualquier empleo público, con goce de sueldo, salvo en el profesorado.

Art. 46°. Los extranjeros están obligados, desde su llegada al territorio, a respetar a las autoridades de la República y a observar las leyes.

Art. 47°. Los extranjeros gozan en la República de los mismos derechos civiles que los hijos del país; en consecuencia, pueden adquirir toda clase de bienes; pero quedan sujetos, en cuanto a estos bienes, a las cargas ordinarias y extraordinarias de carácter general a que están sujetos los nacionales.

Art. 48°. Los extranjeros no podrán hacer reclamaciones, ni exigir indemnización alguna de la República, sino en los casos y en la forma que pudieran hacerlo los naturales.

Art. 49°. Los extranjeros no podrán ocurrir a la vía diplomática, sino en el caso de denegación de justicia. No se entiende por tal, el que un fallo ejecutoriado sea desfavorable al reclamante. Si contraviniendo a esta disposición, no terminaren amistosamente las reclamaciones que promueven, y por ellas se causaren perjuicios al país perderá el derecho de habitar en él.

Art. 50°. Las leyes podrán establecer la forma y casos en que puede negarse a un extranjero la entrada al territorio de la República, u ordenarse su expulsión por considerarlo pernicioso.

TÍTULO V
DE LOS CIUDADANOS

Art. 51°. Son ciudadanos todos los individuos naturales o naturalizados en los Estados de Centro América, mayores de veintiún años, y los mayores de dieciocho que sean casados, o sepan leer y escribir.

Art. 52°. Son derechos de los ciudadanos, el sufragio y el optar a los cargos públicos, todos con arreglo a la ley.

Art. 53°. Se suspenden los derechos de ciudadano:
I. Por naturalizarse en país extranjero. II. Por sentencia judicial que traiga consigo la suspensión de la ciudadanía. III. Por auto de prisión o declaración de haber lugar a formación de causa. IV. Por embriaguez habitual. V. Por vagancia legalmente declarada. VI. Por notoria enajenación mental. VII. Por interdicción judicial. VIII. Por ser deudor fraudulento declarado. IX. Por admitir empleo de naciones extranjeras, sin licencia del Poder Legislativo, o del Ejecutivo en receso del Congreso si el que lo admite reside en la República.

TÍTULO VI
DE LAS ELECCIONES

Art. 54°. El derecho de elegir es irrenunciable, y su ejercicio obligatorio.

Art. 55°. El voto de los ciudadanos será directo y público.

Art. 56°. Sólo los ciudadanos mayores de veintiún años, que se hallen en ejercicio de sus derechos, son elegibles.

Art. 57°. Una ley especial reglamentará la manera de practicar las elecciones.

TÍTULO VII
DEL PODER LEGISLATIVO

Art. 58°. El Congreso Federal se compone de dos Cámaras: la de Senadores y la de Diputados. Esta representa al pueblo de los Estados Unidos de Centro América, y se compondrá de los Diputados que correspondan a cada Estado, en razón de un propietario y un suplente por cada treinta mil habitantes, y uno más por un residuo que no baje de quince mil habitantes.

Mientras se levanta el censo de la República, la elección se practicará a razón de catorce Diputados propietarios y catorce suplentes por cada Estado, y cuatro propietarios y cuatro suplentes por el Distrito Federal.

Art. 59°. El Senado representa a los Estados como entidades políticas de la Unión, y se compondrá de seis Senadores propietarios y seis suplentes por cada Estado, nombrados por las respectivas Legislaturas, y de tres propietarios y tres suplentes por el Distrito Federal.

Art. 60°. Las Cámaras se reunirán ordinariamente en la capital de la República, sin necesidad de convocatoria, del primero al quince de enero de cada año; y extraordinariamente cuando sean convocadas por el Poder Ejecutivo.

Art. 61°. Las sesiones ordinarias durarán sesenta días pudiendo prorrogarse hasta por cuarenta días más.

Art. 62°. Las cámaras abrirán y cerrarán sus sesiones públicas y simultáneamente, salvo el caso en que el Senado ejerza funciones especiales. Se necesita que esté reunida la mayoría absoluta de los miembros que las componen, para que puedan abrir sus sesiones.

Art. 63°. Con la concurrencia por lo menos de cinco miembros de cada Cámara se organizará el Directorio, y podrán dictarse las providencias necesarias para la instalación del Congreso, conforme lo establezcan los respectivos reglamentos,

Art. 64°. La mayoría de los miembros de cada Cámara será suficiente para deliberar; pero cuando haya menos de los dos tercios de los electos, será necesario el consentimiento de los dos tercios de los presentes para toda resolución.

Art. 65°. Cuando el Ejecutivo convoque éste sólo podrá tratar de los negocios que se sometan a su conocimiento, y las sesiones durarán el tiempo que sea necesario.

Art. 66°. Los Senadores durarán en sus funciones seis años, pudiendo ser reelectos: se renovarán por tercios cada dos años, siendo las dos primeras renovaciones por la suerte.

Art. 67°. Los Diputados durarán en sus funciones cuatro años, pudiendo ser reelectos: se renovarán por mitad cada dos años, siendo la primera renovación por la suerte.

Art. 68°. Para ser electo Senador se requiere: estar en ejercicio de los derechos de ciudadano, ser mayor de treinta años, de notoria honradez e ilustración en su caso. natural o vecino del Estado que lo nombra, o del Distrito Federal en su caso.

Art. 69°. Para ser Diputado se requiere: estar en el ejercicio de los derechos de ciudadano, ser mayor de veintiún años, de notoria honradez e instrucción, y ser natural o vecino del Estado que lo elige, o del Distrito Federal en su caso.

Art. 70°. Los individuos de una y otra Cámara representan a la Nación.

Art. 71°. No pueden ser electos Senadores ni Diputados: I. Los empleados del Gobierno Federal con goce de sueldo, sino después de haber cesado en sus funciones. II. Los que hubieren administrado o recaudado fondos públicos, mientras no obtengan el finiquito de sus cuentas. III. Los militares en servicio; y IV. Los contratistas de obras o servicios públicos costeados con fondos del Estado; y que de resultas de tales contratos tengan reclamaciones pendientes.

Art 72°. Los Senadores y Diputados gozarán de las siguientes prerrogativas:
I. No ser responsables en ningún tiempo por sus opiniones manifestadas en la Cámara de palabra o por escrito. II. No poder iniciarse contra ellos juicio alguno civil, desde quince días antes de abrirse las sesiones del Congreso hasta quince días después de cerrarse. III. No poder ser juzgados criminalmente, por los delitos que cometan, sin que se declare previamente que ha lugar a formación de causa. IV. No ser llamados al servicio militar sin su consentimiento, desde el día de su elección hasta terminar su período.

Art. 73°. Los Senadores y Diputados no pueden obtener durante el tiempo para que fueren electos, ningún empleo ni comisión del Poder Ejecutivo Nacional. excepto los de Ministro de Estado, Representante Diplomático, Profesor de enseñanza y cargos sin goce de sueldo.
Si aceptaren empleos de Ministro de Estado o Representante Diplomático, cesarán por ese hecho en su anterior empleo.

TÍTULO VIII
ATRIBUCIONES COMUNES A LAS CÁMARAS

Art. 74. -Corresponde a cada una de las cámaras, sin intervención de la otra: I. Calificar la elección de sus miembros, aprobando o desaprobando sus credenciales. II. Llamar a los suplentes en caso de que los propietarios concurrir por cualquiera imposibilidad calificada por la Cámara. III. Admitirles sus renuncias por causas IV. Formar su reglamento interior. V. Exigir la responsabilidad de sus miembros por falta en el ejercicio de sus funciones, estableciendo el modo como deben ser juzgados. VI. Crear y proveer los empleos necesarios para el despacho de sus trabajos. VII. Pedir a los funcionarios públicos los informes que necesite. VIII. Designar oradores ante la otra Cámara en caso de desacuerdo de opiniones en la formación de la ley. IX. Nombrar comisiones que la representen en actos oficiales.

TÍTULO IX
ATRIBUCIONES PECULIARES
A LA CÁMARA DE DIPUTADOS

Art. 75º. Son atribuciones de la Cámara de Diputados: I. Iniciar la formación de las leyes que establezcan, reformen o supriman contribuciones o impuestos. II. Admitir o no las acusaciones que se presenten contra el Presidente de la República, Ministros de Estado, Subsecretarios en ejercicio del Ministerio, Magistrados de la Corte Federal, Ministros Diplo máticos y Senadores y Diputados del Congreso Federal por delitos comunes u oficiales. III. Pasar al senado las acusaciones contra los funcionarios a que se refiere el inciso anterior. IV. Nombrar los Senadores del Distrito Federal.

TÍTULO X
ATRIBUCIONES PECULIARES
A LA CÁMARA DE SENADORES

Art. 76º. Son atribuciones de la Cámara de Senadores: I. Conocer de las acusaciones que le pase la Cámara de Diputados entre los Estados, y decidir definitivamente la contienda. II. Nombrar Comisiones demarcadoras de las líneas divisorias dudosas entre los Estados y decidir definitivamente la contienda.

TÍTULO XI
ATRIBUCIONES DE LAS DOS CÁMARAS REUNIDAS

Art. 77º. Las dos Cámaras reunidas formarán Asamblea General atribuciones son: I. Abrir y cerrar las sesiones del Poder Legislativo. II: Abrir los pliegos que contengan los sufragios y escrutinios parciales para la elección de presidente de la República, y hacer el escrutinio y regulación general de los votos por medio de una comisión de su seno. III. Declarar electo al que tenga la mayoría de los sufragios, previo el dictamen de la comisión escrutadora. IV. Dar posesión al presidente de la República, recibirle la protesta constitucional, conocer de su renuncia, de las licencias que solicite para ausentarse del territorio de la República, y de las nulidades de su elección. V. Elegir los Magistrados de la Corte Suprema de Justicia Federal y los Contadores del Tribunal Mayor de la República, recibirles la pro- testa constitucional y conocer de sus renuncias. VI. Designar anualmente tres personas que deban ejercer el Poder Ejecutivo en los casos determinados por esta Constitución.

Art. 78º. El Congreso será presidido por el presidente del Senado, y hará de Vicepresidente el de la Cámara de Diputados.

TÍTULO XII
ATRIBUCIONES DEL PODER LEGISLATIVO

Art. 79º. Corresponde al Poder Legislativo Federal: I. Admitir nuevos Estados a la Unión Federal, incorporándolos a la Nación. II. Organizar el Distrito Federal el que en esta Constitución se señala, en el lugar que juzgue más conveniente. El Distrito Federal y cualesquiera porciones de territorio que los Estados cedan al Gobierno Federal para fortalezas u otros establecimientos, quedan sujetos a las leyes que dicte el Congreso. III. Organizar todo lo relativo a las Aduanas. IV. Disponer todo lo relativo a la habilitación y seguridad de los puertos y costas. V. Crear y organizar las oficinas de correos, telégrafos, teléfonos y ferrocarriles nacionales y dictar las leyes a que deben sujetarse, lo mismo que las relativas a carreteras y canales nacionales y navegación de los ríos y lagos. VI. Fijar el valor, tipo, ley, peso y acuñación de la moneda Nacional, y resolver sobre la admisión y circulación de la extranjera. VII. Decretar el Escudo de Armas y el Pabellón de la República. VIII. Crear y suprimir empleos nacionales. IX. Determinar lo que convenga en lo relativo a la deuda nacional. X. Facultar al Poder Ejecutivo para que contrate empréstitos dentro fuera de la República, cuando una grave y urgente necesidad lo de mande. Los contratos deberán someterse a la aprobación del Poder Legislativo. XI. Dictar las medidas conducentes a la formación del censo nacional. XII. Fijar anualmente la fuerza de mar y tierra que ha de mantenerse en pie, y dictar las ordenanzas del Ejército. XIII. Decretar la guerra con presencia de los datos que comunique el Poder Ejecutivo, y hacer la paz. XIV. Aprobar, modificar o desaprobar los tratados que el Gobierno celebre con otras naciones. XV. Aprobar, modificar o desaprobar los contratos que, para obras públicas nacionales, celebre el Poder Ejecutivo. XVI. Decretar anualmente el Presupuesto de ingresos y egresos de la Administración pública. XVII. Promover la prosperidad del país, pudiendo decretar premios y conceder privilegios temporales a los autores de inventos útiles, o a los perfeccionadores de industrias de utilidad general. XVIII. Fijar y uniformar las pesas y medidas. XIX. Conceder amnistías. XX. Aumentar o disminuir la base de la población para la elección de Diputados. XXI. Expedir y reformar con arreglo a la presente Constitución las leyes Electoral, de Imprenta, de Amparo y de Extranjería. XXII. Determinar la manera de conceder grados y ascensos militares. XXIII. Conceder o negar la entrada de tropas extranjeras al territorio de la República, y consentir la estación de escuadras de otra nación por más de un mes en aguas de la República. XXIV. Decretar el estado de sitio de conformidad con la Constitución. XXV. Establecer impuestos y contribuciones generales; y en caso de invasión o guerra exterior, decretar empréstitos forzosos con la debida proporción, si no bastaren las rentas públicas ordinarias, ni se con- siguieren empréstitos voluntarios. XXVI. Aprobar los actos del Ejecutivo o desaprobarlos cuando sean contrarios a la ley. XXVII. Aprobar o desaprobar la cuenta de los gastos públicos. XXVIII. Conceder o negar el permiso que soliciten los ciudadanos para aceptar empleos de otra nación. XXIX. Decretar, interpretar, reformar y derogar las leyes secundarias; y expedir las disposiciones necesarias y propias para hacer efectivas las facultades anteriores y las demás concedidas por esta Constitución a los Poderes de la República.

Art. 80°. El Poder Legislativo no podrá suplir o declarar el estado civil de las personas, ni conceder títulos académicos.

Art. 81°. Las facultades del Poder Legislativo son indelegables, excepto las que se refieren a dar posesión a los altos funcionarios.

TÍTULO XIII
DE LA FORMACIÓN Y PROMULGACIÓN DE LA LEY

Art. 82°. Tienen exclusivamente la iniciativa de la ley;
I. Los Diputados y Senadores. II. El Poder Ejecutivo Nacional. III. La Corte Suprema de Justicia Federal. IV. Las Legislaturas de los Estados.

Art. 83°. Las iniciativas presentadas por el Poder Ejecutivo, Corte Suprema de Justicia y Legislaturas de los Estados, pasarán desde luego a comisión. Las que presenten los Diputados y Senadores se sujetarán a los trámites a del reglamento respectivo.

Art. 84°. Todo proyecto de ley que fuere desechado en la Cámara de su origen, no podrá volver a presentarse en las sesiones del año.

Art. 85°. La iniciación de las leyes puede hacerse indistintamente en cualquiera de las Cámaras, excepto las que versen sobre impuestos o contribuciones, que c deben discutirse primero en la Cámara de Diputados.

Art. 86°. Todo proyecto de ley se discutirá en ambas Cámaras.

Art. 87°. Aprobado un proyecto en la Cámara de su origen pasará para su discusión a la otra Cámara. Si ésta lo aprobare, se remitirá al Ejecutivo, quien si no tuviere observaciones que hacerle, lo sancionará y publicará inmediatamente como ley; si lo modificare, volverá a la Cámara de su origen en calidad de iniciativa; si no lo aprobare, se observará lo dispuesto en el artículo 84.

Art. 88°. Si el Ejecutivo encontrare inconvenientes para sancionar el proyecto de ley, lo devolverá a la Cámara de su origen dentro de diez días, exponiendo las razones en que funda su desacuerdo. Si en el término expresado no lo objetare, se tendrá por sancionado, y lo promulgará como ley. Si dentro de los diez días hubieren de cerrarse o suspenderse las sesiones del Congreso, el Ejecutivo le dará aviso inmediatamente para que permanezca reunido hasta diez días después de la fecha en que se le pasó el proyecto. No haciéndole, se tendrá el proyecto por sancionado.

Art. 89°. Devuelto el proyecto de ley con observaciones, deberá ser reconsiderado, y si fuere ratificado por los dos tercios de votos de una y otra Cámara, se pasará al Ejecutivo, quien deberá sancionarlo y promulgarlo.

Exceptúase el caso en que el proyecto fuere objetado por inconstitucional, pues entonces, si las Cámaras insistieren, pasará el proyecto a la Corte Suprema de Justicia Federal, para que ella decida dentro de seis días, si es o no constitucional. El fallo afirmativo de la Corte obliga al Poder Ejecutivo a sancionar el proyecto de ley.

Art. 90°. El Ejecutivo no podrá hacer observaciones, ni negar su sanción en los casos siguientes: I. En las elecciones que el Congreso haga o declare, o en las renuncias que admita o deseche.

II. En las declaraciones de haber o no lugar a formación de causa. III. En los decretos que se refieren a la aprobación o desaprobación de sus actos. IV. En los reglamentos que expidan las Cámaras ó el Congreso para su régimen interior. V. En los acuerdos del Congreso para trasladar su residencia a otro lugar para suspender sus sesiones o prorrogarlas. VI. En la Ley de Presupuesto General de Gastos de la Federación.

Art. 91°. Si el Ejecutivo no cumpliere con el deber de sancionar los proyectos de ley en los términos establecidos en los artículos anteriores, los sancionará y publicará el Presidente del Congreso.

Art. 92°. Al texto de las leyes precederá esta fórmula: "EL CONGRESO DE LOS ESTADOS UNIDOS DE CENTRO AMERICA,.... DECRETA....".

TÍTULO XIV
DEL PODER EJECUTIVO

Art. 93°. El Poder Ejecutivo de la Nación será ejercido por un ciudadano que se denominará "Presidente de la República", con los Ministros de Estado. El Presidente será popularmente electo en la época que señala la ley de la materia. Los pliegos de elecciones se remitirán a la Asamblea del Estado, la que hará el escrutinio y regulación de votos y en seguida los remitirá a la Asamblea Federal. Esta hará el escrutinio y regulación definitivos y declarará electo al ciudadano que tenga mayoría absoluta de votos. En caso de no haber esta mayoría, la Asamblea hará la elección por votación pública entre los tres ciudadanos que hubieren obtenido mayor número de votos.

Art. 94°. En las faltas temporales del Presidente, entrará a ejercer el Poder Ejecutivo uno de los Designados, por el orden de su nombramiento. Caso de depósito voluntario, el Presidente podrá hacerlo en cualquiera de los designados. Por muerte, remoción, renuncia o cualquiera otro impedimento del Presidente, ocurrido antes del último año del período de éste, el Congreso convocará a elecciones para el siguiente año.

Art. 95º. Para ser Presidente o Designado se requiere: ser ciudadano en ejercicio, del estado del estado seglar, mayor de treinta años y natural de la República.

Art. 96º. El período presidencial será de cuatro años, y comenzará el día quince de marzo del año de la renovación.

Art. 97º. El ciudadano que hubiere ejercido la Presidencia en propiedad, no podrá ser electo Presidente para el siguiente período. Tampoco podría serlo el ciudadano que hubiere ejercido la Presidencia dentro de los últimos seis meses anteriores a la elección.

Art. 98º. El ciudadano que ejerza la Presidencia será el Comandante General del Ejército de la República y Jefe de la Armada Nacional.

Art. 99º. Los decretos, acuerdos, órdenes y providencias del Poder Ejecutivo, deben ser autorizados y comunicados por los Ministros en sus respectivos ramos; y, en su defecto por los Subsecretarios de Estado.

Art. 100º. Los Jefes de los Estados se denominarán "Gobernadores de Estado": su elección se hará conforme a la Constitución del Estado a que correspondan. Los Gobernadores de Estado no podrán obtener votos para Presidente de la República en el Estado de su respectiva jurisdicción.

TÍTULO XV
DE LOS MINISTROS DE ESTADO

Art. 101º. Para el despacho de los negocios públicos habrá cuatro Ministros de Estado. El Presidente de la República distribuirá entre ellos los diferentes ramos de la Administración.

Art. 102°. Para ser Ministro se requiere: ser natural de la República, mayor de veinticinco años, de notoria moralidad y aptitudes, y estar en el goce de los derechos de ciudadano.

Art. 103°. Habrá asimismo Subsecretarios de Estado, que deberán tener las mismas cualidades que los Ministros.

Art. 104°. No podrán ser Ministros de Estado, ni Subsecretarios, los contratistas de obras o servicios públicos por cuenta de la Nación, los que de resultas de esos contratos tengan reclamaciones de interés propio, los deudo. res a la Hacienda Pública y los que tengan cuentas pendientes a favor de la misma por administración de fondos.

Art. 105°. Los Ministros de Estado pueden asistir sin voto á las deliberaciones del Poder Legislativo; y deberán concurrir siempre que se les llame y contestar las interpelaciones que les haga cualquier Representante, referentes a los asuntos de Administración, excepto en los ramos de Guerra y Relaciones Exteriores, cuando juzguen necesaria la reserva a menos que la Asamblea les ordene contestar.

Art. 106°. Cada Ministro de Estado presentará al Congreso, dentro de los quince días después de su instalación, un informe documentado o Memoria respecto a los ramos que estén a su cargo.

TÍTULO XVI
DEBERES DEL PODER EJECUTIVO

Art. 107°. Son deberes del Poder Ejecutivo: I. Cumplir y hacer cumplir la Constitución y las leyes de la República. II. Mantener ilesos el honor, la soberanía e independencia de la República, y la integridad de su territorio. III. Conservar la paz y tranquilidad interior, ocurriendo inmediatamente bate al lugar donde sea necesario para restablecer el orden. IV. Impedir cualquiera agresión armada de un Estado contra otro, o contra otra Nación; lo mismo que los enganches o levas que tengan o puedan tener por objeto perturbar el orden público de los Estados, o de otra Nación. V. Sancionar y promulgar las leyes. VI. Presentar un Mensaje al Congreso, en la apertura de sus sesiones ordinarias, un mensaje relativo a los actos de la Administración. VII. Dar a las Cámaras los informes. Si fueren sobre asuntos que exigen reserva, lo expondrá así, y no estará obligado a comunicar los planes de guerra ni las negociaciones de alta política; pero si tales informes fueren precisos para exigirle responsabilidad, no podrá rehusarlos, por ningún motivo, ni reservarse los documentos después de haber sido acusado ante el Senado. VIII. Dar a los funcionarios del Poder Judicial el auxilio de la fuerza que necesiten para hacer efectivas sus providencias. IX. Hacer levantar durante el primer bienio constitucional el censo de la República, rectificándolo cada cinco años.

TÍTULO XVII
ATRIBUCIONES DEL PODER EJECUTIVO

Art. 108º. Son atribuciones del Poder Ejecutivo: I. Nombrar los Ministros de Estado, Subsecretarios, Agentes Diplomáticos y Consulares y demás funcionarios federales, cuyo nombramiento no esté reservado a otra autoridad, o sea de elección popular. II. Admitir las renuncias a los empleados de su nombramiento, o removerlos. III. Formar su reglamento interior. IV. Dirigir las relaciones exteriores. V. Recibir a los Ministros Diplomáticos y admitir Cónsules. VI. Celebrar tratados y cualesquiera otras negociaciones diplomáticas, las que someterá a la ratificación del Poder Legislativo en su reunión inmediata. VII. Disponer de la fuerza armada de mar y tierra para la defensa y seguridad de la República, para mantener el orden y tranquilidad de la misma y para los demás objetos que exija el servicio público. VIII. Conferir grados y ascensos militares, debiendo proceder de acuerdo con el Senado en los que fueren de Coronel arriba. IX. Levantar la fuerza necesaria sobre la permanente para repeler toda la invasión o sofocar rebeliones. X. Convocar extraordinariamente, en Consejo de Ministros, al Poder Legislativo, cuando lo demanden los intereses de la Nación. XI. Declarar, de acuerdo con el Consejo de

Ministros en estado de sitio la República o parte de ella, en receso del Congreso, en los casos previstos por la ley. XII. Habilitar y cerrar puertos y establecer aduanas marítimas y terrestres, dando cuenta al Congreso en su reunión inmediata. XIII. Matricular y nacionalizar buques. XIV. Indultar y conmutar, previo informe y dictamen favorable de la Corte Suprema de Justicia Federal, las penas a los reos sentenciados por los delitos de la competencia de los Tribunales Federales. XV. Devolver con observaciones los proyectos de ley que se le pasen por el Poder Legislativo, de conformidad con lo establecido en el artículo 88. XVI. Expedir reglamentos, decretos u órdenes para facilitar y asegurar la ejecución de las leyes. las instrucción pública. XVII. Dirigir y fomentar la instrucción en el Distrito Federal. XVIII. Establecer y mejorar las vías de comunicación, los correos, telégrafos y teléfonos y otros servicios; pero los contratos para la construcción de caminos de hierro, muelles, puentes, apertura de canales y carreteras, no tendrán efecto mientras no sean aprobadas por el Poder Legislativo. XIX. Hacer que se recauden las rentas de la República, y reglamentar su inversión conforme a la ley. XX. Vigilar sobre la exactitud legal de la moneda y la uniformidad de pesas y medidas.

Art. 109°. En caso d caso de guerra, el Presidente de la República dirigirá las operaciones, como Jefe Supremo de los Ejércitos y Marina nacionales. Si el Presidente de la República no asumiere el mando del Ejército y Marina, el Poder Ejecutivo designará quien deba dirigir y mandar en Jefe dichos Ejércitos y Marina. Cuando el Presidente de la República asuma el mando militar, depositará el Poder Ejecutivo en uno de los Designados a su elección.

Art. 110°. El Presidente de la República no podrá ausentarse del territorio de la Nación, ni visitar oficialmente los Estados, sin previo permiso del Poder Legislativo, o invitación del Gobernador del Estado, en el segundo caso.

TÍTULO XVIII
DEL PRESUPUESTO

Art. 111°. El Presupuesto será votado que presente el Poder Ejecutivo. por el Congreso, con vista del proyecto.

Art. 112°. Cada Ministro formará el Presupuesto de gastos de su ramo, y lo pasará al de Hacienda, quien redactará el Presupuesto General de la Nación. Este será presentado al Congreso dentro de los quince días siguientes a su instalación.

Art. 113°. De todo gasto que se haga fuera de la ley, serán responsables solidariamente por la cantidad gastada, el Presidente y Ministro respectivo, los miembros del Tribunal de Cuentas y los empleados que en él intervinieren, si faltaren a sus respectivos deberes.

Art. 114°. El presupuesto de gastos ordinario de la Administración Pública no podrá exceder de los ingresos probables calculados por el Congreso Federal.

TÍTULO XIX
DEL TESORO NACIONAL

Art. 115°. Forman el Tesoro de la Nación: I. Todos sus bienes muebles e inmuebles. II. El producto de los impuestos y contribuciones del Distrito Federal. III. El de los impuestos y contribuciones que decrete el Congreso. IV. La mitad del producto de las Aduanas de cada Estado. La otra mitad pertenece a los respectivos Estados. El Congreso, según las necesidades, podrá aumentar o disminuir estas cuotas. Para los efectos de este inciso se reputan Aduanas de los Estados las que actualmente le pertenecen y las que en lo sucesivo se establezcan en sus territorios, aunque queden situadas en el Distrito Federal.

Art. 116°. El Poder Ejecutivo Federal no podrá celebrar contratos de importancia que comprometan el Tesoro Nacional, sin previa publicación de la propuesta en el periódico oficial, y licitación pública. Exceptúense los que tengan por objeto proveer a las necesidades de la guerra, y los que por su naturaleza no puedan celebrarse sino es con persona determinada.

Art. 117°. Para fiscalizar la administración del Tesoro Nacional, habrá un Tribunal Superior de Cuentas, cuyas atribuciones serán: examinar, aprobar o desaprobar las cuentas de quienes administren fondos de la Nación; y devolver al Ejecutivo las ordenes que no estuvieren arregladas a la ley, para los efectos que ésta determine.

Art. 118°. Los miembros del Tribunal deberán ser mayores de veintiún años, no ser acreedores ni deudores de la Hacienda Pública, ni tener cuentas pendientes con ella. Su número, organización y atribuciones, serán determinadas por la ley.

TÍTULO XX
DEL EJÉRCITO Y DE LA ARMADA

Art. 119°. La fuerza pública está instituida para asegurar los derechos de la Nación, el cumplimiento de las leyes y el mantenimiento del orden público, y dependerá exclusivamente del Poder Ejecutivo Nacional, Para la seguridad interior de los Estados, además de la policía civil, podrá haber la fuerza militar permanente que fije el Congreso Legislativo Federal.

Art. 120°. La disciplina del Ejército y de la Armada será regida por las leyes y ordenanzas militares.

Art. 121°. La fuerza armada no puede deliberar ni ejercer el derecho de petición. Ningún militar en actual servicio puede obtener cargo de elección popular.

Art. 122°. El servicio militar es obligatorio. Todo individuo de diez y ocho a cuarenta años es soldado del Ejército. Este será organizado por la ley, la que establecerá las causas de exención.

Art. 123°. Se establece el fuero de guerra para los delitos militares,

TÍTULO XXI
DEL PODER JUDICIAL

Art. 124°. El Poder Judicial será ejercido por la Suprema Corte Federal los demás Tribunales que establezcan las leves.

Art. 125°. La Corte Suprema de Justicia Federal se compondrá de cinco Magistrados propietarios y tres suplentes, y el primero de los propietarios electos llevará el título de Presidente de la Corte Suprema Federal.

Art. 126°. Para ser Magistrado de la Corte Suprema Federal, se requiere: I. Ser ciudadano en ejercicio. II. Tener treinta años de edad. III. Ser abogado de la República, o de alguno de los Estados de la Unión. IV. Haber desempeñado una Judicatura de 1° Instancia durante cuatro años, o ejercido la profesión durante seis años.

Art. 127°. No podrán ser Magistrados de la Corte Suprema Federal los parientes entre sí dentro del cuarto grado de consanguinidad, o segundo de afinidad.

Art. 128°. Corresponde a los Tribunales Federales: I. Conocer de las controversias que se susciten sobre el cumplimiento y aplicación de las leyes federales. II. Conocer de las que versen sobre el derecho marítimo o causas de presas. III. Conocer de las controversias por contratos y convenios celebrados por el Gobierno Federal con los Estados, o con los particulares. IV. Conocer de todos los negocios contenciosos que se refieren a bienes y rentas de la Unión. V. Decidir sobre las leyes o actos de la autoridad Federal que vulneren o restrinjan la soberanía de los Estados, y sobre las leyes o actos ab de las autoridades de éstos que invadan la esfera de la Autoridad Federal.

Art. 129°. Corresponde a la Corte Suprema Federal, exclusivamente: I. Decidir las cuestiones que se susciten entre los Estados, o entre uno o algunos de los Estados y el Gobierno Federal, sobre competencia de facultades, propiedades, límites y demás objetos contenciosos. II. Conocer de las causas por delitos comunes y oficiales cometidos por el Presidente de la Unión, Ministros de Estado, Magistrados de la Corte Suprema Federal, Agentes Diplomáticos, Senadores y Diputados al Congreso Federal, previa declaratoria del Senado de haber lugar a formación de causa. III. Dirimir las competencias que se susciten entre los Tribunales y Juzgados de diferentes Estados; entre los Tribunales y Juzgados de uno más Estados; entre los Tribunales de la Unión, los de esta última. IV. Nombrar y remover, conforme a la ley, los funcionarios del orden judicial. V. Ejercer las demás funciones que la ley determine concernientes al Gobierno Federal. VI. Conocer del recurso de amparo en el Distrito Federal y en los casos en que se ocurra contra abusos de los empleados federales residentes fuera de dicho Distrito.

Art. 130°. Los Tribunales en sus resoluciones aplicarán de preferencia la Constitución a las leyes, y éstas a cualquiera otra disposición.

Art. 131°. Los Magistrados y Jueces no podrán ser obligados a prestar servicio militar.

Art. 132°. Es incompatible la calidad de Magistrado de la Corte Suprema Federal con cualquier otro empleo remunerado, excepto el de Profesor.

Art. 133°. Los Magistrados de la Corte Suprema Federal durarán cuatro años en sus funciones, pudiendo ser reelectos. El período de los Magistrados comenzará el día 15 de marzo de cada cuatrienio.

TÍTULO XXII
DEL MUNICIPIO

Art. 134º. El Municipio es autónomo, y será representado por municipalidades electas directamente por el pueblo.

Art. 135º. Las municipalidades en el ejercicio de sus facultades privativas, serán independientes de los otros poderes, sin contrariar en ningún caso las leyes generales de los Estados o de la República; y serán responsables de Justicia.

Art. 136º. Habrá en cada departamento una Corporación denominada: CONSEJO DEPARTAMENTAL.

Art. 137º. Las Legislaturas de los Estados y el Congreso Federal, respectivamente, reglamentarán la organización y atribuciones de las municipalidades y Consejos departamentales, en cada uno de los Estados y en el Distrito Federal.

TÍTULO XXIII
DE LA RESPONSABILIDAD
DE LOS FUNCIONARIOS PÚBLICOS

Art. 138º. Todo funcionario público es responsable por sus actos.

Art. 139º. Todo funcionario público al tomar posesión de su destino, hará la siguiente protesta: "PROMETO SER FIEL A LA REPUBLICA, CUMPLIR Y HACER CUMPLIR LA CONSTITUCION Y LAS LEYES".

Art. 140º. El Presidente de la República, los Designados, los Magistrados de la Corte Suprema Federal, los Diputados y Senadores, los Ministros de Estado y Subsecretarios en ejercicio y los Agentes Diplomáticos, responderán ante el Senado por los delitos oficiales y comunes que cometan durante el período de sus funciones. El Senado, previos los trámites que determine la ley, declarará si ha o no lugar a formación de causa contra ellos, y en el primer caso, los pondrá inmediatamente a disposición del Tribunal competente para su juzgamiento.

Art. 141º. Cuando un funcionario público contra quien se hubiere declarado que ha lugar a formación de causa, fuere absuelto, volverá al ejercicio de sus funciones.

Art. 142º. La prescripción de delitos comunes y oficiales de que trata el artículo 140, comenzará a contarse desde que el funcionario culpable hubiere cesado en sus funciones.

Art. 143º. No obstante la aprobación que dé el Congreso a los actos del Poder Ejecutivo Federal, el Presidente y los Ministros de Estado podrán ser acusados por delitos oficiales, mientras no transcurra el término de la prescripción.

TÍTULO XXIV
DE LA REFORMA DE LA CONSTITUCIÓN
Y DE LAS LEYES CONSTITUTIVAS

Art. 144. La reforma total de esta Constitución podrá hacerse por una Asamblea Constituyente, una vez decretada en dos Legislaturas ordinarias por los dos tercios de votos de cada Cámara. La reforma o adición de uno o varios artículos serán propuestas por una Legislatura, con los dos tercios de votos de cada Cámara, indicando el artículo ó artículos que deban reformarse o adicionarse. Si la siguiente Legislatura aprobare el proyecto, por dos tercios de votos de cada Cámara, se tendrá la Constitución por reformada o adicionada en los artículos indicados. Pero en ningún caso podrán reformarse los artículos 96 y 97.

Art. 145º. Son leyes constitutivas las de Estado de Sitio, Electoral, Amparo, Imprenta y Extranjería.

Art. 146º. Estas leyes pueden emitirse y reformarse por una Constituyente o por el Congreso Federal, con los dos tercios de votos de cada Cámara. Esta Asamblea se reserva la emisión de la Ley de Estado de Sitio.

Art. 147°. La presente Constitución comenzará a regir el día 19 de de noviembre próximo. Quedan vigentes las Constituciones de los Estados de El Salvador, Honduras y Nicaragua, en cuanto no se opongan a esta Constitución Federal.

TÍTULO XXV
DISPOSICIONES TRANSITORIAS

Art. 148°. La presente Constitución se pasará a los Poderes Ejecutivos de los Estados para su solemne publicación.

Art. 149°. El primer período constitucional comenzará el 15 de marzo de 1899.

Art. 150°. Tan pronto como esté firmada la presente Constitución, se convocará a los pueblos de la República para que procedan a elegir Presidente Diputados.

Art. 151°. Mientras toma posesión de su cargo el Presidente electo, ejercerá el poder un Consejo Ejecutivo Provisional nombrado por esta Asamblea y compuesto de un Delegado por cada uno de los Estados. Para suplir las faltas de los Delegados se nombrarán también suplentes.

Art. 152°. Los miembros del Consejo Ejecutivo, mientras ejerzan sus funciones, no podrán obtener votos para Presidente de la República. Tampoco podrán obtenerlos para el mismo cargo los Gobernadores de los Estados, en su respectiva jurisdicción.

Art. 153°. El Consejo Ejecutivo Federal tendrá las facultades y los debe. res que la presente Constitución confiere e impone al Poder Ejecutivo de la República y dispondrá lo necesario para el establecimiento definitivo del Gobierno Federal.

Art. 154°. El Consejo Ejecutivo Federal se instalará en Amapala el día 19 de noviembre próximo.

Art. 155°. Los Gobiernos de los Estados proveerán por iguales partes a los gastos de instalación del Consejo Ejecutivo Federal.

Art. 156°. Cada Estado continuará siendo exclusivamente responsable de sus respectivas deudas interiores y exteriores, las que seguirán amortizando en la forma establecida o que establezcan sus leyes.

Art. 157°. Mientras se expide la ley constitutiva de Elecciones, los Estados elegirán, en la forma que determinan sus leyes vigentes, al Presidente de la República y a los Diputados al Congreso Federal. Por cada Diputado propietario se elegirá también un suplente. El primer Congreso Federal se instalará el 19 de marzo de 1899.

Art. 158°. El Consejo Ejecutivo Federal adoptará provisionalmente las leyes de algunos de los Estados para que rijan en el Distrito Federal, mientras el Congreso emite las definitivas.

Art. 159°. La presente Asamblea queda autorizada para decretar las medidas que juzgue oportunas, con el fin de proveer a la instalación de los Poderes Federales.

Art. 160°. Mientras se instala el Congreso Federal, esta Asamblea compondrá el Poder Legislativo de la Nación.

Art. 161°. Las disposiciones de esta Constitución no obstan para los Tratados que puedan celebrarse con las hermanas Repúblicas de Guatemala y Costa Rica con el objeto de que se incorporen a los Estados Unidos de Centro América, a fin de completar la reconstrucción de la antigua República Federal. El Congreso queda ampliamente facultado para ratificar dichos Tratados.

Dado en Managua, Estado de Nicaragua,
a los 27 días de agosto de 1898.

A M. C. MATUS, Diputado por el Estado de Nicaragua, Presidente.

JULIO CÉSAR DURÓN, Diputado por el Estado de Honduras.

JOSÉ D. GÁMEZ, Diputado por Nicaragua

ÁNGEL UGARTE, Diputado por Honduras.

TIMOTEO MIRALDA, Diputado por el Estado de Honduras.

JULIÁN BAIRES, Diputado por Honduras.

FRANCISCO CASTAÑEDA, Diputado por El Salvador.

MANUEL ANTONIO BONILLA, Diputado por Honduras.

RÓMULO CALDERÓN, Diputado por El Salvador.

LUIS ALONSO BARAHONA, Diputado por El Salvador.

NORBERTO MORÁN, Diputado por El Salvador.

CARLOS A. GARCÍA, Diputado por Honduras.

J. SANSÓN, Diputado por Nicaragua.

I. RAMÍREZ MAIRENA, Diputado por Nicaragua

J. J. SAMAYOA, Diputado por El Salvador, Vicepresidente.

JOSÉ ROSA PACAS, Diputado por El Salvador.

MANUEL A. REYES, Diputado por El Salvador.

ANTONIO R. REINA, Diputado por Honduras.

J. ISAAC REYES, Diputado por Honduras.

ALBERTO MEMBREÑO, Diputado por Honduras.

ALONZO SUAZO, Diputado por Honduras.

MANUEL VILLAR, Diputado por Honduras.

JERÓNIMO ZELAYA, Diputado por Honduras.

JOSÉ PÉREZ, Diputado por El Salvador.

FELIX P. ZELAYA R., Diputado por Nicaragua.

F. ZAMORA, Diputado por Nicaragua.

S. LETONA H., Diputado por El Salvador.

FILIBERTO AVILÉS, Diputado por El Salvador.

FRANCISCO GUERRERO M., Diputado por Nicaragua

GENARO LUGO, Diputado por Nicaragua.

FRANCISCO MARTÍNEZ SUÁREZ, Diputado por El Salvador.

ALEJANDRO BACA, Diputado por Nicaragua.

CÉSAR SIERRA, Diputado por El Salvador.

T. G. BONILLA, Diputado por Nicaragua.

JOSÉ GUERRERO, Diputado por El Salvador.

GABRIEL RIVAS, Diputado por Nicaragua.

MARCIAL GAMERO, Diputado por Honduras.

BASILIO CHACON, Diputado por Honduras.

CAYETANO OCHOA, Diputado por El Salvador, Secretario.

JESUS VELASCO, Diputado por El Salvador.

RUBEN RIVERA, Diputado por El Salvador.

MANUEL T. MOLINA, Diputado por El Salvador.

ALFONSO REYES GUERRA, Diputado por El Salvador.

RICARDO MOREIRA, Diputado por El Salvador.

JOSÉ FRANCISCO AGUILAR, Diputado por Nicaragua.

SANTIAGO LÓPEZ, Diputado por Nicaragua.

J. MANUEL ARCE, Diputado por Nicaragua.

MANUEL MALDONADO, Diputado por Nicaragua.

FEDERICO G. UCLÉS, Diputado por Honduras, Secretario.

Por Tanto: Publíquese.

Tegucigalpa, 7 de septiembre de 1898.

P. BONILLA

El Secretario de Estado en el Despacho de Gobernación,
D. GUTIERREZ

El Secretario de Estado en el Despacho de Guerra, JOSÉ MARÍA
REINA.

El Secretario de Estado en el Despacho de Justicia e Instrucción
Pública, encargado del de Fomento, CÉSAR BONILLA.

El Secretario de Estado en el Despacho de Hacienda y Crédito por
ministerio de la ley, JOSÉ M. MUÑOZ

DECRETOS DE LA ASAMBLEA GENERAL CONSTITUYENTE DE LA REPÚBLICA DE LOS ESTADOS UNIDOS DE CENTRO AMÉRICA
27 de Agosto de 1898

DECRETO NÚMERO 7

La Asamblea General Constituyente de la República de los Estados Unidos de Centro América, Decreta la siguiente:

Ley de Estado de Sitio

TÍTULO I
De la Declaratoria del Estado de Sitio

Artículo 1º. El estado de sitio puede declararse en los casos de guerra exterior, rebelión y sedición.

Art. 2º. El estado de sitio puede imponerse a las poblaciones amenaza por el enemigo o a aquellas en que estallare la rebelión o sedición; y puede das hacerse extensivo a las demás de la República, si fuere necesario, atendida la inminencia del peligro.

Art. 3º. La declaratoria de estado de sitio se hará por un decreto que fije el día en que comenzará a surtir sus efectos. Si transcurrieren sesenta días sin que hayan cesado las causas que motivaron la declaratoria, para que continúe se repetirá ésta por nuevo decreto. Si no se emitiere nuevo decreto, se tendrá por levantado el estado de sitio.

Art. 4º. Corresponde al Poder Legislativo expedir el decreto o decretos a que se refiere el artículo anterior; y no estando reunido aquel cuerpo, puede hacerlo el Poder Ejecutivo en Consejo de Ministros.

TÍTULO II
DE LOS EFECTOS DEL ESTADO DE SITIO

Art. 5°. Declarado el estado de sitio, quedan sujetos a la autoridad militar los delitos de traición, rebelión y sedición, y los delitos contra la paz, independencia y soberanía de la República y contra el Derecho de Gentes.

Art. 6°. Para la iniciación y conocimiento de los juicios, y para la aplicación de las penas, las autoridades militares se arreglarán a las leyes especiales de la materia, con las restricciones que imponen los artículos 26 y 27 de la Constitución. En los casos en que la ley señale pena de muerte, los tribunales militares aplicarán la inmediata inferior a la establecida.

Art. 7°. En ningún caso podrán imponerse las penas prohibidas artículos 23, 24 y 25 de la Constitución, ni podrá tenerse incomunicada a ninguna persona por más de ocho días.

Art. 8°. Los delitos a que se refiere el artículo 59 serán de la competencia de los tribunales militares, sólo cuando se cometan con posteridad a la declaratoria del estado de sitio.

Art. 9°. En la ley en que se declare el estado de sitio, se indicará se suspenden todas o algunas de las garantías siguientes:
Libre inmigración y emigración.
Tránsito.
Reunión, salvo para objetos científicos e industriales o para distracciones. Amparo de la persona para los delitos a que se refiere el artículo 5°.
Inviolabilidad del domicilio.
Libertad de la prensa. Inviolabilidad de la correspondencia epistolar o telegráfica, y
El Juicio por jurados en los delitos de la competencia de las autoridades militares.

Art. 10°. Las sentencias pronunciadas por los tribunales militares, cuando sean condenatorias, no podrán ejecutarse sin la confirmación previa, del Comandante General de la República; mas si ya en estado de guerra fuese absolutamente imposible la causa llegue al conocimiento del indicado funcionario y sea urgente la ejecución de la pena, bastará la confirmación del General en Jefe de operaciones o el de División más inmediato que se halle operando sobre el enemigo, o del Comandante de la plaza sitiada.

Art. 11°. Declarado el estado de sitio, podrá ocuparse temporalmente la propiedad raíz de nacionales y extranjeros, para establecer puestos militares de defensa.

Art. 12°. También podrá ocuparse la propiedad mueble de cualquiera persona, en caso urgente y de absoluta necesidad, para expeditar el servicio de la guerra, siendo obligación de la autoridad o militar que haga la ocupación, dejar constancia al propietario. En este caso y en el del artículo anterior, el dueño será indemnizado por la Nación al restablecerse la tranquilidad pública.

Art. 13°. Los Tribunales de Justicia no suspenderán el ejercicio de sus funciones, sino en las poblaciones que estén ya en estado de guerra, atacadas o sitiadas por el enemigo.

TÍTULO III
DE LA TERMINACIÓN DEL ESTADO DE SITIO

Art. 14°. Tan pronto como cesen las causas que motivaron el estado de sitio, el Poder Ejecutivo lo levantará, fijando la fecha en que debe terminarse.

Art. 15°. Si el Congreso se reuniere durante el estado de sitio, el Poder Ejecutivo deberá someter a su conocimiento, dentro de los tres días siguientes a la apertura de sus sesiones, las razones en que se funda para mantenerlo. El Congreso, en virtud de estas razones, decretará su continuación o su término. Si el Poder Ejecutivo omitiere exponerle las razones en el tiempo expresado el Congreso levantará el estado de sitio.

Art. 16º El Poder Ejecutivo dará cuenta al Poder Legislativo en su próxima reunión, de las medidas que hubiese dictado en virtud del estado de sitio, para que sean o no aprobadas.

Art. 17º. Los abusos cometidos por las autoridades, jefes o subalternos militares, durante el estado de sitio y con ocasión de él, producen responsabilidad, y los culpables serán juzgados y castigados conforme a las leyes..

Art. 18º. Levantado el estado de sitio, las autoridades militares continuarán conociendo, hasta su fenecimiento, de las causas que ante ellas se encontraren pendientes.

Art. 19º. La presente ley comenzará a regir el día primero de noviembre próximo.

Dado en el Salón de sesiones. Managua, 27 de agosto de 1898.

M. C. Matus, Presidente.

Cayetano Ochoa,   Federico G. Uclés,
Primer Secretario.   Segundo Secretario.

DECRETO NÚMERO 8

La Asamblea General Constituyente de la República de los Estados Unidos de Centro América,

En cumplimiento del artículo 145 de la Constitución,

DECRETA:

Artículo 1º. Hánse por electos Delegados propietarios al Consejo Federal, por parte del Estado de Honduras, al ciudadano don Ángel Ugarte; por el de Nicaragua, al ciudadano don Manuel Coronel Matus; y por el de El Salvador, al ciudadano don Salvador Gallegos; y como Delegados suplentes, por el primero de dichos Estados, al ciudadano don Constastino Fiallos; por el segundo, al ciudadano don Tiburcio G. Bonilla; y por el tercero, al ciudadano don Antonio Alfaro.

Art. 2º. Facúltase al Poder Ejecutivo para que en Consejo de Ministros puedan llenar respectivamente las vacantes que hubiesen por falta o impedimento de los Delegados electos.

Art. 3º. La Dieta de la República Mayor de Centro América, con la organización que tiene, continuará residiendo en esta ciudad hasta su traslación á la de Amapala, para la instalación del Consejo Ejecutivo Provisional, que se verificará el 19 de noviembre del corriente año.

Art. 4º. Se comisiona a la misma Dieta para que dé posesión a los miembros del Consejo Ejecutivo.

Dado en la ciudad de Managua, a los veintisiete días del mes de agosto de mil ochocientos noventa y ocho.

M. C. Matus, Presidente.

Cayetano Ochoa,
Primer Secretario

Federico G. Uclés,
Segundo secretario

DECRETO NÚMERO 9

La Asamblea General Constituyente de la República de los Estados Unidos de Centro América,

Considerando: que en esta fecha se ha firmado la Constitución de los Estados, y que ella satisface las aspiraciones del más alto patriotismo y el noble anhelo constantemente manifestado por los pueblos,

DECRETA:

ARTÍCULO ÚNICO: Declárase que el 27 de agosto es día de fiesta nacional para los pueblos de los Estados Unidos de Centro América; y las autoridades de los referidos Estados celebrarán aquella fecha con la mayor solemnidad posible.

Dado en Managua, en el Salón de Sesiones de la Asamblea General Constituyente, a veintisiete de agosto de mil ochocientos noventa y ocho.

M. C. Matus,
Presidente.

Cayetano Ochoa,   Federico G. Uclés,
Primer secretario   Segundo secretario

DECRETO NÚMERO 10

La Asamblea General Constituyente de la República de los Estados Unidos de Centro América,

El cumplimiento del artículo 150 de la Constitución,

DECRETA:

Artículo 1º. Convocase a los pueblos de la Nación para que el primer domingo de diciembre del corriente año y conforme a la Ley Electoral de cada Estado, procedan a elegir el Presidente de la República, catorce Diputados Propietarios y catorce Suplentes por cada uno de los Estados, y cuatro Diputados Propietarios y cuatro Suplentes por el Distrito Federal.

Art. 2º. El Poder Ejecutivo de cada Estado determinará, en Consejo de Ministros, el número de Diputados que han de elegirse por cada departamento. Dado en Managua, a los veintisiete días del mes de agosto de mil ochocientos noventa y ocho.

M. C. Matus,
Presidente.

Cayetano Ochoa,   Federico G. Uclés,
Primer Secretario.   Segundo Secretario.

DECRETO NÚMERO 11

La Asamblea General Constituyente de la República de los Estados Unidos de Centro América,

Considerando; que es indispensable proveer a los gastos de instalación de los Poderes Federales y a los de la Administración Pública durante el tiempo que esté a cargo del Consejo creado por el artículo 151 de la Constitución,

DECRETA:

1º. Autorizase para gastos de instalación de los Poderes Federales y ordinarios e imprevistos de la Administración Pública en el mes de noviembre próximo, la suma de sesenta mil pesos, que será cubierta previamente por los Estados conforme el artículo 155 de la Constitución.

2º-Fijase en mil pesos el sueldo mensual de cada miembro del Consejo Ejecutivo.

3º. El Consejo Ejecutivo señalará los sueldos correspondientes a los de más empleados; al efecto, establecerá los que fueren siendo necesarios y decretará los gastos que requiere la buena marcha administrativa.

4º. Queda facultado el Consejo Ejecutivo para allegar fondos con qué satisfacer en los meses subsiguientes a noviembre las erogaciones previstas en consonancia con esta ley, y para fijar aquellas que se derivan del ejercicio de las funciones que atañen a los Supremos Poderes Nacionales. El Ejecutivo Provisional dará cuenta al Poder Legislativo, en sus primeras sesiones del uso que haga de las facultades de que le revisten los artículos 3º y 4º del presente decreto. Dado en el Salón de Sesiones. Managua, veintisiete de agosto de 1898.

M. C. Matus, Presidente.
Cayetano Ochoa, Primer Secretario.
Federico G. Uclés, Segundo Secretario.

DECRETO NÚMERO 12

La Asamblea General Constituyente de la República de los Estados Unidos de Centro América,

DECRETA:

Artículo 1º. La Administración de Justicia en la República continuará tal como hoy existe, mientras el Poder Legislativo Federal se reúne.

Art. 2º. Para todo lo relativo a este ramo de la Administración Pública, cada departamento del Distrito Federal quedará dependiente del Estado que lo ha cedido.

Dado en el Salón de Sesiones. Managua, veintisiete de agosto de 1898.

M. C. Matus, Presidente.
Cayetano Ochoa, Primer Secretario.
Federico G. Uclés, Segundo Secretario.